대구의 5·18
두레양서조합
사건

대구의 5·18 두레양서조합 사건

김상숙 지음

책과함께

일러두기

- 사건 명칭은 '두레양서조합 사건' 또는 '두레사건'으로 표기했다.
- 두레사건의 배경이 된 조합은 '두레양서협동조합' 또는 '두레양서조합'으로 표기했다.
- 관련 용어는 당시 사용하던 명칭으로 표기했다(예: 동아리 → 서클).
- '대학4-H연구회', '농촌문제연구회', '농촌연구회'는 학교마다 그 시기에 쓴 명칭으로 표기했다.

책을 펴내며

전두환 정권 시절인 1980년 9월, 계엄 당국이 대구에서 유인물을 제작하고 배포해 제2의 광주 민주화운동을 일으키려 했다는 명목으로 시민, 농민, 학생 100여 명을 영장 없이 강제로 연행하여 조사한 사건이 있었습니다. 당국은 두레서점을 대구·경북 지역의 학생운동과 사회운동의 본거지로 규정하고, 북한의 남파 간첩과 연계된 반국가단체로 몰았습니다. 그리고 두레서점 구성원으로 활동하던 가톨릭농민회 실무자와 회원들, 두레양서협동조합과 연결된 대구의 여러 대학 농촌(문제)연구회 선후배들과 지역 사회운동가들에게 국가 전복을 꾀했다는 혐의를 뒤집어씌웠습니다. 나중에 천주교 쪽의 노력으로 반국가단체 결성 혐의와 북한과의 연계 혐의에서는 벗어났지만, 일부 구성원들은 기소되어 감옥에 갔고 많은 사람이 조사 과정에서 모진 고문과 가혹행위를 당해 심각한 후유증을 겪어야 했습니다. 그 결과 구성원 중 일부는 일찍 세상을 떠났으며, 생존자들은 평생 육체적·정신적 고통 속에 살아가야 했습니다. 이것이 1980년에 대구에서 일어난 '두레사건'입니다.

그런데 두레사건은 단순히 우발적으로 일어난 사건이 아닙니다. 1960년대 말부터 활동했던 대구·경북 지역의 대학4-H연구회가 10여 년 동안 운동해온 것이 이 사건의 배경이 되었습니다. 대학4-H연구회 회원들은 1971년부터 금요강좌를 열어 한국 사회와 농촌 현실에 관해 공부했고, 대학4-H연구회를 농촌(문제)연구회로 발전시켰으며, 박정희 유신 독재 암흑기 동안 강제농정과 농산물 저가 정책에 저항하던 농민들과 실천적으로 연대했습니다. 그 가운데 새로운 공동체 운동의 하나로 양서협동조합을 모색했고, 이렇게 만들어진 두레서점은 유신 체제 말기와 1980년 민주화의 봄 시기에 대구 지역에서 의식화 서적의 보급처이자 지역 민주화운동을 연결하는 사랑방 역할을 했습니다.

두레서점 구성원들과 선후배들은 끈끈한 우정과 연대감을 바탕으로 진보적 의식을 함양해나갔습니다. 이러한 역사의식을 바탕으로 1980년 5월 대구에서도 광주 5·18항쟁에 호응하고 동참하려고 했던 것입니다. 비록 그 시도는 성공하지 못했지만, 1980년 5월의 항쟁이 광주만의 고립된 일이 아니었음을 드러내게 되었습니다. 두레사건은 단순히 사회 불만 세력의 일시적 움직임이 아니라 대한민국을 올바르게 만들기 위한 노력의 일환이었으며, 학생과 사회인이 함께 조직적으로 전두환 군부에 항거하려고 했던 사건입니다.

두레서점은 1980년의 고난을 겪고 문을 닫았지만, 두레의 요람에서 성장한 구성원들은 대학의 농촌서클 운동, 가톨릭농민회 운동, 지역 농민회 운동, 협동조합 운동, 농협 민주화운동, 교육 민주화운동, 지방자치제 혁신운동 등 다양한 활동을 이어갔습니다. 1996년 김영삼 정부 출범 이후 형식적으로는 권력의 불법적 감시와 통제가 사라졌지만, 신자유주의 체제에 들어서면서 도시와 농촌 간의 격차는 더욱 커졌습니다. 도시의 과밀화와 농촌의 소멸, 그리고 농민들의 상대적 박탈감은 더욱 심화하여 농촌은 점차 살기 어려운 곳이 되어가고 있습니다. 그러나 농업, 농촌, 농민 문제를 고민하는 두레 선후배들의 교감과 연대는 지금도 줄기차게 살아 움직이고 있습니다.

늦었지만 1980년대의 사건을 기록으로 남겨 후대에 기억되게 하고자 합니다. 이 기록이 후배들에게 참고가 되길 바랍니다. 끝으로 어려운 여건 속에서도 출판을 도와주신 재단법인 들꽃 이사장 이명춘 변호사님과 도서출판 책과함께 류종필 대표님께 감사드립니다. 1년 넘게 자료를 수집·정리해 이 책을 집필해주신 성공회대학교 김상숙 교수님, 그리고 관심을 보여주신 모든 분께 깊이 감사드립니다.

(사)동대해문화연구소 이사장 이석태

차례

제1장 두레양서조합의 전사(前史): 농촌운동에서 농민운동으로

제4장 두레양서조합 사건에 대한 국가 폭력

제5장 두레사건 후의 국가 폭력과 관련자들의 생애

제6장 두레사건 진상규명과 과거청산 노력

들어가며

1980년 봄, 경북대학교 후문(현 서문)에서 서쪽으로 난 소방도로를 40~50미터 정도 내려오면 우측 첫 번째 골목 모퉁이에 작은 서점이 있었다. 남향으로 자리잡은 그 서점은 1970년대 가게들이 그러했듯이 유리 격자창이 있는 나무 미닫이문이 주 출입구였고, 그 문을 열고 안으로 들어서면 작은 매장이 있었다. 매장의 크기는 여남은 평 정도 될까 말까였다. 매장 안 서편에는 탁자와 의자가 있었고, 사면 벽에는 빙 돌아가며 책이 빼곡하게 꽂힌 나무 책장이 있었다. 미처 진열할 자리를 찾지 못한 책들이 탁자 주변에도, 책장 앞에도 쌓여 노르스름한 책 냄새를 풍기던 곳. 매장 안 동편에는 키 높이의 책장 몇 개가 도서관 책장처럼 나란히 줄지어 있었고, 그 책장 뒤로 돌아가면 숨겨놓은 보물처럼 당시 시중에서 구하기 힘든 책들도 가지런히 꽂혀 있었다. 일본에서 출간한 이와나미문고(岩波文庫)와 같은 작은 책들, 《사상계》와 같은 잡지와 헌책들…. 매장 북쪽 구석에는 고개를 숙여야 들어갈 수 있는 유리 격자창이 달린 작은 나무문이 보였고, 이 나무문을 지나면 서점과 연결된 낡은 여관 건물이 있었다.

요즘의 작은 마을도서관 같은 이 소박한 서점이 바로 두레양서조합에서 운영하던 두레서점이다. 1980년, 만 열일곱 살 대학 새내기이던 필자는 이 서점에 몇 차례 놀러 간 적이 있다. 갈색 나무 책장 냄새와 연노랑 책 냄새로 가득한 서점 문을 열고 들어가면, 사람 좋은 선배님 두 분이 미소를 지으며 손님을 맞이했다. 정상용 선배님과 서원배 선배님이다. 그때만 해도 한 달 뒤 한국 사회에 많은 사람의 인생을 바꿀 참혹한 격변이 일어나고, 그 사건이 이 서점에도 거대한 폭풍으로 다가오리라는 것을 아무도 몰랐다.

그때 두레서점을 찾은 뒤로 오랜 세월이 흐를 동안 필자는 그 서점을 잊고 있었다. 서점을 다시 기억하게 된 것은 26년이 지난 뒤인 2006년 민주화운동기념사업회에서 지역 민주화운동사 편찬을 위한 기초조사 연구 사업을 할 때였다. 이 연구 사업의 최종 보고서에는 1980년 지역 민주화운동 항목에 '두레사건'의 개요가 200자 원고지 12매 정도 분량으로 간략하게 적혀 있다.[1]

두레사건은 1980년 5월 광주 민주화운동이 시작되면서 대구 지역에서도 제2민주화운동을 시도하고자 했던 사건임. 당시 두레양서조합원(이사장 이석태)을 중심으로 대구 지역에서 광주 민주화운동의 실상을 대구 시민에게 알리고 대구 지역에서 제2민주화운동을 유발하고자 준비 중에 광주 민주화운동이 종료됨으로 미완의 작업으로 역사의 이면으로 묻혀졌음.

이 보고서에는 두레사건으로 1980년 9월부터 관련자 100여 명이 합동수사본부로 끌려가 모진 고문과 가혹행위를 당하고 일부가 투옥됐다는 사실도 적혀 있다. 관련 인물로는 곽길영, 권영조, 김병일, 김영석, 김진덕, 서성교(서원배의 개명 전 이름), 신중섭, 이동렬, 이상국, 이석태, 정동진, 정상용, 정재돈, 황병윤의 이름이 나열되어 있다.

필자는 그때 처음으로 두레사건의 진상을 접하고 몹시 놀랐다. 1980년 5월에 대구에도 광주 항쟁에 호응하는 시도가 있었다는 사실에 놀랐고, 내가 대학 새내기 때 만난 적이 있는 두레서점의 두 선배님을 포함해 그토록 많은 사람이 이 사건으로 고통을 겪었다는 사실에 놀랐다. 무엇보다도 이렇게 중요한 사건이 지역사회에 거의 알려지지 않았다는 것이 놀라웠다. 그리고 선배님들에게 미안했다.

이 사건이 알려지지 않은 데는 두레사건 당사자인 선배님들이 사건 후 전국 각지로 흩어졌고 10년 동안 당국의 사찰과 감시 때문에 제대로 만나기 어려웠던 점, 주로 농민운동에 종사했기에 학생운동 중심이었던 당시 대구·경북 운동사회에서 비주류로 여겨졌던 점이 작용했던 것으로 보인다. 또한 사건 당사자들이 광주 항쟁에 합세하고자 했으나 실패했다고 여기고 "끝까지 행동하지 못하고 살아남았다는 죄책감과 부끄러움"이 앞서 사건의 진상을 지역사회에 알리려고 적극적으로 시도하지 않았기 때문으로도 보인다.

2006년 민주화운동기념사업회의 보고서가 나온 뒤에도 두레사건은 대구·경북 지역 운동사와 관련된 소수의 문헌에서 언급됐으나, 그 내용은 2쪽 정도로 소략하다. 필자는 2015년에 〈5·18항쟁과 1980년대 대구 학생운동〉이라는 제목의 논문을 발표하면서 이 사건을 간략하게 언급했다. 2020년에 출간된 《대구경북민주화운동사》는 그 자료를 그대로 인용하여 요약한 것으로 사건 진상을 더 상세하게 기록하지 않았으며, 1970년대 민주화운동 파트를 서술할 때도 두레양서조합 구성원들의 활동을 비주류로 여겨 제대로 기록하지 않았다. 이 점은 농민운동 파트에서도 마찬가지이다. 두레사건뿐 아니라 사건의 배경이 된 두레양서조합의 활동도 문헌에 제대로 기록되어 있지 않다. 1970년대 말에 전국적으로 일어난 양서협동조합 운동 관련 문헌(차성환, 2004: 민주주의사회연구소 편, 2011)에는 한양서점과 대구양서협동조합만 소개하고 있을 뿐 같은 시기에 활동했던 두레양서조합에 대한 언급은 없다.

두레사건 당사자들은 5·18민주화운동 보상 신청도 다른 관련자들보다 늦게 하여 2002년에 5·18민주유공자로 인정받았다. 그리고 사건 당사자 중 핵심 구성원인 정상용 선배님을 비롯해 몇 명의 선배님이 세상을 떠난 2022년에야 1980년에 구속됐던 6명이 재심 재판에서 무죄를 선고받았다. 그 뒤 선배님들은 뒤늦게나마 사건의 진상을 있는 그대로 객관적으로 평가할 자료를 남기고자 필자에게 두레사건을 기록해달라고 의뢰했다.

필자는 2015년에 5·18기념재단의 의뢰를 받아 《대구경북의 오월운동》이라는 주제로 구술조사를 진행하면서 두레사건 당사자인 김영석 선배님과 가톨릭농민회의 정재돈 선배님의 구술 증언을 정리한 적이 있다. 2023년에 이 책의 집필을 의뢰받고 사건 당사자인 김영석 선배님이 편집한 자료집인 《내가 겪은 5·18과 두레사건》(상락재, 2021)을 바탕으로 사건의 기본 맥락을 파악한 뒤, 사건 당사자 10명을 만나 구술조사를 하고 다른 관련자들도 여러 차례 인터뷰했다.

조사를 진행하면서 1980년 두레사건은 우연히 일어난 사건이 아니라, 지역에서 1960년대 말부터 꾸준히 활동해온 대학 농촌서클이 농민운동과 연대하면서 두레양서협동조합을 설립했고, 양서협동조합 운동이 지역 민주화운동의 한 부문으로 발전하면서 일어난 사건이라는 것을 알게 됐다. 그리고 두레양서협동조합 운동의 바탕에 흐르는 공동체성이 사건이 일어난 뒤에도 관련자들의 삶에 수십 년 동안 이어져왔다는 것도 알게 됐다. 그래서 제1장에 두레양서조합이 만들어지기 전 영남지구 대학4-H연구회연합회 등 대학 농촌서클 운동의 역사를, 제2장에 두레양서조합 운동의 역사를 담았다. 제3장에는 1980년에 일어난 두레의 5·18 투쟁의 전말을, 제4장에는 이에 대한 국가 폭력을 담았다. 제5장에는 두레사건이 일어난 후 당사자들의 생애사와 피해 실태를, 제6장에는 사건 진상규명과 사건 당사자들의 명예회복 과정을 담았다.

이 책을 통해 두레공동체 운동의 역사와 두레사건의 진상을 밝혀 공적 기록으로 남기고 그 의미를 재해석함으로써 한국 민주화운동사 및 지역운동사에서 빠졌던 퍼즐 조각을 채우고자 한다. 그리고 전두환 정권이 자행한 극도로 야만적인 국가 폭력을 겪고도 꿋꿋하고 성실하게 삶을 이어온 선배님들의 생애담을 통해 사회적 치유의 진실을 구축하고자 한다.

이 책의 공동 저자나 마찬가지인 두레사건 선배님들과 가족들에게 감사드린다. 또한 책 집필을 기획해준 재단법인 들꽃과 도서출판 책과함께, 구술 면담에 동행했던 뉴스민 천용길 대표와 녹취록 작업을 함께해준 학생들에게도 고맙다는 인사를 드리고 싶다. 이 책을 보셨다면 누구보다 기뻐했을 고 곽길영, 고 권영조, 고 정상용, 고 정재돈 선배님의 명복을 빈다.

2025년 3월

김상숙

사건 당사자와 구술자 소개

사건 당사자

곽길영(1941): 경북 달성군 현풍농협 조합장, 두레양서조합 제2대 이사장, 두레사
　　　　건 피해자(사건 당시 직장인).

권영조(1955): 경북대학교 농촌문제연구회(73학번), 두레양서조합 조합원, 두레사
　　　　건 피해자(사건 당시 직장인).

김병일(1951): 영남대학교 농촌연구회(71학번), 두레양서조합 조합원, 두레사건 피
　　　　해자(사건 당시 청송 진성중학교 교사).

김영석(1953): 경북대학교 농촌문제연구회(73학번), 두레양서조합 조합원, 두레사
　　　　건 피해자(사건 당시 대학원 입시 준비생).

김진덕(1957): 경북대학교 농촌문제연구회(76학번), 두레양서조합 조합원, 두레사
　　　　건 피해자(사건 당시 대학생).

서원배(1956): 경북대학교 농촌문제연구회(74학번), 두레양서조합 조합원, 두레사
　　　　건 피해자(사건 당시 대학생).

신중섭(1959): 경북대학교 농촌문제연구회(77학번), 두레양서조합 조합원, 두레사
　　　　건 피해자(사건 당시 대학생).

이동렬(1957): 경북대학교 농촌문제연구회(77학번), 두레양서조합 조합원, 두레사
　　　　건 피해자(사건 당시 대학생).

이상국(1953): 영남대학교 농촌연구회(71학번), 두레양서조합 조합원, 두레사건 피
　　　　해자(사건 당시 가톨릭농민회 홍보부장).

이석태(1949): 영남대학교 농촌연구회(69학번), 가톨릭농민회 경북지구 총무, 두레

양서조합 제1대 이사장, 두레사건 피해자(사건 당시 포항에서 농민운동).

정동진(1950): 경북대학교 농촌문제연구회(69학번), 두레양서조합 조합원, 두레사건 피해자(사건 당시 청송 진성중학교 교사).

정상용(1952): 경북대학교 농촌문제연구회(72학번), 두레양서조합 전무, 두레사건 피해자(사건 당시 두레서점 점주).

정재돈(1955): 민청학련 사건 관련자, 두레사건 피해자(사건 당시 안동가톨릭농민회 총무).

황병윤(1954): 경북대학교 농촌문제연구회(74학번), 두레양서조합 조합원, 두레사건 피해자(사건 당시 대학생).

사건 당사자 외 구술자, 증언자

김상철: 영남대학교 농촌연구회(77학번), 1979년 영남대학교 농촌연구회 회장, 1979년 9·4시위 주도.

김재환: 영남대학교 농촌연구회(76학번), 1978년 영남대학교 농촌연구회 회장, BBS꿀벌야학 활동.

박희찬: 영남대학교 농촌연구회(78학번), 1980년 영남지구 대학4-H연구회연합회 회장, 영남대학교 총학생회 봉사부장.

장계영: 경북대학교 농촌문제연구회(79학번), 두레사건 당시 대학생.

정동남: 경북대학교 농촌문제연구회(77학번), 1979년 9·4시위 주도, 1987~1992년 대구가톨릭농민회 총무.

김균식: 계명대학교 학생운동가, 1980년 5월 시위 주도.

김종길: 경북대학교 학생운동가, 1980년 6월 14일 유인물 배포.

박종덕: 경북대학교 학생운동가, 경북대학교 대의원회 의장.

이창주: 영남대학교 학생운동가, 1979년 9·4시위 주도.

정대호: 경북대학교 학생운동가, 1980년 6월 14일 유인물 배포.

채경희: 경북대학교 학생운동가, 여명회 부회장, 1982년 유인물 배포.

함종호: 경북대학교 학생운동가. 1980년 5월 시위 주도.

황병윤: 대구대학교 학생운동가. 1980년 5월 시위 주도.

심영란: 정재돈의 아내. 두레사건 당시 고등학교 교사.

이강유: 곽길영의 아내. 1960년대 말 서울여자대학교 4-H연구회 회원.

장계순: 정동진의 아내. 두레사건 당시 초등학교 교사.

정순임: 이석태의 아내. 1960년대 말 대구교육대학교 4-H연구회 회원. 두레사건

　　　당시 초등학교 교사.

제1장

두레양서조합의 전사(前史)
농촌운동에서 농민운동으로

두레양서조합은 1970년대 각 대학4-H연구회(농촌문제연구회)에서 활동하던 회원들이 주축이 되어 만들었다. 그러므로 두레양서조합 사건의 전사(前史)는 1970년대 초반으로 거슬러 올라간다. 이 시기에는 대학 농촌서클 운동이 활발하게 전개됐는데, 그중 대학4-H연구회는 1960~1970년대 대표적인 대학 농촌서클이었다. 대학4-H연구회는 개별 대학이 아닌 전국-지역 연합 단위로 활동했고, 대구에서는 나중에 두레양서조합이 만들어지는 기반이 됐다.

두레양서조합이 만들어진 과정은 한국 농민운동의 태동 및 발전 과정과도 깊은 관련이 있다. 1970년대 초반 농촌에서는 기존의 계몽운동, 개발운동에서 벗어나 농민의 권익을 실현하는 농민운동으로 나아가려는 노력이 나타났다. 농업근대화연구회 등 지식인 연구단체가 농업·농민 문제를 한국 자본주의와의 관계 속에서 구조적으로 인식하고 연구하면서 활동가를 양성했고, 한국전쟁 후 최초의 전국 단위 농민운동 조직인 한국가톨릭농민회가 창립됐다. 대구·경북 지역의 대학 농촌서클 활동가들은 전국 운동의 이러한 움직임을 주체적, 적극적으로 수용했다. 지역에서 금요강좌를 열어 회원들을 의식화하고 활동가를 양성했으며, 대학4-H운동을 농촌문제 연구 운동으로 바꾸고 대학 4-H연구회 등의 서클이 농민운동을 지원하는 단체로 발전하도록 했다. 이 장에서는 그 과정을 차례로 살펴보겠다.

1. 금요강좌와 대학4-H운동의 변화

유신체제 전야에 시작한 금요강좌

1971년 11월 19일 저녁, 대구 수성구 옛 정화여고 부근에 자리잡은 경북교통학원(경북자동차교육학원)² 강의실에서는 영남지구 대학4-H연구회연합회에서 몇 달 동안 준비해온 금요강좌가 열렸다. 전국에서 대학입학예비고사가 치러졌던 이날, 청중 40~50명은 다소 쌀쌀한 날씨에도 아랑곳하지 않고 처음 열리는 금요강좌에 열정적으로 참여했다. 이들은 대구 지역 각 대학의 4-H연구회 회원들이었다. 이 강좌에서는 초빙 강사인 대구일보 논설위원 김상춘이 '학생운동의 가치관'이라는 주제로 강의했다.

이 무렵의 정세를 살펴보면, 1971년은 삼선개헌 반대의 저항 속에서 박정희가 제7대 대통령으로 당선되어 장기집권을 준비하던 해이다. 봄부터 대학가에는 교련 반대 시위와 부정선거 규탄 시위가 일어났다. 연이어 박정희의 장기집권에 반대하는 재야인사들의 민주수호국민협의회가 결성됐고, 학생들의 전국 조직인 전국학생연맹이 결성됐다. 대학 교수들은 '교수 자주 선언'을 하고 언론인들도 '언론 자유 수호 선언'을 했으며, 여름에는 법관들이 사법 민주화운동(소위 '사법파동')을 하면서 장기집권 저지 투쟁에 동참했다. 이에 박정희 대통령은 10월 15일 서울 전역에 위수령을 선포했고, 12월 6일에는 국가비상사태를 선언했다. 12월 27일에는 '국가보위에 관한 특별조치법'이 국회를 통과해 유신체제로 가는 길을 준비했다.

1971년은 한국전쟁 후 침체했던 민중생존권 운동이 태동하고 성장하던 해이기도 하다. 5·16쿠데타로 들어선 박정희 군사정권은 경제개발 5개년 계획을 시행하고 수출 주도 공업화를 추구하면서 저임금-장시간 노동 구조를 만들었다. 이에 따라 열악한 노동환경에 맞서 1970년 노동자 전태일의 분신에 이어 여러 사업장에서 노조가 결성되고 노동자들의 저항이 터져 나오기 시작했으며, 8월에는 빈민들의 생존권 운동인 광주대단지 사건이 일어났다.

농촌에서도 급격한 이농 현상과 박정희 정권의 저곡가 정책 때문에 1960년대 후반부터 도시-농촌 간의 격차 문제가 대두됐다. 이러한 농업 환경의 변화에 따라 농촌에서는 과거 농촌 계몽운동이나 농사 개량 운동에서 벗어나 농민의 권익을 자주적으로 실현하려는 농민운동이 태동하고 있었다. 아울러 진보적인 지식인들도 연구단체를 만들어 박정희 정권의 농업정책을 비판하고 농업·농민 문제를 사회구조적으로 분석하여 농민운동이 성장할 수 있는 기반을 만들어나가고 있었다.[3]

이처럼 1960년대 후반에서 1970년대 초반은 사회적으로는 삼선개헌 반대 운동이 일어나고 유신체제로 접어들던 시기이다. 또한 한국전쟁 후 정부가 주도하는 농촌운동의 한계를 딛고 농민들이 주체가 되는 농민운동이 태동하던 시기이다. 이러한 시기에 설립된 영남지구 대학4-H연구회연합회의 금요강좌는 대구 지역에서 대학4-H연구회 회원들이 사회 문제에 관심을 가지며 의식화하는 장이자 농민운동을 지향하는 출발점이 됐다.

대학4-H운동과 영남지구 대학4-H연구회연합회

여기서 당시의 대학4-H운동과 전국대학4-H연구회연합회의 지역 조직이었던 영남지구 대학4-H연구회연합회에 대해 잠깐 살펴볼 필요가 있다.

4-H(4-H구락부)운동은 20세기 초 미국 농촌에서 일어난 청소년 교육운동이다. 우리나라에서는 일제강점기인 1927년에 YMCA를 중심으로 민족운동 차원에서 4-H운동이 일었다. 그러나 일제의 탄압으로 뿌리를 내리지는 못했는데, 1947년에 미군정에 의해 본격적으로 도입되었다. 1950년대에는 정부 시책에 의해 전국에 4-H구락부가 조직되었고, 박정희 정권이 들어선 뒤 정부 지원으로 마을마다 확산했다.[4] 4-H구락부는 정부가 나서서 농촌 청소년을 교육하고 계몽하여 농촌 지도자로 육성하는 산실이 됐고, 여기서 배출된 농촌 지도자들은 1970년대 관제 새마을운동의 주역이 됐다.

대학4-H연구회는 미군정기인 1947년에 수도권 지역의 몇몇 농과대학에서 농촌 청소년 계몽운동의 차원에서 시작됐다. 이 조직은 한국전쟁 기간에는 일시적으로 활동이 정체됐다가 1950년대에 다시 확대됐다. 1960년 4·19 직후에는 사회 변혁의 분위기 속에서 대학마다 대학4-H연구회 외에도 다양한 농촌서클이 조직되어 농촌 봉사활동을 적극적으로 전개했다. 더구나 그 뒤 5·16쿠데타로 들어선 군사정권은 대학생들의 농촌 봉사활동을 정권의 통치를 위협하지 않는 것으로 보고 어느 정도 용인했다. 당시 대학생들은 농촌을 빈곤과 무지에서 해방하자는 구농(救農)의 신념으로 봉사활동을 했고, 많은 학생이 '구농은 구국'이라고 여기며 참여했다. 일부에서는 노동 봉사활동의 차원을 넘어서는 활동을 하려는 움직임도 보였다.[5] 대학4-H연구회도 이러한 분위기 속에서 대학생 농촌운동의 새로운 방향을 모색하면서 1962년 11월에 전국 18개 대학의 서클들이 모여 전국대학4-H연구회연합회(초대 회장 김준기, 서울대학교 농대)를 창립했다.

대학4-H연구회의 경우, 여타 서클과는 달리 정부 지원을 받는 일반 4-H운동과 연계되어 있었으므로 대학 당국으로부터 활동비 지원 등의 혜택을 받을 기회가 많았고 각종 연례행사 프로그램도 안정적으로 운영됐다. 전국 네트워크를 발전시키면서 농촌의 일반 4-H운동과의 관계 형성도 순조로웠다. 대학4-H연구회가 일반 4-H운동을 지원하고 지도하면서 4-H 자원 지도자들과의 연계가 원활하게 이루어졌다. 또한, 일반 4-H 회원들이 대학에 입학한 후 대학4-H연구회에 가입해 다시 일반 4-H운동을 이끌어줌으로써 관계가 지속적으로 형성됐다. 그러나 4-H운동을 지도 총괄하는 농촌진흥청은 대학4-H연구회를 일반 4-H와 똑같이 대할 수도 없고 지도자로 대할 수도 없어 모호한 태도를 취했던 것으로 보인다.[6] 더구나 정세 변화에 민감한 대학생들의 서클이라는 특성 때문에 관제 새마을운동과 자주적 농민운동의 갈림길에서 대학4-H운동도 양면성을 지닐 수밖에 없었다. 이후 대학

4-H연구회는 전국 네트워크를 확대·발전시키고 이를 기반으로 농민운동을 지원했다. 대학4-H연구회에서 배출된 활동가 일부가 농민운동에 앞장서고 사회 민주화운동에 참여하기도 했다.[7]

대구·경북 지역의 대학가에서도 1950년대 말부터 대학4-H연구회가 설립되어 활동했다. 경북대학교의 경우 1959년부터 4-H 조직이 있었던 것으로 추정되나 기록이 남아 있지는 않으며, 1962년 경북대학교 농과대학에서 회원 80명이 참석해 4-H클럽을 창립하고 신은수를 초대 회장으로 선출했다는 기록이 있다. 그런데 1966년에 경북대학교에 입학한 신오규의 회고 기록에 따르면, 이 무렵의 경북대학교 4-H연구회는 학생회 산하 농촌연구부 부장이 당연직으로 회장을 맡고 있었으나, 실제로 회원을 확보하여 활동하는 조직은 아니었던 것으로 보인다. 경북대학교 4-H연구회는 1966년에 신오규가 나서서 농대 학생회와 농촌연구부의 지원을 받아 회원을 확보하면서 새롭게 출발했다. 이 서클은 총회에서 신오규를 회장으로 선출하고 농촌연구부가 사용하던 회의실을 4-H연구회 회의실로 확보했으며 경상북도 4-H 연찬회 및 총회, 여름캠프회, 4-H 도 경진대회 및 여러 교육 행사에 참여하여 활동했다.

영남대학교의 전신인 대구대학과 청구대학에서도 1967년에 대학 4-H연구회(청구대 회장 이홍선, 대구대 회장 박인대)를 만들었다. 대구대학과 청구대학이 합병되어 영남대학교가 개교한 뒤로는 1969년에 신설된 농대 축산과의 이석태가 중심이 되어 대학4-H연구회를 재창립했다. 영남대학교 4-H연구회는 이전까지는 농촌사회 계몽운동과 봉사활동에 주력했으나, 1970년 이후부터 사회운동으로 활동 방향을 전환하고 명칭도 농촌연구회로 바꿨다. 한편 한국사회사업대학(대구대학교의 전신)에서도 1968년에 대학4-H연구회(초대 회장 김진수)가 창립됐고, 효성여자대학(대구가톨릭대학교의 전신)에서도 1971년에 대학4-H연구회(초대 회장 이상윤)가 창립됐다.[8] 《대학4-H 50년사》에는 기록되어 있지 않지만, 대구교육대학 대학4-H연구회도 1967년경에 창립됐다는 증언이 있다.[9]

　대구·경북 지역의 대학4-H연구회는 지역 차원의 연계 활동을 활발하게 전개했다. 1966년 11월 20일에는 영남지구 대학4-H연구회연합회 추진 준비위원회가 만들어졌다. 1968년 3월 13일에는 경북농도원에서 제1회 정기총회를 열어 영남지구 대학4-H연구회연합회를 창립해 초대 회장으로 신오규(경북대학교)를 선출했다. 영남지구 대학4-H연구회연합회는 1970년에 들어서면서 이석태(영남대학교, 1970년 제4대 회장), 정동진(경북대학교, 1971년 제5대 회장) 등이 의욕적으로 이끌면서 활동 영역을 넓혀갔다. 이 시기 영남지구 대학4-H연구회연합회에는 경북대학교, 영남대학교, 효성여자대학, 한국사회사업대학, 대구교육대학, 부산대학교, 동아대학교, 경상대학교의 대학4-H연구회가 소속되어 활동했고, 1975년경에는 안동교육대학 4-H연구회도 합류했다.[10]

한국농업근대화연구회의 영향

　영남지구 대학4-H연구회연합회가 1971년에 금요강좌를 열고 농촌운동의 차원을 넘어 농민운동을 지향하게 된 데는 진보 지식인들의 연구단체인 한국농업근대화연구회의 영향이 컸다. 한국농업근대화연구회는 1956년에 설립된 한국농업문제연구회의 후신이다. 한국농업문제연구회는 주석균을 회장으로 하며 유인호, 김병태, 김낙중, 박현채 등 경제학자들이 참여해 농업 문제를 한국 자본주의와의 관계 속에서 연구하고 정부 농정을 비판하던 단체였다. 한국농업문제연구회는 각 대학의 경제학 교수들을 초청하여 매주 금요일 저녁에 '금요토론회'라는 모임을 열고 농업 문제에 대한 진보적인 연구자와 활동가를 양성했다.[11]

1965년에는 한국농업문제연구회를 계승하여 한국농업근대화연구회(초대 이사장 김서정)가 창립됐다. 양정규(상무이사), 이우재(사무국장, 1965~1972) 임동규(사무국장, 1972~1974), 권영근(사무국장, 1974~1975), 황민영(사무국장, 이사, 1975~1976), 최석진(총무부장, 1976~1977) 등이 활동했던 한국농업근대화연구회는 기관지 《농업근대화》를 발행하면서 연구 사업을 진행했다. 또한 한국농업문제연구회의 금요토론회처럼 매주 금요강좌를 열었다. 이 강좌에서는 농업 문제를 포함해 자본주의 경제 비판, 사회운동 등 사회과학 전반을 다뤘는데, 전국 각 대학 농촌서클의 회원들이 참여해 대학 강의실에서보다 더 살아 있는 지식을 얻으면서 농민운동과 사회 민주화운동에 대한 인식과 열정을 키웠다. 한국농업근대화연구회 활동을 통해 성장한 지식인들은 대학 농촌서클 활동뿐 아니라 가톨릭농민회와 기독교농민회 활동, 크리스챤아카데미 농민교육에서 핵심적 역할을 했고, 한국 사회의 농민운동이 본격적으로 발전할 수 있는 기반을 만들었다.[12]

이처럼 한국농업근대화연구회는 전국 각 대학의 농촌서클에 영향을 미쳤으며, 영남지구 대학4-H연구회연합회에도 영향을 미쳤다. 영남지구 대학4-H연구회연합회 제4대 회장이었던 이석태는 전국대학4-H연구회연합회 행사에서 김준기(전국대학4-H연구회연합회 초대 회장),

곽길영(제7대 회장), 김경하, 최일우 등을 만났다. 그들은 경북 출신으로 서울의 대학4-H연구회에서 활동하던 선배들이었다. 이석태는 그들의 소개로 1970년 겨울에 이우재, 황민영(전국대학4-H연구회연합회 제3대 회장) 등이 주도하던 한국농업근대화연구회의 금요강좌에 참가했다. 그는 이 강좌에서 함석헌, 장준하 등의 강의를 듣고 농민 문제를 구조적으로 인식하게 됐다고 한다.

1970년에 서울에서 열리는 대학4-H연구회 전국 행사에 참여해보니 내가 모르는 이야기가 많이 나오는 거예요. 나는 농대에서 축산 기술만 배우면 되는 줄 알았는데, 사회의 어떤 틀-구조라는 게 눈에 띄기 시작하는 거야. 그러면서 1970년 12월쯤 농업근대화연구회에서 개최한 금요강좌에 갔어요. 당시 금요강좌는 서울 퇴계로5가 대한산림연합회(현 산림조합) 5층 농업근대화연구회 사무실에서 매주 금요일에 열렸어요. 주로 이우재 씨나 황민영 씨가 강의를 안내하고 이런 걸 했는데, 첫날 가니까 장준하 씨, 함석헌 씨, 이런 사람들이 강의하더라고. 이야기를 들어보니까, 어이? 눈이 확 뜨이는 거야. 쿠데타 패들이 농업을 홀대하는 걸 자각하게 된 거지. 내가 시골에 좀 먹고사는 집 아들로 살면서 알고 있던 것과는 전혀 다른 새로운 내용이라 거기 완전히 꽂혔어요. 재미가 있으니까 학교 공부를 뒷전에 놓고 매주 서울에 갔어요. 소위 말하는 의식화가 되기 시작한 거지. (이석태 구술, 2023년 4월 23일)

혼자 서울에서 열린 금요강좌에 매주 참석했던 이석태는 장준하, 함석헌, 박현채 등의 강의를 듣고 이우재, 황민영 같은 한국농업근대화연구회 간부들이나 김준기 등의 선배와 접촉하면서 대구에도 금요강좌를 열어야겠다고 생각했다. 특히 1971년에 이상국 등 열정적인 후배들이 영남지구 대학4-H연구회연합회에 들어와 활동하게 되자 후배들과 공부하면서 한국농업근대화연구회에서 논의하던 내용을 영남지구 대학4-H연구회연합회에서도 공유해야겠다고 마음먹었다.

> 1971년에 상국이하고 그 친구들이 1학년으로 들어왔을 때, 저와 같은 69학번인 정동진에게 대구에서도 이런 공부를 좀 본격적으로 해야 하겠다고 상의했어요. 당시에 대학4-H연구회 멤버들은 있었지만, 이런 문제를 상의할 수 있는 사람이 우리 학년에 동진이밖에 없었어요. 다른 멤버들은 사회과학적 의식이라든가 정치적 의식이 전혀 없었거든. 동진이는 서울 금요강좌에는 안 갔지만, 저와 자주 이야기 나눴죠. "야, 우리 농촌이 이런 구조적인 문제가 있다. 대구에서도 금요강좌를 열어서 이걸 토론하고 좀 해야 안 되겠나? 우리도 공부하고 후배들도 만들자." 이러니 동진이가 '오케이' 이렇게 된 거라. 그래서 강좌를 열게 된 거지요. (이석태 구술, 2023년 4월 23일)

이석태는 영남지구 대학4-H연구회연합회 초대 회장으로 활동했던 선배인 신오규를 찾아갔다. 신오규는 대학을 졸업하고 대구 수성구 정화여자고등학교 부근에서 경북교통학원(버스 안내양 교육 학원)을 운영하고 있었다. 이석태는 신오규의 학원 강의실을 빌려서 영남지구 대학4-H연구회연합회 제5대 회장을 맡고 있던 정동진과 함께 대구에서 금요강좌를 추진했다.

영남지구 대학4-H연구회연합회의 금요강좌 운영

영남지구 대학4-H연구회연합회의 금요강좌는 1971년 11월 19일에 시작된 뒤로 경제학, 농민운동, 사회운동 등 다양한 주제로 열렸다. 강사로는 한국농업근대화연구회의 이우재, 김병태, 황민영, 김준기 등을 초청했다. 또한 당시 구미에서 창립을 준비하고 있던 한국가톨릭농민회(이하 '가톨릭농민회') 전국본부로 찾아가 가톨릭농민회 이길재 회장과 정연석 이사를 강사로 초청하기도 했다. 외부 강사를 섭외하지 못했을 때는 회원들이 독서회를 열거나 스스로 연구한 내용을 발표했다. 《대학4-H 50년사》를 보면, 1972년 7월 15일에 금요강좌 교재 편집을 위한 기획위원회를 열었다는 기록도 있다. 이렇게 영남지구 대학4-H연구회연합회에서는 금요강좌를 통해 농촌 문제와 사회 문제를 주제로 한 강의와 토론회를 정기적으로 열어 대구 지역 대학생들의 의식화를 위해 노력했다.

당시 영남지구 대학4-H연구회연합회 회원들은 금요강좌에 열정적으로 참여했으며, 5개 대학 학생들이 모이다 보니 강의실이 늘 꽉 찼다고 한다. 매주 20~30명씩은 고정적으로 참석했고, 서울에서 저명한 강사가 올 때는 40~50명까지 참석했다. 강좌를 여는 재원은 회원들이 내는 회비를 십시일반 모아서 충당했다. 강사들도 강의료를 받지 않았기 때문에, 재원이 많지 않아도 꾸준히 운영하는 것이 가능했다.

강사는 간혹 서울의 황민영 씨나 이우재 씨처럼 실력 있는 선배들이 오기도 하고, 우리끼리 독서회도 하고 정동진이와 내가 공부해서 발표도 했어요. 주제는 오만 걸 다 했지. 주로 산업, 국가 발전, 이런 쪽으로 하고 인간 심리 같은 것도 하고. 커리큘럼이 따로 있지는 않았기에 내용은 빈약했고 강사진도 서울 농업근대화연구회의 금요강좌처럼 화려한 멤버는 아니었지만, 나름대로 열심히 했고 참여 열기도 대단했어요. (이석태 구술, 2023년 4월 23일)

1973년에는 강의 장소를 제공했던 신오규의 경북교통학원에 경찰이 들이닥치는 일이 있었고, 학원이 공안 당국의 압력을 받게 되자 기존의 장소에서는 강좌를 계속 열 수 없게 됐다. 그 뒤 영남지구 대학 4-H연구회연합회 회원들은 대봉성당, 경북건축회관, 계산성당, 삼덕성당, 경북적십자회관 등의 장소를 빌려 강좌를 이어갔고, 특히 대봉성당에서 강좌를 자주 열었다. 이 강좌는 초창기에 주도했던 69학번 이석태와 정동진이 대학교를 졸업한 뒤에는, 그다음 세대인 이상국(영남대학교 71학번) 등이 이끌어가다가, 그 뒤로는 경북대학교 정상용(72학번), 김영석(73학번), 권영조(73학번), 서원배(74학번), 황병윤(74학번), 이동렬(77학번) 등이 맡아서 계속해나갔다. 또한 영남대학교의 김재환(76학번), 박희찬(78학번) 등도 열심히 참여했다.

신오규 선배님 이야기를 들어보니 우리가 차장 학원에서 금요강좌를 할 때 경찰들이 "무슨 강의 하노?" 하면서 들이닥쳤던 모양이에요. 그래서 거기서는 문을 닫고 대봉성당으로 옮겨서 했어요. 대봉성당 신부님이 우리에게 우호적이어서 장소를 빌려주셨어요. 보수적인 대구교구에서 신부님이 강좌 장소를 빌려주신 것만 해도 대단하다고 생각해요. (김병일 구술, 2023년 4월 25일)

그 당시에는 대학생 그룹으로서 농업 문제를 사회구조적으로 접근하면서 정기적으로 강좌를 열어 공부한 것은 영남지구가 유일할 겁니다. 물론 서울대학교 농대 농사단이라든지, 개별 대학에서는 그런 공부를 하는 서클들이 있었습니다. 그런데 대학4-H연구회에서 지역 단위로 그런 시도를 한 것은 영남지구가 유일한 것 같습니다. 지금도 보면 당시 사회구조적으로 접근하며 공부했던 곳과 그렇게 하지 않은 곳은 활동 유형이나 성향이 좀 다르게 나타납니다. (이상국 구술, 2023년 6월 6일)

여러 증언을 종합해보면, 대구의 금요강좌는 1979년 가을까지 지속된 것으로 보인다.[13] 금요강좌의 연혁은 따로 문서로 정리된 것은 없으나 《대학4-H 50년사》를 보면, 1974년 4월 5일에 '농촌사회학'을 주제로 강좌를 열기 위해 영남지구 대학4-H연구회연합회 임원회를 열었고, 1975년 4월 11일에는 삼덕성당에서 '신용협동조합에 대하여'(발표자 원종대)라는 주제로 강좌를 열었다는 단편적인 기록이 있다. 1977년 5월 14일에는 적십자청소년회관에서 '4-H 기본 이념, 분반 토의 및 신협 소개'(발표자 이동렬, 경북대 77학번)라는 주제로 강좌를 열었다는 기록도 있다.

1970년대 중반과 후반에도 금요강좌에는 평균 40~50명 정도의 청중이 모였다. 주로 각 학교 서클에서 주도적으로 활동하던 회원들이 모였으며, 경북대학교의 경우 전체 회원 50여 명 중 10여 명이 금요강좌에 매주 열성적으로 참석했다. 이 시기에도 이우재, 김준기, 황민영 등이 무료로 강의하러 왔고 유동수 박사가 최면술을 주제로 강의하기도 했다. 곽길영도 달성군 현풍조합 조합장으로 근무하면서 강의를 자주 했다. 외부 초빙 강사가 오면 더 많은 청중이 모였으며, 강사를 초청하지 못했을 때는 김영석, 권영조, 서원배, 이동렬 등이 논문을 작성해 발표했다.

금요강좌는 대구의 대학 농촌서클 회원들이 농업·농민 문제를 정책적·제도적인 면에서 인식하도록 도움을 주었다. 또한 각각 활동하던 개별 대학이 지역 네트워크를 활성화하는 계기가 됐다. 영남지구 대학 4-H연구회연합회가 농촌 봉사활동 단체에서 농민운동을 지향하는 단체로 전환하게 된 데는 금요강좌의 영향이 컸다.

대학 4-H연구회에서 농촌문제연구회로

금요강좌는 영남지구 대학4-H연구회연합회의 회원 의식화에 지대한 영향을 미쳤다. 여기에 참석했던 회원들은 사회 비판적인 관점을 가진 인문학이나 사회과학 책이 그다지 많이 출판되지도 않았고 제대로 보급되지도 않았던 시기에 《사상계》와 같은 잡지를 돌려 보거나 헌책방에서 해방 직후에 나온 책들을 함께 구해 읽으면서 의식 수준을 높여갔다. 그리고 기존의 대학4-H운동에 대해 문제를 제기했다.

4-H가 일종의 관변 단체죠. 그 당시에는 미국이 잉여 농산물의 해외시장 개척 전략으로서 원조에 의해 우리나라 농민들에게 저곡가 정책을 편 거고. 그러다 보니까 농민들은 생산비가 보장되지도 않은 상태에서 농산물을 팔아야 하고. 그래서 농민이 못살았다고요. 그런데도 미국의 4-H 조직을 도입해 지덕노체(智德勞體: head, heart, hand, health)라는 이름으로 운동하면서, 미국처럼 그런 운동을 안 해서 농민이 못산다는 식으로 상황을 호도했죠. (이상국 구술, 2023년 6월 6일)

기존의 4-H연구회는 주로 청소년 문제를 중심으로 많이 활동했죠. 저는 농촌에서 어릴 때 농사를 지어보면서 자라서, 그런 식의 활동이 부족하고 미흡하다는 걸 많이 느꼈어요. (김영석 구술, 2023년 6월 4일)

이에 따라 영남지구 대학4-H연구회연합회에 속한 각 대학4-H연구회는 기존의 대학4-H운동의 틀을 벗어나 농촌의 구조적 문제를 연구하고 농민운동을 실질적으로 지원하는 단체로 전환하고자 서클 이름을 농촌문제연구회로 바꾸고 활동 방식에서도 여러 가지 변화를 시도했다. 영남대학교 4-H연구회는 1971년부터 '영남대학교 농촌(대학4-H)연구회'로 부르다가 나중에는 아예 '대학4-H'를 지우고 '영남대학교 농촌연구회'로 명칭을 바꿨다. 경북대학교 4-H연구회는 정상용(72학번)이 회장을 맡고 있던 1973년 10월 31일 정기총회에서 '경북대학교 농촌문제연구회'로 서클 명칭을 변경했다는 기록이 있다.

이렇게 각 대학의 4-H연구회가 '농촌연구회' 또는 '농촌문제연구회'로 이름을 바꾼 것은 1973~1974년경에 전국적으로 나타난 흐름이기도 했다. 즉 농촌에서 관이 주도하던 운동에서 벗어나 가톨릭농민회처럼 자주적인 농민운동을 지향하는 조직이 만들어지면서 대학가에도 그 영향이 파급된 것으로 볼 수 있다. 대구·경북에서는 영남지구 대학4-H연구회연합회에 속한 학교들이 서로 정보를 교환하고 토론하면서 서클의 성격을 바꾸려고 노력했다. 이 무렵 호남지구에서도 전남대학교 4-H연구회를 중심으로 이와 비슷한 흐름이 나타났다.

이에 따라 '농촌 봉사활동'의 성격도 바뀌었다. 각 대학의 4-H연구회에서는 여름방학과 겨울방학마다 '농촌 봉사활동'을 정기적으로 실

1974년 1월 경북 달성군 현풍에서 열린 영남지구 대학 4-H연구회연합회 동계 수련회. © 김영석

1974년 11월 경북 4-H 도 경진대회에서 연극 〈화무십일홍〉을 마치고. © 김영석

1974년 경북 의성군 하계 농촌활동. © 김영석

1977년 경북 청도군 하계 농촌활동. © 이동렬

시했다. 학교 측에서도 이러한 봉사활동에 경비를 지원하고 장려했다. 대학생들의 농촌 봉사활동은 1930년대 브나로드운동처럼 일제강점기부터 있었던 전통적인 행사였으며, 대학 농촌서클의 정체성을 확인하는 중심 행사이기도 했다. 그러나 1970년대 중반부터 농촌활동을 사회의 엘리트인 대학생들이 농촌에 가서 무지한 농민을 계몽하고 시혜를 베푸는 활동, 또는 농번기에 노동력을 제공해 농민의 일손을 덜어주는 인도주의적 봉사활동으로만 보던 관점을 반성하게 됐다. 이제 그보다는 농촌 현장에서 활동하면서 농민과 학생이 서로 배우고 교류하며 연대하는 활동이라는 의미에서 '농촌 현장학습', '농민-학생 연대활동'이 되어야 한다는 인식이 나타났다. 각 대학4-H연구회 또는 농촌(문제)연구회에서 방학마다 진행하던 '농촌 봉사활동'이라는 명칭도 '농촌활동'(약칭 '농활')으로 바뀌었다. 농촌활동에 대한 이러한 관점은 1980년대에도 계승됐다. 1987년 중반부터는 농촌활동을 1970년대처럼 서클 단위, 팀 단위로 분산적으로 하는 것이 아니라 총학생회 등의 기구가 관리하는 학생 대중운동으로 진행했고, 1987년 전국대학생대표자협의회가 출범한 뒤로는 전국적 단위로 진행했다. 1990년대에는 농촌활동이 한총련과 전국농민회총연맹의 연대 사업으로 추진되어 대학생의 연례 활동으로 자리매김했다.

　대구 지역의 대학4-H연구회에서는 농촌활동을 각 대학 단위로 가기도 했지만, 영남지구 대학4-H연구회연합회 단위로 가기도 했다. 《대학4-H 50년사》에는 1970~1976년 사이에 진행했던 농촌활동에 관한 기록이 나온다.

1970. 8. 1. 하계 봉사활동(경북 영덕군 영해면 괴시2동)

1971. 8. 5~10. 하계 봉사활동(영덕군 창수면 오촌동)

1972. 8. 3~6. 제1회 영남지구 대학4-H연구회연합회 하계 수련대회 및 봉
사활동(의성 단촌면 구계초교)

1973. 8. 3~9. 하계 봉사활동(경산군 용전면 육동)

1973. 8. 14~22. 전국대학4-H연구회연합회 야외수련대회 및 봉사활동
(계룡산 갑사)

1974. 7. 20~28. 하계 봉사활동(의성군 안평면 창길3동, 하령동)

1975. 1. 6~11. 동계 봉사활동(의성군 안평면 창길3동)

1975. 7. 30~8. 8. 하계 봉사활동(군위군 의흥면 매성2동)

1976. 8. 3~5. 제10회 영남지구 하계 수련대회(의성 단촌 구계초등학교)

1976. 8. 5~12. 제16회 하계 봉사활동(군위 부계 대율동)

1976. 1. 3~8. 제10회 동계 봉사활동(군위 의흥 매성동)

구술자들의 증언에 따르면, 당시 농촌활동은 하계와 동계, 1년에 두
번 정도 했고 한 번 갈 때마다 보통 일주일 정도 진행했다. 농촌활동을
갔던 지역은 학교마다 달랐지만, 대학4-H연구회 선배들이 귀농한 지
역이나 가톨릭농민회가 있어 지역 농민과 연고가 있는 지역으로 자주
갔다. 농촌활동을 가면 낮에는 농민들의 농사일을 거들었는데, 여름에
는 주로 밭에 가서 잡초를 뽑거나 담뱃잎을 따고 겨울에는 담뱃잎 말
린 것을 옮겨주는 일을 했다. 국기 게양대를 만들거나, 마을의 도랑을
치고 허물어진 담장을 고치는 것과 같이 주택 개량, 지붕 개량, 돌담 개
량하는 일도 도왔다. 또한 탁아소를 운영하고 초등학교 아동들과 방

과 후 학습도 했다. 저녁에는 마을 사랑방에 모여 농민들과 대화를 나누거나 청년들과 토론회, 좌담회를 하며 교류했다. 1970년대 초반에 농민회가 조직되기 전에는 농촌활동을 가면 고등학교를 졸업한 농촌 4-H 청년 회원들과 함께 어울리면서 정권의 농촌 정책을 비판하고 농민 의식화 교육도 했다. 1970년대 후반에 가톨릭농민회가 조직된 후에는 농민회 회원들과 함께 활동하면서 저녁에는 사회를 풍자하는 상황극과 같은 문화 행사도 열었다.

농촌활동은 무엇보다도 회원들 간의 결속을 다지고 서클 응집력을 형성하는 계기가 됐다. 경북대학교 농촌문제연구회 회원이었던 장계영(79학번)은 다음과 같이 말했다.

제가 1학년 때 농촌문제연구회에 나가면서 정말 재미있게 학교 다녔어요. 응집력이 확 생겼던 게 여름방학 때 의성 깡촌에 농촌활동 갔던 때예요. 저도 시골에 살았지만, 세상에, 우리나라에 그렇게 깡촌이 있는 줄은 처음 알았어요. 그때 10여 명이 갔는데 여학생은 선배 언니 한 명과 저, 둘이었어요. 거기 가니 처음에는 마을 사람들이 대학생이 오는 걸 별로 반기지 않았어요. 그래서 우리가 일을 찾아서 하면서, 마을 가운데 흐르는 개울을 청소했어요. 오랫동안 청소하지 않은 개울이라 온갖 이상한 게 다 나왔어요. 우리가 그걸 하니까 마을 사람들이 호의적으로 대해주기 시작했던 것 같아요. 농활 마치고 내려오는 길에는 어느 초등학교에서 점심을 먹는데, 식재료가 다 떨어져 선배들이 김치와 나물을 풀어서 묽은 죽을 만들어줘서 먹었던 기억이 납니다. 거기서 며칠 동안 같이 일하고 같이 밤을 새우면서 농촌활동의 맛도 알고 같은 동아리 회원이라는 느낌도 커졌어요. (장계영 구술, 2024년 5월 2일)

1970년대 중반에는 대학 농촌서클의 전성기라 할 수 있을 정도로 회원이 늘어났다. 대구 각 대학의 농촌서클에서는 영남지구연합회 활동 외에도 대학별로 다양한 활동을 펼쳤다.

일례로 경북대학교 농촌문제연구회에서는 1973년 11월 20일 서클 회지인 《지맥(地脈)》을 발간했다. 《지맥》은 매년 10월에서 11월 사이에 연 1회, 약 150쪽 분량의 책자를 등사기로 200부 정도 인쇄하여 8호까지 발간했다.[14] 《지맥》은 시, 수필, 독후감, 농촌 문제에 관한 논문, 농촌활동 참관기 등으로 구성됐으며, 특히 농촌활동 참관기가 상당히 많은 양을 차지했다. 당시 경북대학교에는 《복현》이라는 교지가 있었고 농과대학에는 《와성》이라는 단과대학 교지가 있었다. 농촌문제연구회 회원들은 《지맥》에 발표한 글을 《복현》이나 《와성》에 투고하기도 했다. 《지맥》 원본은 1980년도 두레사건이 일어났을 때 거의 압수됐지만, 일부 회원이 소장하고 있다. 그리고 지금도 '지맥동문회'라는 경북대학교 농촌문제연구회 졸업생들의 동문회 이름으로 남아 있다. 경북대학교 농촌문제연구회와 교류하던 전남대학교 농촌문제연구회도 《지맥》 발간과 비슷한 시기인 1973년에 《낫가리》라는 연구지를 발간했다.

경북대학교 농촌문제연구회는 1974년 중반부터 금요강좌와 별도로 학교 안에서 매주 화요일에 정기적으로 강좌를 열었다. 김영석(경북대학교 73학번), 서원배(경북대학교 74학번), 황병윤(경북대학교 74학번) 등의 증언에 따르면, 화요강좌는 1976년까지 운영했다. 회원들이 매주 10명 이상 모여 교양과정동의 빈 강의실을 빌려 진행했으며, 영남지구 대학 4-H연구회연합회 선배들을 초청해 강의를 듣거나 서클의 2학년 이상

고학번 회원들이 주제를 발표하는 형식으로 운영했다. 화요강좌에서 다룬 주제는 토지개혁부터 시작해 농업 문제의 역사, 한국 농업의 나아갈 길 등 다양했다. 《대학4-H 50년사》에는 경북대학교의 화요강좌 중 1976년에 진행했던 강좌의 일시, 장소, 주제, 강사·발표자 이름이 기록되어 있다. 이를 보면 농촌문제연구회 회원들의 주요 관심사를 알 수 있다.

1976. 4. 6. 화요강좌(교 302호). 김달호 교수 초청 강의

1976. 4. 13. 화요강좌(교 302호). 김영석: '허생전에 나타난 경제사상', 권영 조: '대학생의 사명', 이명훈: '국사를 공부하면서 느낀 외세'

1976. 4. 20. 화요강좌(교 302호). 김영임: '대학 생활의 대인관계'

1976. 5. 11. 화요강좌(교 302호). 황병윤: '한국농업기계화의 문제점'

1976. 5. 18. 화요강좌(교 203호). 정충택: '인구 문제'

1976. 6. 15. 화요강좌(교 203호). 김영석: '역사를 보는 눈'

1976. 6. 22. 화요강좌(교 203호). 김기웅: '사학의 발전'

1976. 11. 9. 화요강좌(교 203호). 조규식: '현실을 어떻게 인식할 것인가?'

1976. 11. 16. 화요강좌(교 203호). 시사 토론

1976. 11. 20. 화요강좌(교 203호). 김영석: '농업 문제의 본질'

1970년대 중반 영남대학교 농촌연구회도 경북대학교처럼 회지를 발간하지는 않았지만, 매주 농업 문제에 관한 세미나를 열었다. 영남대학교 농촌연구회는 졸업생 중에 가톨릭농민회 실무자들이 있었고, 재학생 중에도 가톨릭농민회 행사에 참여하는 회원이 여러 명 있었다.

1970년대 초중반의 대구 지역 학생운동과 농촌(문제)연구회

1970년대 초반에 영남지구연합회 소속 대학4-H연구회는 학교마다 서클 이름을 바꾸며 농민운동을 지향하게 됐다. 그러나 사회 민주화를 위해 활동하는 학생운동 조직과의 관계는 학교마다 차이가 있었고, 시기에 따라서도 달랐다.

1970년대 대구 소재 주요 대학의 학생운동가들은 공개적인 학생회를 만들지 못했고 소수가 이념서클을 만들어 활동했다. 경북대학교에는 4·19 직후부터 활동한 맥령회(1961. 4~1963. 4), 정사회(1964. 4~1969. 7), 현대사상연구회(1964~1969. 7), 정진회(1970. 3~1971. 10), 한국풍토연구회(1971. 11~1975. 이하 '한풍회') 등이 있었다. 특히 1969년부터 1975년까지는 정사회, 정진회, 한풍회가 경북대학교 학생운동을 이끌었다. 정사회는 이재형, 변태강, 김성희, 서훈 등이 창립해 한일회담 반대 운동을 벌였고, 이어서 여정남, 이현세, 임구호, 정화영 등이 활동하며 1969년 삼선개헌 반대 투쟁을 이끌었다. 정진회는 정사회가 당국에 의해 강제 해산된 뒤 정사회의 지도를 받아 창립된 서클이다. 정사회 저학년인 전정효, 정만기 등 10여 명의 회원이 있었으며, 김영하 교수와 김성혁 교수가 지도교수를 맡았다. 이 서클은 1970년에서 1971년 사이에 '교련 반대' 등 여러 투쟁을 이끌었고, 1971년 10월 15일 박정희 정권이 위수령을 발동하면서 다수가 수배되면서 붕괴했다. 한풍회는 정진회의 후신으로 위수령이 해제된 직후인 1971년 11월 하순에 정진회의 1학년(71학번)을 중심으로 창립됐다. 황철식, 이수일, 임규영, 이강철 등이 주요 구성원이었고, 유시중 교수가 지도교수를 맡았다. 한풍회는 유신체제 초기인 1973년에서 1975년 사이에 유신 반대 시위와 긴급조치 반대 시위 등 경북대학교에서 일어난 여러 시위를 주도했다. 1974년에 민청학련·인혁당 재건위 사건이 일어나자, 여정남 등 정사회, 정진회, 한풍회 회원 중 일부는 구속되어 여정남은 사형을 당했고, 임구호 등 여러 명이 징역형을 받았다. 그리고 일부는 1979년 남민전 사건으로 구속됐다.

이 시기 영남대학교에서는 박홍규 등 문과대와 법대, 상대 학생들이 주축이 되어 한얼회(1970~1985. 12)라는 서클과 천록(1970~1985. 12)이라는 서클을 만들어 활동했다. 한얼회는 한국사, 민족주의, 경제학, 사회변혁 이론 등을 주제로 매주 토론회를 열었으며 4·19혁명 추모 집회, 학생의 날 집회와 같은 행사를 개최했다. 한얼회는 간헐적으로 유인물 살포 시위도 시도했으나 회원 수가 적어서 일반 학생들에게 큰 영향을 주지는 못했다. 1974년에 일부 회원이 민청학련 사건에 연계되면서 와해했으며, 1970년대 후반에 복원되어 활동을 재개했다. 한편 이 시기 계명대학교에서는 백현국, 최이수 등이 홍정회(弘正會, 1969. 11~1989)라는 서클을 만들어 삼선개헌 반대 투쟁 등 여러 투쟁을 펼쳤으며, 1972년에는 홍정야학교를 설립해 활동했다.[15]

이 무렵 각 대학의 농촌서클은 주류 학생운동 조직은 아니었지만, 일반 학생들에게는 학생운동과 관련된 이념서클로 여겨졌다. 농촌(문제)연구회처럼 전국 연합서클인 한국기독학생회총연맹(Korea Student Christian Federation, 이하 KSCF)이나 한국유네스코학생회(Korea UNESCO Student Association, 이하 KUSA), 유엔한국학생협회(United Nation Students Association, 이하 UNSA)와 같은 서클도 마찬가지였다.

영남대학교에도 그 무렵 학교 안에 서클이 많았죠. 서클연합회는 없었지만, KUSA, UNSA, 광풍 등 서클 열 몇 개가 대구 YMCA에 모여서 심포지엄도 했어요. 이상국이 주제 발표하고 저는 질의 사항 대표로 참가했어요. 그 당시에 운동권 서클은 있었는지 잘 모르겠어요. KUSA와 UNSA 회원 몇 명이 학생운동과 연관됐다는 이야기는 들었죠. 그리고 우리도 회원을 모집하면, 학생들이 농촌에 나쁜 의식을 불어넣는 '삐딱한 서클'이라고 봤던 거 같아요. 그 당시 학교 안에 우리처럼 '삐딱한 서클'은 내가 보기에는 별로 없었어요. (김병일 구술, 2023년 4월 25일)

그러나 대구의 대학 농촌서클 회원들은 본격적으로 정치투쟁을 지향하거나 학생운동의 선두에 나서지는 않았다. 회원들은 박정희 군사정권을 비판적으로 보고 있었고, 교련 반대 시위 등 학내외 시위에 개별적으로 참가했지만, 서클 전체는 학생운동 조직과 어느 정도 거리를 두었다. 구술자들은 그 이유를 다음과 같이 들었다. 첫째, 농대생이 다수인 농촌서클의 회원들은 졸업 후 장기적으로 농촌에서 직장 생활을 하거나 농민운동에 투신하는 것을 염두에 두었으므로 농촌공동체 사회로 들어가려면 신원이 안전할 필요가 있었다. 그러므로 신원 보호를 위해 학내 학생운동 조직과 거리를 두었다고 한다. 둘째, 전국 단위, 지역 단위, 개별 대학 단위로 연례행사가 많은 연합서클 활동을 하고 가톨릭농민회의 농민운동도 지원하다 보니, 현실적으로 시간 여유가 나지 않아 학생운동과 거리를 두게 됐다고 말한 구술자도 있었다. 셋째, 당시 주류 학생운동 조직의 활동가들은 농민운동처럼 현장의 현실을 바탕으로 하기보다는 관념적이고 교조적인 인식을 지녔기 때문에 대학 농촌서클 구성원들이 함께 연대하기 힘들었다고 평가하는 구술자도 있었다. 넷째, 대학 농촌서클 구성원들의 사회과학적 인식이 아직 정치투쟁으로까지 발전하지는 않았기 때문에 학생운동에 대해 무관심했다고 여긴 구술자도 있었다.

일단 졸업하고 노동운동 쪽에는 이력을 숨기고라도 들어갈 수 있지만, 농민운동은 농업 현장의 특수성이 있어서 시골에서 살아가면서 해야 합니다. 그래서 신분이 노출되면 힘들죠. 학생운동 조직 친구들보고도 우리는 옆에서 도와는 줘도 직접 참여는 못한다고 이야기하곤 했습니다. (서원배 구술, 2023년 4월 24일)

저희는 화요강좌 준비하고 금요강좌 준비하고, 가톨릭농민회 활동을 하기 위해 구미도 다녀야 하고, 전국연합회 활동도 해야 하니까 여러 군데 신경쓸 수 있는 시간적 여유가 없었습니다. 그러다 보니 우리 독자적으로 활동했죠. (김영석 구술, 2023년 6월 4일)

1970년대에 경북대학교 정사회와 같은 학생운동 그룹이 더러 있었고, 나중에 가톨릭농민회 쪽에서 싸움이 격렬해지니까 우리와 한두 번 만났어요. 그런데 우리하고는 별로 교류가 안 되더라고요. 우리는 현장에 바로 붙어야 하니까 현실적인 이야기를 많이 하고 현실적인 문제로 많이 싸우는데, 교과서처럼 앉아서 이야기하는 거는 좀 공중에 떠 있는 것 같았다고. 재미가 없어. 우리가 봤을 때는 그 친구들이 저거끼리 어울려서 술 먹고 이러는 정도지 우리와 교류할 만한 레벨이 안 되더라고요. (이석태 구술, 2023년 4월 23일)

일부러 거리를 뒀던 것도 있었고. 아직 거기까지는 사회과학적인 접근이 안 돼 있었고. 정치투쟁 이런 쪽까지는 안 가 있었죠. (이상국 구술, 2023년 6월 6일)

그러나 1974년 이후에는 1970년대 초반보다는 학생운동 조직과 좀 더 적극적으로 교류했다. 경북대학교 농촌문제연구회 회원 권영조 (73학번)의 경우, 1974년부터 대건고등학교 선배와 인맥으로 연결되어 당시 경북대학교 학생운동 조직인 한풍회에 가입해 활동했다. 권영조 는 농촌문제연구회 회원들에게 학생운동과 관련된 정보를 알려주었으 며, 시위 일자가 잡히면 점조직 방식으로 연락하여 농촌문제연구회 회 원들을 시위에 동원했다. 그리고 정상용, 김영석, 서원배, 황병윤 등도 서클 간부로서 학생운동 조직 구성원이나 다른 이념서클 구성원들과 교류하고 시위에도 적극적으로 참여했다.

이 무렵에 있었던 주요 시위를 살펴보면, 1975년 4월 10일에 경북대 학교에서는 한풍회 회원이 주도하여 인혁당 8인의 사형집행에 대한 사 법살인을 규탄하고 민청학련 사건 진상규명 및 구속 학생 석방을 요구 하는 시위가 벌어졌다. 이들은 유신헌법 철폐, 박정희 하야, 긴급조치 철폐, 언론자유 보장, 석방 학생 복교, 학원 사찰 중지 등의 구호를 외 쳤다. 이 사건으로 시위를 주도한 박명규가 구속되고 장명재, 이윤기 등 9명이 강제 징집됐다. 그리고 이 가운데 다수가 1978년에 대구양서 이용조합을 창립할 때 주축이 됐다. 1975년 10월 18일에도 경북대학 교 학생 900여 명이 시위를 벌였다. 이들은 서문에서 경찰과 대치했고, 시위대 일부는 농대 뒤편과 학생회관 앞 공대 쪽문과 철망을 넘어 신 도극장까지 진출했다. 의대생 350여 명도 이날 오후에 시위를 벌였다.

한편 계명대학교에서는 홍정회의 백현국 등이 김상진 열사의 유서와 문건을 배포하려 했고, 이 혐의로 1년 뒤인 1976년 6월에 6명이 구속 됐다.[16]

이 무렵에는 학교마다 차이는 있지만, 전국 연합서클인 농촌문제연 구회, KSCF, KUSA, UNSA와 같은 서클에서도 시위에 참여하는 학생 이 많았다.

1974~1975년경 경북대학교에서는 학생운동이 상당히 격렬했습니다. 시위 대가 유신 반대, 긴급조치 철폐를 외치며 공대 쪽문을 통해서 칠성동으로 나 간 적이 있고 학교 서문을 통해서 경북도청 마당까지 진출해 거리 시위를 한 적도 있습니다. 그때 도청 앞 광장을 꽉 채운 채 운동가를 부르면서 연좌 농 성을 벌였는데, 그 당시 시위 인원이 500명은 넘었던 것 같습니다. 한풍회 팀이 시위를 주도했고 KSCF, KUSA 같은 조직들도 활동하는 것이 눈으로 보였습니다. 농대 학생들은 그다지 많이 참여하지 않았습니다. 그러나 농촌 문제연구회 회원들은 많이 참여했습니다. 우리가 시위를 주도한 것은 아니 었지만, 회원들이 학생운동에 공감했으며, 시위가 있으면 스크럼을 짤 때 대 부분 앞에서 시위했습니다. (김영석 구술, 2023년 6월 4일)

1974~1975년, 이 무렵 학교에 시위가 많았죠. 1학년 때는 어느 날 아침에 등교하니까 수업 중에 선배들이 강의실로 들어와서 "이 새끼들, 어느 놈은 죽고 어느 놈은 공부하나?" 하면서 의자를 던지기에 같이 나가서 시위를 했 습니다. 1975년에도 후문 체육관 쪽으로 돌다가 경찰이 막으니 공대 쪽문으 로 나가 칠성시장 쪽으로 가서 시위했습니다. 그때는 KUSA, UNSA 회원들

이 많이 주도했고 농촌문제연구회 회원들은 서클 단위로 참여한 건 아니고 저와 서원배가 개인적으로 시위에 참여했습니다. (황병윤 구술, 2023년 6월 5일)

저는 농촌문제연구회 간부로서 대외 활동을 활발하게 했습니다. 그래서 군에 입대하기 전에도 운동권 선후배들은 얼추 다 알았죠. 그 사람들과 생각은 조금 달라도 다 친하게 지냈죠. 같이 직접 앞장서서 하지는 않더라도, 도와줄 건 도와주고 세상 돌아가는 것 알기 위해 함께 교류하면서 알게 된 정보들은 우리 서클 후배들과 토론했습니다. (서원배 구술, 2023년 4월 24일)

그러나 이 시기에도 여전히 대학4-H연구회(농촌문제연구회)의 활동은 학생운동 본류와는 거리가 있었고, 회원들도 학생운동을 적극적·선도적으로 하지는 않았다.

2. 지역 농민운동과의 결합

유신체제 전반기에 금요강좌를 통해 의식의 변화를 겪고 농민운동 지향성을 갖게 된 영남지구 대학4-H연구회연합회 회원들은 학생운동보다는 지역 농민운동에 좀더 적극적으로 결합했다. 특히 일부 회원들은 가톨릭농민회가 창립되던 시기부터 결합해 활동했고, 1970년대 후반에 활발했던 경북 북부지역의 농민운동과 대학 농촌서클 운동을 연결하는 역할을 하면서 농민운동가로 성장해갔다. 이 절에서는 1970년대 대구·경북 지역의 가톨릭농민회의 활동 전개 과정을 먼저 살펴본 뒤, 영남지구 대학4-H연구회연합회의 회원들이 어떻게 농민운동을 지원하고 농민운동가로 성장했는지 살펴보겠다.

가톨릭농민회: 농민운동 조직의 등장

가톨릭농민회는 1964년 10월 17일 한국가톨릭노동청년회(JOC, 이하 '가톨릭노동청년회') 안에 설치한 농촌청년부에서 출발했다. 당시 가톨릭노동청년회는 노동청년들이 대부분 가난한 농촌 출신이라는 점을 깨닫고 가톨릭노동청년회 내부에 농촌청년부를 만들었다. 1965년에 농촌청년부는 전국 농촌의 주요 가톨릭교회를 중심으로 농촌청년운동을 조직하고자 했다.[17] 1966년 7월부터 가톨릭노동청년회 농촌청년부는 왜관 성베네딕도수도원(이하 '분도회')의 지원을 받아 경북 구미로 사무실을 이전하여 활동했다. 분도회는 원래 함흥교구 소속으로 한국전쟁 때 남한으로 피난 온 뒤 왜관에 수도원을 세웠고, 교황청으로부터 대구교구와 독립한 왜관감목대리구를 인준받아 칠곡·성주·김천·금릉·선산·군위·상주·문경 지역의 사목을 관할했다. 사회선교에 개방적이면서도 다른 교구와 상대적으로 독립적이던 분도회는 농촌 사목을 하면서 농촌 문제의 심각성을 깨달았다. 그러나 외국인 사제들이 보수적인 경북 지역에서 농촌 사목을 하는 데는 한계가 있었다.

왜관감목구는 주로 독일 신부들이 와 있으니 고향에서 모금해와서 본당 파견 나가고 교회 짓고 활동했어요. 독일 사람들이 근면하거든. 그때는 물자가 귀하니까 신문 광고지, 이면지 잘라서 수첩 만들고. 운동화 하나 사서 몇 년씩 신고, 고무신 신고. 정말 내핍해서 자기 먹는 걸 줄여가면서 없는 사람들을 열심히 도왔어요. 그런데 외국인 신부들은 우리말을 잘 못하니까 파급 효과가 한계는 있지. 그리고 유교가 센 지역에서 외래 종교인 천주교가 파고 들어가기 힘들었어요. (이석태 구술, 2023년 4월 23일)

분도회는 농촌 문제가 한국 사회에서 가장 중요한 문제라고 판단해 가톨릭노동청년회 농촌청년부를 지원하기 시작했다. 당시 가톨릭노동청년회 농촌청년부 전국 대표였던 이길재는 가톨릭노동청년회 지도신부, 회장단과 상의해 가톨릭노동청년회의 한 부서에 불과했던 농촌청년부를 독립시키기로 했다. 그리고 1966년 10월 17일, 경북 구미에 전국 남녀 대표 30명이 모여 한국가톨릭농촌청년회(JAC, 이하 '가톨릭농촌청년회')를 창립했다.

초창기 가톨릭농촌청년회는 농촌 문제를 농민 개인의 능력이나 농업 기술의 문제로 판단했다. 그래서 농업 기술 혁신이나 마을을 공동체로 만드는 운동, 농촌 신협운동과 같은 신앙교육, 협동교육, 기술교육에 주력했다. 가톨릭농촌청년회는 그리스도적 생활공동체를 지향하면서, 농촌의 가난과 고통을 농민들이 서로 도우면서 해결해야 한다고 여겼다. 그리고 가톨릭 청년 농민들이 농촌을 바꾸는 주역이 되어야 한다고 판단해 농촌 청년 지도자를 양성하는 교육에 힘썼다. 가톨릭농촌청년회 전국본부는 시범사업으로 구미 본당 3개 공소에 가톨릭농촌청년회를 조직하고, 야간학교를 운영하고, 협업양계장, 협업농장, 협업양돈장, 신용협동조합을 경영하기도 했다.[18]

그러나 농촌 청년을 아무리 교육하고 양성해도, 농민 개인의 변화만으로는 농촌 문제를 해결할 수 없었다. 정부의 잘못된 농업정책으로 농촌의 현실은 점점 더 열악해지기만 했다. 공업 위주의 불균형한 경제성장 정책으로 농가 경제가 어려워지고, 대규모 이농현상이 심화되면서 가톨릭 농촌 청년들을 대상으로 하는 가톨릭농촌청년회 운동만으로는 한계에 부딪혔다. 이러한 인식에 따라 1971년 11월에 가톨릭농촌청년회는 회원 조직화의 대상을 청년에서 전체 농민으로 넓히고, 운동의 목적을 "농민의 권익 옹호와 사회정의 실현"으로 재정립했다. 그리고 1972년 4월에 한국가톨릭농민회로 조직을 개편했다.[19]

이후 가톨릭농민회는 한국천주교주교회의 인준을 받기 전까지 분도회의 지원을 받으며 활동했다. 국제적으로는 교황청 산하 가톨릭 농촌단체인 '국제가톨릭농촌단체협의회'(ICRA)에 회원국으로 가입했다. 주교단은 1976년 4월이 되어서야 가톨릭농민회를 공식단체로 인준했다. 가톨릭농민회는 1970년대 후반 박정희 정권의 정책에 맞서서 농민운동을 주도했고, 사회 민주화운동의 중요한 축으로 성장했다.

가톨릭농민회 학생 회원들의 활동

1971년, 이석태와 정동진 등 영남지구 대학4-H연구회연합회 임원들은 가톨릭농민회의 전신인 가톨릭농촌청년회 전국본부로 찾아가 실무자들을 만났다. 당시 전국본부 사무실은 경북 선산군 구미읍 원평동에 있었고, 강좌나 교육 장소는 왜관 분도 피정의 집을 이용하고 있었다. 그리고 이길재(회장, 1966~1973), 정연석(이사, 1970~1975) 등 소수의 활동가가 실무자로 일하고 있었고,[20] 독일 여성인 한마리아(마리아 사일러)가 국제 연대와 협력 업무를 담당하고 있었다.[21] 영남지구 대학4-H연구회연합회는 학생 서클로서 활동을 후원하고 자문해줄 동문이나 후원자가 많지 않은 상황이었다. 반면 가톨릭농민회 측에서는 사업을 확장하기 위해 예비 활동가가 될 만한 대학생들의 지원이 필요한 실정이었다. 영남지구 대학4-H연구회연합회의 학생들과 가톨릭농민회 실무자들은 서로의 필요에 의해 자연스럽게 연결됐다.

학생들은 대구에서 열리는 금요강좌에 가톨릭농민회 활동가들을 초청해 강의를 들었다. 가톨릭농민회 측에서도 학생들이 강좌를 할 때 자료집을 만들 경비를 후원해주기도 하고, 학생들이 발제하면 논평도 해주면서 가톨릭농민회 활동을 소개했다. 이러한 교류 과정을 거쳐 이석태, 정동진, 이상국 등 영남지구 대학4-H연구회연합회 회원 몇 명은 가톨릭농민회가 창립된 해인 1972년 7월 15일에 농민회 회원으로 가입했다. 그리고 정상용, 김영석, 권영조는 1973년 5월에, 서원배, 황병윤은 1974년에 농민회 회원으로 가입했다.

대학 3학년 때인 1971년부터 한 달에 두세 번은 구미에 가서 가톨릭농민회 실무자들과 만났어요. 가톨릭농민회에서 왜관 분도 피정의 집을 빌려서 교육을 하면 우리 영남지구 대학4-H연구회연합회에서 여러 사람이 참여했어요. 협동조합 교육론 같은 것은 거기서 배웠죠. 그게 인연이 되어서 이우재, 김병태, 박현채 선생, 이런 분들과도 만날 수 있게 됐죠. (정동진 구술, 2023년 4월 24일)

1972년에 이석태 형과 7~8명이 청도 선배 집에서 모임을 했어요. 그때 이석태 형이 가톨릭농민회 원서를 들고 왔어요. 나는 군대 간다고 입회 원서를 안 썼지만, 정동진 선배와 이상국은 그 자리에서 원서를 썼어요. (김병일

구술, 2023년 4월 25일)

1973년 4월에 가톨릭농민회 정연석 연구부장님이 영남지구 대학4-H연구회연합회 금요강좌에 와서 강의하셨어요. 저는 그 강의를 듣고 1973년 5월에 정상용 선배, 권영조와 함께 구미에 있던 가톨릭농민회 본부에 찾아가서 입회했습니다. 이듬해에는 서원배와 황병윤도 가톨릭농민회 회원으로 가입했어요. (김영석 구술, 2023년 6월 4일)

학생 회원들은 재학생 신분으로 가톨릭농민회의 교육이나 회원 행사에 참여했고, 회의가 열리면 투표권도 행사했다. 일반 회원의 절반 정도인 회비도 납부했다. 그리고 이길재와 정연석 등 가톨릭농민회 실무자들과 수시로 교류했다.

1974년부터 이러한 연대활동은 좀더 심층적이고 조직적으로 진행됐다. 정상용, 권영조, 김영석 등 일부 학생 회원들은 대구가톨릭농민회 농촌문제연구분회(분회장 최일우, 동국대 67학번)를 만들었다. 당시 가톨릭농민회는 분회, 교구연합회, 전국연합회를 기본적인 조직 틀로 삼아 활동했고 농촌이든 도시든 회원이 5명 이상 모이면 분회를 만들 수 있었다. 그런데 정상용, 김영석, 권영조 등의 학생 회원과 대구에 거주하는 대학4-H연구회 동문이 결합해 대학교를 기반으로 농민회 활동을 하는 소모임을 별도로 만든 것이다. 이 분회는 가톨릭농민회의 자료를 받아서 농민 문제에 대해 공부하고 연구했다. 가톨릭농민회가 개최하는 집회와 행사에도 학생들을 적극적으로 동원하면서 농민회 활동을 보조했다.

최일우 선배는 대구 출신으로 동국대학교 대학4-H연구회 활동을 하신 분입니다. 곽길영 선배의 후배죠. 대학교 졸업하고 대구 대봉동에서 살면서 경제적으로 넉넉해서 후배들에게 지원을 많이 해주셨죠. 가톨릭농민회 금요강좌 강의도 해주셨고요. 또 최일우 선배 집이 정상용 선배 집과 가까워서 자주 교류했습니다. 그래서 가톨릭농민회 분회를 만들 때 분회장으로 위촉했습니다. (김영석 구술, 2023년 6월 4일)

창립 초기의 가톨릭농민회는 실증적 자료를 바탕으로 농민 빈곤 문제를 제기하기 위해 국제가톨릭농촌청년회의 재정 지원을 받아 전국 각 지역에서 농지 임차관계(소작) 실태 조사를 했다. 이 프로젝트는 1974년 2월 28일부터 7월 10일까지 130일 동안 전국 140개 군 중 62개 군 70개 부락을 대상으로 농촌 내 소작농 수와 소작 관행 실태를 조사한 것으로, 조사 결과 한국 농민의 약 30퍼센트가 소작인으로 나타났다. 가톨릭농민회는 이러한 조사 결과를 1974년 농지 조사 보고대회에서 발표했다. 1975년과 1976년에는 농민들의 빈곤이 농민 개인의 탓이 아니라 정부의 저곡가 정책 때문이라는 것을 알리기 위해 전국적으로 '쌀 생산비 조사 사업'을 벌였다. 교구마다 농민회원 20~30명을 조사원으로 선발해서 1년 동안 일기를 쓰듯 비료와 인건비 등을 기록하여 8개 도 111개 농가의 통일벼와 일반벼의 가마당 쌀 생산비를 조사한 결과, 농협이 발표한 조사 결과와 달리 정부 수매가가 턱없이 낮아 농민을 보호하지 못하는 현실을 밝혀냈다. 가톨릭농민회는 같은 해 10월에 개최한 가톨릭농민회 10주년 기념대회에서 추곡수매가를 쌀 생산비를 보장할 수 있는 적정선(통일 쌀 3만 2221원, 일반 쌀 3만 5589원)

으로 인상해줄 것을 정부에 건의했다.[22]

대구가톨릭농민회 농촌문제연구분회 회원들은 개별적으로 이러한 조사 활동을 지원했다. 조사 보고대회와 같이 가톨릭농민회의 집회가 있을 때도 학생들을 동원해 참석했고, 행사장에서 농민회 활동가들을 만나 교류했다. 분회 회원들은 농민회 행사나 영남지구 대학4-H연구회연합회 행사가 있을 때 문화 행사의 하나로 상황극을 공연하기도 했다. 그리고 영남대학교 농촌연구회 회원 중 일부는 가톨릭농민회 회원은 아니었으나, 이러한 활동에 동참했다.

가톨릭농민회에서 교육이라든가 행사가 있으면 분회 회원들과 같이 다녔죠. 학생 때도 많이 참여했고 졸업하고 나서도 참여했습니다. 거기서 단편으로 짤막하게 상황극 공연도 했어요. 그 무렵엔 대학생들이 김지하 씨의 '구리 이순신', '비어', '나폴레옹 꼬냑' 같은 작품이나 시대 상황과 세태를 풍자하는 상황극을 많이 할 때였어요. 우리는 주로 정상용 선배가 시나리오를 담당하고 다른 후배들도 참여해 진행했어요. (김영석 구술, 2023년 6월 4일)

영남대학교 농촌연구회 선배 중에 이상국 선배님이 가톨릭농민회 홍보부장으로 계셨어요. 그래서 우리도 농민들과 실질적으로 접촉하는 활동에 많이 참여했죠. 가톨릭농민회 대전 본부에서 매년 쌀 생산자 대회 열고 정기총회할 때 참여했고 함평 고구마 사건하고 안동농민회 탄압 사건 때도 집회에 참여했고, 상주 함창성당에서 집회할 때도 우리 회원들이 많이 갔죠. 같이 연극도 했어요. (김상철 구술, 2024년 5월 5일)

이처럼 영남지구 대학4-H연구회연합회의 일부 회원들은 가톨릭 농민회 회원으로서 학교의 농촌서클 활동과 농민회 활동을 병행했다. 1978년 상주에서 열린 쌀 생산자 대회나 1979년 안동가톨릭농민회 사건 관련 집회가 있을 때도 경북대학교 농촌문제연구회와 영남대학교 농촌연구회의 일부 회원들은 상주나 안동의 현장에 가서 농민회 회원들과 연대했다.

경북 북부지역 가톨릭농민회 건설과 이석태, 정재돈의 활동

1975년과 1976년에는 영남지구 대학4-H연구회연합회 출신의 농민회 회원 중에서 가톨릭농민회 실무자가 배출됐다. 이석태는 대학 4학년에 재학 중이던 1972년 7월부터 입대하기 전인 1973년 7월까지 1년 동안 달성군 현풍읍에 거주하며 곽길영을 도와 일했다.

농협은 전후 농촌 경제를 재건하기 위해 정부 주도로 하향식으로 조직됐고, 1957년 농업은행법에 의해 설립된 농업은행과 1958년 농협법에 의해 설립된 농협이 1961년 위로부터 하나의 기구로 통합되면서 현재와 같이 신용 사업과 경제 사업을 겸하는 종합농협이 출범했다. 농협의 계통 조직은 이동(里洞) 조합, 시군 조합, 농협중앙회 3단계로 구성됐고, 1963년 말 2만 1239개의 이동 조합이 회원농협으로 조직됐다. 그러나 이동 조합은 마을 단위로만 업무를 할 수 있어 운영에 한계가 있었으므로, 1970년대 초반에는 이동 조합의 합병을 유도하여 읍면 농협으로 통합되었다.[23] 이 시기에 이석태는 곽길영이 달성군 현풍에서 이동 조합을 통합해 면 단위 조합으로 조직하는 일을 도왔다.

이동 조합은 서류상의 조합이고 실제 조합이 아니에요. 면 조합이 돼야 신용 사업을 하며 농민들을 뒷바라지하는데, 이동 조합은 예산도 없고 하는 일도 없다 보니 정식 조합이 될 수가 없죠. 그런데 이동 조합을 면 단위 조합으로 합치는 과정이 전국적으로 한꺼번에 된 것은 아니에요. 당시 현풍에는 이춘 득 씨가 이동조합연합회장 비슷한 역할을 하고 있었어요. 그런데 곽길영 씨 는 농민운동 차원에서 사명감을 가지고 지역 유지들 권유로 1972년에 서울 에서 현풍으로 와서 면 단위 조합을 만들었지요. 그때 저도 4학년 여름방학 때부터 1년 동안 곽길영 선배를 도와서 면 단위 조합 만드는 일을 했어요. 현풍읍에 방 얻어놓고 사무실 없이 동네마다 왔다 갔다 하면서 저녁에 사람 들 만나는 일을 했지요. 직원으로 따로 봉급은 받지 않았고, 밥값과 약간의 잡비 정도 보조받고 일했지요. 학교와 현풍이 가까우니 4학년 2학기에는 학 교도 오가면서 일했어요. (이석태 구술, 2024년 3월 5일)

이석태는 1972년 2월에 대학교를 졸업하고 1973년 8월에 입대했다 가 제대 후인 1975년 말경 가톨릭농민회 경북지구 총무로 들어가 근무 했다. 그는 경북 각 지역의 공소를 돌면서 농민 의식화 교육을 담당하 고 가톨릭농민회 분회를 조직했다. 특히 당시 신생 교구였지만, 진보 적인 성향을 보이며 농민 사목에 주력했던 천주교 안동교구 관할 지역 을 순회하면서 농민회 조직의 토대를 만들었다.

천주교 안동교구는 1969년에 경북 북부지역을 대구교구에서 분리 하여 설립됐다. 초대 교구장으로 가톨릭노동청년회 담당 주교였던 두 봉 레나도(본명 René Dupont) 주교가 임명됐는데, 진보적인 성향의 두 봉 주교는 천주교 안동교구 신부 중에 가톨릭농민회 지도신부를 정하고 농민 사목을 적극적으로 펼쳤다. 그러나 유교적 전통이 강해 문화적인 면에서 폐쇄적이고 정치적으로도 보수적인 경북 북부지역에서 외국인 신부들이 외래 종교인 천주교를 앞세워 농민회를 조직하는 것은 쉽지 않았다. 일부 지역의 농민들은 박정희 정권이 추진하는 새마을사업(마을 환경 개선 등)이나 통일벼 보급을 통한 보릿고개 소멸을 긍정적으로 보면서, 가톨릭 사제의 반체제성을 비난했다. 한편 한국전쟁 때 군경에게 학살당했던 사람의 유가족이나 전쟁 전 지방에서 좌익 활동을 했던 사람, 또는 그 친인척이 가톨릭농민회에 가입하기도 했다.

농민회 조직하러 들어가 보면, 6·25 전후로 갈등이 있었던 마을이 많고 가톨릭농민회 회원 중에도 그 뿌리가 지방 좌익이었던 사람이 많아요. 남로당에 관여 안 했는데 재수 없이 탄압당했던 사람들도 있고, 친인척이 사형당해서 엮여 들어간 사람도 많아요. 그런 사람들은 대부분 일제시대 때 5년제 중학교 졸업한 지식인이거든. 그 사람들은 (농민회 일과 같은) 이런 일은 경험이 많으니까 훤하게 알지만, 말을 잘 안 하는 거야. 그러다가 소작 문제나 지대 문제 이야기로 들어가 보면, 딱딱 꼬집는 부분이 있어요. 말을 서로 안 하지만. 그리고 우리도 말을 안 하는 게, 잘못하다가 그런 냄새를 풍기면 조직 자체가 박살나니 조심스럽게 짐작만 했던 거지. (이석태 구술, 2023년 4월 23일)

이러한 상황에서 경북지구 총무였던 이석태는 산간오지에 이르기까지 경북 북부지역의 각 공소를 순회하며 농민 의식화 교육을 했고, 1976년 안동시 풍산읍 풍산분회, 풍천면 갈전분회, 의성군 다인면 상광분회 등을 조직했다.

공소마다 다니며 설득했죠. 골짜기에 성당이 하나 있으면, 성당 밑에 공소가 일고여덟 군데, 많으면 열다섯 군데 있는 데도 있어요. 그런 데는 들어가는 차가 없어 15리, 20리 걷다 보면 밤늦게 식사 시간 넘겨 도착하게 되니 공소에서 식사 담당하는 자매님이 사색이 되는 거라. 그래서 늘 가방에 라면을 대여섯 개씩 넣어 다녔죠. 그렇게 내내 걷고, 또 걷고. 가서는 밤에 공소회장 만나 이런저런 이야기 나누고 토론하면서 공소 교육하고 농민회 활동을 하자고 했어요. (이석태 구술, 2023년 4월 23일)

이석태가 졸업하고 가톨릭농민회 경북지구 총무 자격으로 안동에 와서 살면서, 정호경 신부님과 류강하 신부님하고 교류하며 농촌 공소에 가서 농민 의식화 교육을 했어요. 안동가톨릭농민회가 만들어진 데는 이석태의 영향이 참 큽니다. 안동가톨릭농민회 사건이 일어나기 몇 년 전부터 산골 공소마다 찾아다니며 농민 의식화를 하고 조직의 씨를 뿌린 것이지요. 그런데 《안동교구사》에든 어디에든 그 부분은 기록이 소홀한 것 같습니다. (정동진 구술, 2023년 4월 24일)

이석태가 경북지구 총무로 일하던 시기에 가톨릭농민회는 농협 민주화운동과 쌀 생산비 조사를 바탕으로 한 '농산물 생산비 보장' 운동을 펼쳤다. 이석태는 회원들의 쌀 생산비 조사 활동을 교육하고 관리했으며, 농촌의 공소지도자 교육 실무를 맡아 가톨릭농민회를 조직할 일꾼을 양성했다. 이상국의 증언에 따르면, 1976년 12월 4일 안동의 목성동주교좌성당에서 제1차 안동교구 농촌사목연수회가 있었고 가톨릭농민회를 소개하는 교육을 하면서, 제1차 농촌 사목 공소지도자 교육을 했다. 이 교육에는 이석태, 이상국 등의 실무자와 함께 오원춘, 우영식 등의 회원이 참가했다. 그리고 그 자리에 모였던 사람들이 이후 안동교구에 가톨릭농민회를 조직하는 일꾼이 됐다.

한편 안동가톨릭농민회 회원 구정회의 구술을 실은 지역신문 기사를 보면, 1976년 안동문화회관에서 가톨릭농민회 공소지도자 교육 후 찍은 사진이 있다(65쪽 위). 이 사진에는 두봉 주교, 정호경 신부, 황영화, 이길재, 최병욱, 이상국, 오원춘, 우영식, 조용진, 박구훈, 구정회 등이 있다.[24] 2024년 3월 2일, 필자가 두레사건 집단 구술을 위한 집담회를 열었을 때 이 자리에 참석한 사건 당사자들은 이 사진을 보고 이석태가 찍은 것이라고 했다. 이석태는 이 교육까지 실무를 진행한 뒤 건강상의 이유로 경북지구 총무 일을 사직했다고 회고했다.

이 무렵 대학교 졸업 후 청송 진성중학교에서 교사로 근무했던 정동진도 가톨릭농민회 활동을 했다. 그는 교사 신분으로 농민회 회의에 참석하고 농민회 교육이 있을 때는 강의도 했다. 정동진은 나중에 안동가톨릭농민회가 만들어질 때 회원 1번으로 등록했다. 65쪽 아래 사진은 안동가톨릭농민회 회원 1번으로 등록된 정동진의 등록 카드이다. 이 등록 카드를 보면, 정동진은 한국가톨릭농민회 전국본부가 구미에 있던 시기인 1972년 7월 15일에 회원 번호 62번으로 농민회에 입회했음을 알 수 있다.

1977년 초 이석태가 가톨릭농민회 경북지구 총무를 사직한 뒤, 안동교구는 같은 해 4월에 교구 사목국 안에 농민사목부를 설치했고 정재돈이 안동교구 농민사목부장을 맡게 됐다. 민청학련 사건 관련자인 정재돈은 1975년에 출소한 뒤 가톨릭농민회 강원연합회 이사로 일하다가 안동교구로 왔다. 이 무렵에는 다른 지역에서도 민청학련 사건 관련자들이 가톨릭농민회 실무자로 들어갔다. 전남대학교 출신의 이강, 박형선은 가톨릭농민회 전남지구연합회로 갔고, 부산대학교 출신의 이병철은 경남 마산지역 가톨릭농민회로 갔다. 강원도 원주 지역의 가톨릭농민회에는 1960년대에 학생운동을 했던 6·3세대 활동가들이 들어갔다. 안동교구에도 이처럼 학생운동 출신 활동가가 들어오고 진보적 성향의 사제와 신학생들이 활동하기 시작하면서 농민 사목이 점차 체계적으로 발전했다. 그러나 정재돈도 초기에 활동할 때는 이석태와 같은 어려움을 겪었다.

안동 가서 처음에 했던 일은 공소 주변 부락 기초조사였어요. 경북은 10월 인민항쟁과 한국전쟁 사이에 산으로 가서 죽거나 북으로 넘어간 사람이 많죠. 같은 날 제사 지내는 집이 많고 할머니들만 혼자 사는 동네도 많아요. 할매가 김장철 되면 김치를 잔뜩 담가요. "아유, 할매요. 식구도 없는데 그렇게 많이 담가요?"라고 물어보면 "언제 올동 아노?" 그렇게 대답하면서 돌아오지 않는 남편을 기다리고. 그렇게 살면서도 빨갱이로 몰릴까 봐 아주 겁내고 그랬어요. 그때만 해도 차가 안 다니잖아. 버스는 하루에 한두 대 다니고. 나무로 밥해 먹을 때니까 저물녘 되면 어둑어둑해지면서 저녁 짓는 연기가 요렇게 나는 마을로 걸어서 다녔죠. 모르는 사람들 만나 통성명하고 밥 얻어먹고 술 얻어먹고 잠자면서 한 사람 한 사람 작업을 했어요. 그러면서 점차 분회가 생겼어요. (정재돈 구술, 2015년 11월 6일)

안동교구는 1977년에 19개 본당, 27개 공소, 33개 마을을 대상으로

1976년 12월 4일 안동의 목성동주교좌성당에서 열린 제1차 농촌 사목 공소지도자 교육. 첫째 줄 가운데 두봉 주교가 있고, 두봉 주교의 오른편 옆에 이상국, 오원춘이 있다. 이석태 촬영. © 안동인터넷신문(구정회)

정동진의 안동가톨릭농민회 회원 등록 카드. © 정동진

제1차 공소 실태조사를 하고 그중에서 11개 마을을 선정하여 현지 농민교육을 했다. 그리고 여기서 발굴한 지도자들을 대상으로 농촌지도자 연수회 등을 열었다. 당국의 '길들이기식' 교육이 아니라, 농민의 생활상의 문제들을 대화를 통해 제기하고 이해하기 쉬운 사례를 통해 문제의 본질을 규명하는 방식의 교육은 농민들에게 큰 영향을 미쳤다. 교육을 수료한 농민들은 가톨릭농민회 회원으로 가입했고, '쌀 생산비 조사 활동'을 진행하고 분회를 조직했다.[25] 이러한 과정에는 남미 해방 신학과 기초공동체 운동의 이념도 영향을 미쳤다.

현장 활동을 바탕으로 1977년 2월에 가톨릭농민회 경북연합회(회장 최경수. 총무 이유린)가 창립됐고, 1977년 8월에 경북연합회에서 안동교구가 분리됐다. 이와 더불어 기존 경북연합회는 한국가톨릭농민회 대구교구연합회(약칭 대구가톨릭농민회)로 개편됐다. 1978년 12월 28일에는 안동문화회관에서 한국가톨릭농민회 안동교구연합회(약칭 안동가톨릭농민회. 회장 권종대. 부회장 배용진. 총무 정재돈)가 교구연합회 중 전국에서 열 번째로 결성됐다. 당시 안동가톨릭농민회는 회원 수가 전국에서 강원, 전남, 전북 다음으로 많았다. 안동가톨릭농민회가 분리된 후 대구가톨릭농민회는 대구교구의 보수성 탓에 별다른 활동을 하지 못했다. 반면 안동가톨릭농민회는 '농산물 생산비 보장'과 '강제행정 철폐'를 슬로건으로 내걸고 현장 활동을 활발하게 했다. 이 무렵 안동가톨릭농민회 관할 지역 중 경북 의성군 다인면 덕미리(상광), 신평면(쌍호), 예천군 지보면 도화리(축동), 영양군(청기)의 농민들이 정부의 강제농정에 반대하여 '품종 선택권 쟁취 투쟁'을 전개했고, 의성군 신평면(쌍호)의 농민들은 '부당 수세 반대 투쟁'을 했다. 안동가톨릭농민회는 쌀 생

산비 보장 서명운동도 벌였다.[26]

> 주민 통제가 극심했던 시절이에요. 경북 지역은 농민들이 보릿고개는 갓 넘
> 겼지만, 자주적인 영농권도 없고 품종 선택권도 없이 농사를 짓는 실정이었
> 어요. 이런 부조리한 강제행정을 시정하기 위한 활동을 했어요. 농민회의 첫
> 활동 과제가 경찰서 똑바로 쳐다보고 지나가기였어요. 그리고 위원장이나 누
> 가 이야기하면 받아 적기 운동이라든지, 그런 것부터 했어요. 그렇게 하면
> 서 농민들의 자주적 역량이 성장했죠. (…) 1977년에 영해상조회(분회장 권
> 종대), 청기(분회장 오원춘), 1978년에 구담(분회장 김종삼), 하갈(분회장 김세
> 종), 신흥(분회장 박두희) 등의 분회가 발전했어요. 초기 회원 중에 배용진, 전
> 맹진, 이유린, 구정회, 전병철, 김휘대, 정동진 회원님이 입회 순위가 빨랐습니
> 다. 가톨릭농민회 활동 초기에는 신용협동조합, 협업, 마을 회의 민주화, 농
> 협 민주화, 소작 실태 조사, 쌀 생산비 조사, 농협 실태 조사, 피해 보상 요구,
> 부조리 시정 활동 등을 과제로 삼았습니다. (정재돈 구술, 2015년 11월 6일)[27]

정재돈은 이때까지만 해도 영남지구 대학4-H연구회연합회와 구체
적인 연계는 없었다. 그러다가 두레양서조합이 결성된 뒤 조합원들과
교류했고, 나중에 두레 5·18 사건으로 고초를 겪게 된다.

가톨릭농민회 전국본부와 이상국의 활동

한편 영남지구 대학4-H연구회연합회에서 활동하며 금요강좌를 이
끌었던 이상국(영남대학교 71학번)도 가톨릭농민회 활동가가 됐다. 이상국
은 1975년 2월에 영남대학교를 졸업하고 보충역으로 소집되어 1976년

2월까지 복무했다. 제대 후에는 1976년 4월부터 정동진의 소개로 청송 진성중학교 영어 교사로 근무하다가, 가톨릭농민회 본부가 대전으로 이전한 직후인 1976년 8월부터 대전 본부에서 가톨릭농민회 홍보부장으로 근무했다. 이석태와 마찬가지로 이상국도 제대로 된 임금도 받지 않고 소액의 활동비만 받으면서 가톨릭농민회의 홍보와 조직 작업에 헌신했다.

김수환 추기경님이 성탄 메시지를 낸 적이 있었어요. 그걸 가톨릭농민회 소식지에 실었는데, 중앙정보부에서 문제 삼아서 압수하고 이러는 중에 가톨릭농민회 홍보부장 하셨던 분이 사직했어요. 저는 청송 진성중학교에서 근무하고 있었는데, 학창 시절에 영남지구 대학4-H연구회연합회에서 활동할 때 문집 비슷한 것도 등사기로 밀어서 회원들에게 나눠주기도 하고 발표회도 한 적이 있다 보니 가톨릭농민회에서 "홍보부장 자리가 비었는데 올 사람 없다. 네가 와서 당분간만 하다가 가면 안 되겠나?" 하고 제의가 들어왔어요. 가서 보니 월급이 진성중학교 월급의 반이야. 그런데 잠시만 한다는 게 1987년까지 10여 년을 근무하게 됐지요. (이상국 구술, 2023년 6월 6일)

이상국이 가톨릭농민회에서 근무했던 1976년부터 1987년까지 가톨릭농민회 운동은 한국 농민운동의 주축이 됐다. 또한 함평 고구마 사건(함평 고구마 피해보상 투쟁)과 안동가톨릭농민회 탄압 사건(영양 감자 사건, 세칭 '오원춘' 사건)을 거치면서 유신체제의 붕괴를 촉진한 사회 민주화운동의 주요 부문으로 자리잡았다. 이 시기에 이상국은 가톨릭농민회 홍보부장으로서 국내외에 홍보하는 각종 선전물을 기획하고 제작

1978년 4월 광주 북동성당에서 있었던
함평 고구마 사건 농성 사건. 이상국 촬영.
© 민주화운동기념사업회 오픈아카이브

했다. 특히 투쟁 현장을 취재하고 카메라로 촬영해서 여러 문서 자료
와 사진 자료를 남겼다. 오늘날 민주화운동기념사업회 아카이브에 보
존된 1970년대 가톨릭농민회 투쟁 관련 사진은 이상국이 촬영한 것이
많다. 그 무렵 가톨릭농민회가 보유한 독일제 카메라로 이상국이 촬영
한 사진에는 함평 고구마 사건 관련 사진도 있다.

　함평 고구마 사건을 좀더 자세히 살펴보자. 당시 가톨릭농민회는
관제농협의 민주화를 주요 과제로 삼았는데, 농협이 부당한 방법으로
농민들에게 강제 출자하고 농약이나 예금을 강매하는 문제를 개선하
고자 했다. 그러던 1976년 11월, 전남 함평군의 농협이 농민들을 속여
서 고구마 수매 약속을 이행하지 않아 고구마 재배 농가가 막대한 피

해를 입었다. 농민들이 피해보상을 요구했지만, 농협이 대책을 세우지 않자 가톨릭농민회가 나서서 농민들의 피해 실태를 조사하고 피해보상 운동을 전개했다. 이 운동은 2년 가까이 이어졌고, 1978년 4월 24일 가톨릭농민회 전국대책위원회가 광주 북동성당에서 700여 명이 모인 가운데 농민대회를 열고 거리 시위를 벌이려고 했다. 하지만 경찰의 제지로 실패하자 시위에 참가한 인원 중 60여 명이 단식농성에 들어갔다. 농협은 마지못해 피해보상을 약속했다. 그리고 이 사건을 계기로 농협이 고구마 수매 자금 80억 원을 유용했다는 사실이 폭로됐다. 당시 이상국은 4월 26일 투쟁 현장에서 연행됐다가 5월 2일에 석방됐고, 농성 대열의 단식도 이상국 외 1명이 석방된 후에야 중단되었다.[28]

1978년 4월 함평 고구마 사건 때 단식농성을 했어요. 그때 외신 기자들에게 사건 진상을 홍보하러 나가다가 연행됐어요. 제가 행방불명되니까 농성하던 사람들이 단식을 며칠 더 했죠. 그때 고건 지사가 전남 도지사로 있었는데, 농민들의 요구를 들어줬습니다. 이 사건은 농민들이 피해보상금으로 받은 돈은 얼마 안 되지만, 한국전쟁 이후에 민중이 싸워서 자기 요구를 성취한 첫 사건이었죠. 그러므로 한국 민중운동에 의미 있는 불씨가 되지 않았나, 이런 생각도 합니다. (이상국 구술, 2023년 6월 6일)

이처럼 함평 고구마 사건은 1970년대 대표적인 농민운동으로 농협의 고구마 수매 불이행에 맞서 가톨릭농민회가 전국적으로 단결하여 싸운 사건이다. 한국전쟁 이후 농민단체가 정부와 싸워서 처음으로 승

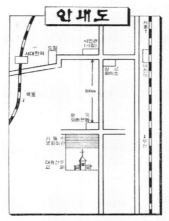

쌀생산비조사보고대회
추 수 감 사 제

때: 1977. 11. 21(14시)~22. (12시)
곳: 대전 가톨릭 문화회관

한 국 가 톨 릭 농 민 회
대전시 대흥동189(가톨릭 문화회관)
☎ ② 1 8 6 1

안 내 도

서대전역
도청
시민관
(대극)
북포
100m
상공회의소
가톨릭
문화회관
대전상업
고교

※ 대전 역에서 내리시는 분은 도보로 10분
   거리
※ 서대전 역에서 내리시는 분은 ②, ⑤번
   버스를 타시고 상공회의소 앞에서 내리
   시면 되겠습니다.

농사 형제들에게……

이 풍요의 계절에 우리는 지난 한해
동안 대지위에 뿌린 피, 땀과 그 댓가
를 헤아려 봅시다.
갈라진 들판에서 물길을 찾아 발버둥
치고 하늘을 향한 기원에 목이 말랐으
며, 일부지역에서는 수해로 논밭이 침몰
되고 인명까지 잃었습니다. 그리고 또
병충해 방지에 생명을 위협하는 농약공
해를 무릅써야만 했습니다.
그 결과 풍성한 결실을 이땅에 가져
왔습니다. 이제 우리가 차지할 수 있는
노력의 댓가는 무엇입니까?
농사형제 여러분!
우리 자리를 같이하고 그간의 노고를
서로 위로 격려하며 땀의 결실을 함께
헤아리면서 보다밝은 앞날을 위해 뜻을
모아 보십시다.
당회에서 다음과 같이 기회를 마련코
자 하오니 부디 오셔서 이 우정의 모
임을 더욱 빛내 주시길 바라나이다.

회장 최 병 욱

행 사 내 용

<제1부> 추수 감사제 (21일 오후 2시)
  각지방 특산물을 제물로 올리고, 금
  년 수수에 대한 감사와 농촌 발전기
  원
<제2부> 쌀 생산비 조사보고대회(21일 오
  후 4시) 금년 쌀 생산비는 얼마나 되
  고 적정미가의 한계는?
  올 수매에 관한 농민의 의견은?
<제3부> 농민의 밤 (21일 오후 6시30분)
  저녁식사와 막걸리 파티.
  팔도 농민이 펼치는 노래, 춤, 극, 장
  기 등.
<제4부> 1977 농민 문제 사례분석 (22일
  9시)

※ 참가비 : 500원
※ 참가자에게 저녁과 점심식사는 제공하
  고 1박1식은 각자가 해결.
※ 기념품과 쌀 생산비 조사 보고서드림.

1977년 쌀 생산비 조사보고대회 전단 1면과 2면. © 민주화운동기념사업회 아카이브

리한 역사적 사건이라 할 수 있다.

한편 가톨릭농민회는 매년 쌀 생산자 대회를 열었다. 이 행사는 가톨릭농민회의 힘을 결집하고 조직적 성장을 확인하는 중요한 자리였다. 가톨릭농민회의 힘이 성장한 1978년에는 '78년 쌀 생산자 대회 및 추수 감사제' 투쟁을 11월 13~14일 강원도 원주에서 시작해, 16~17일 충남 대전, 21~22일 경북 상주, 27~28일 전남 광주에서 이어갔다.

1978년 가을에는 전국 쌀 생산자 대회를 중부 지역, 영남 지역, 호남 지역으로 나눠서 했어요. 영남 지역 쌀 생산자 대회는 상주 함창성당에서 1박 2일로 했어요. 각 분회 회원들이 음식을 장만해오고, 숙소는 회원이나 신자들 집에 민박하고. 추수 감사제도 지냈어요. 성당에서 전봉준 추모제를 열고 밤에 연극 등 문화행사를 하고 그다음 날은 농업정치에 관해 주장하면서 대회를 했어요. 추곡 수매가 인상을 요구하고 관철하기 위해 서명운동도 했어요. 그때는 쌀 생산자 대회를 하면 농민들이 1500명 정도가 참석했죠. 몰려오는 소리가 마구 들릴 정도였어요. (정재돈 구술, 2015년 11월 6일)

쌀 생산비를 우리가 직접 조사했죠. 조사해서 정부(농림부 안)에서 발표하는 내용하고 차이 나는 거, 특히 인건비 산출 기준(논 보러 가거나 농약 치고 탈곡하는 인건비)이 차이가 크게 났어요. 가을에 함창성당에서 조사 결과를 보고하는 쌀 생산자 대회를 크게 했지요. 1박 2일로 추수 감사제처럼 연 거지요. 성당에서 주도하니까 주변 농가들이 많이 참여했죠. 그 뒤 몇 년 동안 가을마다 열리는 쌀 생산자 대회를 통해 농민들 사이에 농정에 대한 불만이 결집하기 시작했어요. (이석태 구술, 2023년 4월 23일)

두레사건 당사자 중 여러 사람이 1978년에 열린 쌀 생산자 대회에 참가했다. 전국 단위 행사의 홍보 실무는 이상국이 맡았다. 경북 함창에서 열린 쌀 생산자 대회에는 이석태 외에 재학생 회원들도 참여했다. 이렇게 농민운동과 조직적으로 결합하고 연대하는 과정에서 대구 지역 대학 농촌서클 동문 사이에는 공동체 운동을 펼치려는 움직임이 나타났다. '두레 공동체'가 태동한 것이다.

제2장

두레양서조합 운동의 전개
농민운동에서 민주화운동으로

경북 지역 농민운동이 성장하듯, 영남지구 대학4-H연구회연합회와 금요강좌 구성원들의 정치의식도 성장했다. 그들은 1978년 9월에 두레양서조합을 설립하고 두레서점을 열었다. 초기의 두레양서조합 구성원들은 농민운동과 깊은 유대 의식을 가진 반면, 유신 반대 정치투쟁 등 사회 민주화운동에는 주도적으로 참여하지는 않았고 학생운동 조직에 들어가 활동한 사람도 소수였다. 그러나 유신체제 말기인 1978년에 양서조합을 설립하고 서점을 만들면서 두레서점은 의식화 서적 보급 통로가 되는 동시에 체제에 저항 의식을 지닌 학생들의 정보 교환 공간이 됐고, 학생운동 활동가들과 의식 대중을 매개하는 공간이 되기도 했다.

두레양서조합 조합원 중에 시위를 주도하고 구속된 사례도 나타났다. 경북대학교 농촌문제연구회의 김진덕은 1978년 11월 7일에 경북대학교 학생 8천여 명이 도심에서 벌인 시위에 앞장섰다는 이유로 긴급조치 9호 위반 혐의로 구속되어 실형을 선고받았다. 1979년 9월 4일에는 대구 지역 3개 대학교 학생이 연합 시위를 벌였다. 이 시위를 주도했다는 이유로 경북대학교 농촌문제연구회의 정동남이 긴급조치 9호 위반 혐의로 구속됐고, 영남대학교 농촌연구회의 김상철은 구류 처분을 받은 뒤 강제 징집됐다. 1979년 여름에는 안동가톨릭농민회 탄압 사건이 일어났다. 전국의 천주교 교구가 공동 대응하는 가운데 가톨릭농민회 실무자로 근무했던 두레양서조합 구성원뿐 아니라 농촌과 학교 현장에 있던 다른 구성원들도 투쟁에 참여했다. 두레양서조합 구성원들의 이러한 활동은 반독재 민주화운동의 거대한 파도 속에서 유신체제의 종말을 앞당기는 데 일조했다.

1. 두레양서조합의 활동

두레양서조합의 전신: 영남지구 대학4-H연구회연합회 신용협동조합

두레양서조합은 1970년대 초반 영남지구 대학4-H연구회연합회 동문이 만든 신용협동조합을 모태로 한다. 영남지구 대학4-H연구회연합회 구성원들은 금요강좌에서 신용협동조합 경북지부장 박창일을 초청해 강의를 듣기도 하고 협동조합 운동에 관해 학습하면서 신용협동조합을 만들었다.

당시 농민들이 자주적 생활 공동체의 근간이 될 협동조합을 설립하는 것은 농협 민주화와 함께 농민운동의 주요 과제였다. 농촌의 신용협동조합 운동은 1960년대부터 농촌의 고리채 문제를 해결하기 위해 진행됐다. 신용협동조합은 여·수신 업무, 공동구매, 공동판매, 지역사회 개발과 같은 경제 사업뿐 아니라 교육 사업과 상호부조 사업도 했으므로 농민들이 자주적 공동체를 형성할 수 있는 주요한 출발점이었다. 그러므로 1960년대부터 농촌에서 협동조합 운동이 몇 군데 일어났지만 꾸준하게 발전한 것은 신용협동조합 운동뿐이었다. 당시 가톨릭 농민회에서도 관제 농협에 대한 대안으로 신용협동조합 운동을 전개했다.[29]

영남지구 대학4-H연구회연합회에서는 회원 가운데 졸업생이 늘면서, 사회에 진출한 동문 사이에서 신용협동조합을 결성하려는 움직임이 나타났다. '영남지구 대학4-H연구회연합회 신용협동조합'은 1972년 9월쯤에 결성됐다. 신용협동조합의 이사장은 신은수가 맡았다. 신은수는 1962년에 창립된 경북대학교 농과대학 4-H클럽의 초대 회장으로 대학 졸업 후 경상북도 농촌진흥원에 근무하면서 영남지구 대학4-H연구회연합회를 후원해왔다. 그는 이석태가 찾아와서 이사장직을 맡아달라고 부탁하자 흔쾌히 들어주었다. 신용협동조합 설립 시기에 관해서는 구술자마다 기억이 엇갈린다.

영남지구에 대학4-H연구회 친구들이 금요강좌 활동을 하고 신용협동조합 강의도 들으면서, 정부 정책도 바꿔야 하지만 농민 스스로 협동하여 함께 문제를 풀어갈 자구적인 노력도 필요하다고 생각했습니다. 그래서 우리 스스로가 출자금을 모아 협동조합을 만들고 경험해보자고 의논했죠. 신용협동조합을 대번에 설립한 건 아니고 강좌를 쭉 듣고 나서 1972년 초반쯤 했을 겁니다. (이상국 구술, 2023년 6월 6일)

1972년쯤 금요강좌에서 협동조합론을 강의했어요. 교재는 따로 있는 건 아니었고 등사기로 긁어서 만든 프린트물 한두 장짜리로 했어요. 그 강의를 듣고 난 뒤 이론 공부만 하지 말고 우리도 실제로 협동조합을 만들자고 출자금을 냈어요. 협동조합은 1973년에 내가 군대 가기 전, 1972년 9월쯤 만들었어요. 그때 회의하는 식으로 몇 달 활동했던 것 같아요. 협동조합 회의는 주로 대봉성당에서 했어요. (김병일 구술, 2023년 4월 25일)

가톨릭농민회에서 강사가 와서 진행한 협동조합 교육을 받고 난 뒤에 관제 농협이 아니라 올바른 협동조합을 만들어야 한다고 느낀 거예요. 그래서 내가 1973년 초에 졸업하고 난 뒤에 1974년쯤 이석태와 동문회 신용협동조합을 만들었던 것으로 기억해요. (정동진 구술, 2023년 4월 24일)

초기의 신용협동조합은 실제로 관할 관청에 설립등기를 하여 공식적으로 출범한 조합은 아니었고, 출자금 규모도 소액이어서 조합을 꾸릴 만한 경제적 기반을 갖추지 못했다. 구성원도 미혼의 직장 초년생이나 대학 재학생이 대부분이었으므로 의도한 만큼 활동이 활발하지 못했다. 다만 이후에도 금요강좌에서는 신용협동조합에 관한 강의를 꾸준하게 진행했던 것으로 보인다. 《대학4-H 50년사》에는 1975년 4월 11일 삼덕성당에서 열린 금요강좌에서 원종대가 '신용협동조합에 대하여'라는 주제로 발표했다는 기록이 있다.

1970년대 후반 전국의 양서협동조합 운동

1970년대 후반 유신체제 말기에는 모든 분야가 통제됐다. 특히 사회과학 도서를 금서 조치한 경우가 많았다. 이에 반발하면서 전국의 주요 대학에는 사회과학 학습 소모임이 생겨났으며, 탈춤 등 민중문화 운동이 전파됐고, 노동야학 운동도 일어났다. 1978년에는 전국 대도시에서 양서협동조합 운동이 일어났다.

양서협동조합 운동을 연구한 차성환에 따르면, 이 시기에 만들어진 양서협동조합들은 양서 유통을 목적으로 만든 소비자 협동조합이지만, 경제적 목적만 추구하는 것이 아니라 문화운동의 성격을 띠고 있었다. 또한 민주화운동가들이 합법적으로 대중을 의식화·조직화하기 위해 창안한 것으로 조합원 교육, 조합원 소모임, 공개 강연과 같은 행사를 통해 민주주의 사상을 고취하는 대중 교육조직의 성격을 띠면서 유신체제하 독재의 감시망 속에서도 대중과 민주화운동가들이 만날 수 있는 합법적 공간을 제공했다. 학생운동뿐 아니라 사회운동에서도 지역 간 연대조직이 거의 없었고, 종교단체 외에는 전국적 연대조직 활동이 그다지 활발하지 않았던 시기였기에, 양서협동조합 운동에 동참한 전국 각지의 서점들은 지역 간 연대 통로 구실을 했다. 양서협동조합은 1978년 4월 부산에서 최초로 결성됐고, 이후 여러 도시에 전파됐다. 그러나 대부분 부마항쟁과 5·18항쟁을 거치면서 해체됐고 가장 오래 존속한 서울양서협동조합도 1982년 3월경에 해산했다.[30]

대구에서도 1978년 9월에 대구양서이용협동조합이 결성되어 한양 서점을 직영으로 운영했다. 차성환의 논문과 민주주의사회연구소에서 편찬한 책《양서협동조합 운동》에는 두레양서조합에 대한 언급이 없고 대구양서이용협동조합만 소개되어 있는데, 그 내용을 살펴보면 다음과 같다.

대구양서이용협동조합은 경북대학교 한풍회 출신 박명규가 주도해서 만든 단체이다. 박명규는 1975년 4월 시위 사건으로 경북대학교에서 제적된 뒤 1977년 계명대학교에 입학해 학생운동 조직 재건을 위해 노력했다. 그는 부산에서 양서협동조합 운동이 전개되고 있다는 소식을 듣고 황철식, 권용원, 이윤기, 박태주, 권약환, 서정렬, 김균식, 권오국 등과 상의해 대구양서이용협동조합 설립을 준비했다. 대구양서이용협동조합은 1978년 7월 14일에 황철식 외 11명이 발기인 총회를 열어 임시조합장에 박명규, 임시전무에 박태주를 선출했다. 1978년 9월 22일에는 가톨릭근로자회관 강당에 140여 명이 모여 창립총회를 개최하여 조합장에 서훈, 부조합장에 박명규, 전무이사에 박태주, 총무에 이윤기를 선임했다. 대구양서이용협동조합은 계명대학교 부근 한양서점을 인수해 경영하면서, 조직·교육·홍보 사업, 금서 보급, 복사실 운영 등의 활동을 했으며, 이상화가 1978년 하반기부터 서점 판매원 업무와 회계 업무를 담당하면서 판매 금지된 도서를 지인들에게 배달하거나 보급했다. 이 조합은 복현독서회 회원이 주도한 1978년 11월 경북대학교의 1, 2차 시위와 1979년 9월 3개 대학교 연합 시위를 지원했으며, 광주양서조합과도 교류했다. 또한 회지 〈달구벌〉 창간호를 발간했으며, 소식지에 소개된 책들은 당시 대구 대학가의 이념서클(경북대학교 복현독서회, 계명대학교 정통문화연구회, 영남대학교 전통문화연구회 등)과 KSCF, 탈춤반 등의 학습용으로 배포·판매됐다. 대구양서이용협동조합은 한때 조합원이 1천여 명에 이를 정도로 급성장했으나, 경찰과 정보기관의 방해 공작으로 조합원이 상당수 탈퇴했다. 특히 남민전 사건이 일어날 무렵 광주의 남민전 사건 관련자인 김영이 대구양서이용협동조합으로 도피하자, 1979년 11월 2일 경찰은 박명규를 연행해 20여 일간 불법으로 가둬 가혹행위를 했다. 경찰의 감시가 강화되자 조합원과 학생들의 출입이 줄어들면서 서점 경영이 어려워졌으며, 대구양서이용협동조합은 박명규가 5·18 비상계엄으로 구금 투옥되면서 1980년 9월경에 해산했다.[31]

두레양서조합의 설립

영남지구 대학4-H연구회연합회 신용협동조합 조합원들도 1978년에 다른 지역에서 양서협동조합 운동이 전개되고 대구양서이용협동조합 창립 움직임이 일어나자 자극을 받았다. 조합원들은 신용협동조합을 운영하기 위해 출자금을 모았지만 실제로 제대로 활용되지는 않았던 차에, 신용협동조합을 양서협동조합으로 전환하기로 했다. 그들은 대구양서이용협동조합이 창립된 때와 비슷한 시기인 1978년 9월에 창립총회를 열고 두레양서조합을 설립했다.

우리는 한양서점이 만들어진 다음에 만들었습니다. 우리가 그 뒤입니다. 제가 가톨릭농민회 홍보부장으로 일할 때인 1970년대 말에 전국적으로 운동권 쪽에서 사회과학 공부를 구체적이고 체계적으로 해야 한다는 이야기가 나왔습니다. 저도 대구의 우리 후배들이 사회과학적 인식 속에 농업 문제에 접근했으면 좋겠고, 그런 맥이 좀 이어졌으면 좋겠다고 생각했죠. 그렇게 할 장소로 구상했던 게 서점이고요. 시대적으로도 많은 책이 금서가 되어서 사회과학 서적을 일부러 보급해야 하는 상황이었습니다. 우리 신용협동조합에서 사회과학 서점을 운영해서 우리도 공부하고 사회적 인식을 넓히는 장을

만들어보자고 생각했습니다. (이상국 구술, 2023년 6월 6일)

우리 선후배들이 대부분 사회과학 서적을 보던 사람들인데, 1978년에 유신 말기라 모든 분야가 통제되고 금서 조치가 되면서 그런 것에 대한 반발이 일어났어요. 도저히 안 되겠다, 우리가 사회과학 서적을 좀 공급해야 하겠다, 서점을 만들자, 이런 생각이 들었어요. 그때 아마 다른 지역도 양서조합이 유행하기 시작했을 거예요. 그래서 신용협동조합을 운영하려고 출자금을 모금해 5년 정도 끌어왔던 것을 양서협동조합으로 전환한 거죠. (이석태 구술, 2024년 4월 23일)

이석태 형이 발의했는지, 정상용 씨가 발의했는지, 우리가 후배들에게 올바른 의식 교육을 하려면 책을 소개해줘야 하니 서점을 하자는 이야기가 나왔어요. 그 뒤에 모임을 하면서, "서점을 정상용이가 맡아서 하기로 했다. 신용협동조합 하려고 우리가 모은 돈은 거기로 다 들어간다. 서점 잘되면 이익 배당도 나올 거다"라고 하기에 전부 찬성했죠. (김병일 구술, 2023년 4월 25일)

이상국은 조합을 만들면서 당시 구성원들이 농민운동 지향성을 갖고 있었으므로 양서협동조합의 명칭을 "우리 민족 고유의 상부상조하는 민중 협동체"라는 뜻을 지닌 '두레'로 하자고 제안해 이 이름을 사용하게 됐다고 했다. '두레 정관'에 따르면, 두레양서조합은 "양질의 도서 및 사회과학 도서를 공급·판매하기 위해" 만든 조직이다. 이 조합은 조합원들이 일정액 이상의 출자금을 내고 공동으로 설립해 직영으로 두레서점을 운영하면서 양서 보급 운동과 학생 의식화 활동을 했다.[32]

1975년 정상용 입대 기념사진. 앞줄 가운데 정상용, 앞줄 오른편 끝 서원배, 뒷줄 왼편 끝 권영조, 뒷줄 오른쪽에서 두 번째 황병윤. © 김영석

영남지구 대학4-H연구회연합회 활동을 하면서 1970년대 초반부터 금요강좌에 참여했던 동문과 재학생들은 거의 다 두레양서조합에 가입했다. 조합원 수는 재학생과 졸업생을 합쳐 100명 정도였으며, 그 중 졸업생이 60퍼센트 이상이었다. 직업은 농민, 교사, 회사원 등 다양했으나 교사가 다수였으며, 가톨릭농민회 실무자 등 농민운동가들도 가입해 활동했다. 두레양서조합은 초대 이사장으로 이석태를, 감사로 정동진을 선출했으며, 1977년 11월에 제대한 복학생인 정상용이 조합의 전무이자 서점을 운영하는 점주를 맡기로 했다. 공식적인 정관도 정했으며, 정관에는 신규 조합원은 가입비 2천 원, 매달 한 구좌 이상 출자하되 직장 근무자는 매년 쌀 두 가마 이상, 무직자는 쌀 한 가마 이상을 출자한다는 조항을 담았다. 그리고 교육위원회, 홍보위원회, 도

서선정위원회, 지역개발위원회 등 4개의 상임위원회를 두어서 서점 운영 외에도 회원 교육과 지역사회 운동을 할 것을 명시했다(부록 1 참고).

조합원들은 양서조합 출자와 서점 운영에 열성적으로 참여했다. 구술자들의 증언에 따르면, 서점 설립을 위해 영남지구 대학4-H연구회 연합회 신용협동조합의 기존 출자금을 전부 옮겼고, 나머지 자금은 점주인 정상용이 3분의 2 정도를 투자해 충당했다. 그리고 조합원들이 모일 때마다 십시일반으로 호주머니를 털어 200원, 500원, 천 원씩 출자했으며, 황병윤의 경우 시골에 사는 부모에게 부탁해 소를 한 마리 팔아서 출자하기도 했다. 졸업한 직장인들은 매달 봉급을 받으면 서점에 들러 출자금을 내고 책을 구입했다. 조합 임원들은 매달 정기 회의를 했고 그외에도 수시로 모였으며, 군에 입대한 동문도 휴가를 나오면 서점에서 먹고 자고 생활하면서 서점 일을 도왔다.

내 출자금이 전부 만 5천 원 됐나? 청송에서 학교 교사로 근무하면서 한 달에 한두 번 대구에 오면 서점에 들르고 봉급 받으면 호주머니 털어서 출자하고 책 한두 권씩 사서 오곤 했어요. 나도 주주인데 서점이 잘돼야 하잖아요. (김병일 구술, 2023년 4월 25일)

1978년에 군대 휴가를 나오니까, 정상용 선배와 협동조합 형태로 서점 한다고 하더라고요. 제가 가장 고액 출자자입니다. 아버지께 소를 한 마리 팔아 달라고 해서 출자했습니다. (황병윤 구술, 2023년 6월 5일)

두레양서조합 결성될 때 저는 도장 하나 찍어준 거밖에 안 됐지만, 고액 출자자도 있었어요. 저는 군대 휴가 나오면 딴 데 안 가고 서점에서 같이 먹고 자고 했어요. 평생 제일 친한 사람들이니까 집에 있는 시간보다는 서점에서 선후배들과 함께 있는 시간이 더 많았어요. (서원배 구술, 2023년 4월 24일)

당시 경북대학교 농촌문제연구회 회원이었던 정동남(77학번)은 이 시기의 활동을 졸업생과 재학생이 합심하여 두레 공동체를 만들고 새로운 공동체 운동을 모색하는 과정이었다고 회고했다.[33]

두레서점은 설립 당시에는 옛 능인고등학교(현 대구 남구 보성상아맨션) 정문 북쪽 명덕로 대로변(대구 남구 명덕로 228-2, 지번 주소 이천동 635-16)에 개점해 운영했다. 서점에서는 도서목록도 발간했다(부록 2 참고). 〈두레서점 도서목록〉은 제1집은 남아 있지 않고, 1979년 초에 발간한 것으로 추정되는 제2집이 남아 있다. 〈도서목록 제2집〉은 표지를 포함해 총 16쪽 분량으로, 제목은 '양서의 전당 두레서점 도서목록 제2집'이라고 적혀 있다. 목록의 첫 페이지에는 "농촌·농업·농민 문제 이해에 도움을 주는 책"으로 '역사' 분야는《일제하 농민 운동사》(조동길, 한길사) 등 8권을, '경제' 분야는《농업 경제학 서설》(김준보, 고대출판부) 등 8권을, '사회·문화' 분야는《농민》(에릭 울프, 청년사) 등 5권을, '문학' 분야는《장길산》(황석영, 현암사) 등 13권을, '전기·수기·기타' 분야는《전봉준 전기》(김의환, 정음문고) 등을 소개하고 있다. 목록 6~11쪽에는 '제3세계의 이해를 위한 도서'로《대지의 저주받은 자》(프란츠 파농, 광민신서) 등 7권을, '중국의 이해를 위한 도서'로《현대 중국의 이해》(최명, 현암사) 등 5권을, '기타' 분야의 책 36권을 소개하고 있다. 목록 12~13쪽에는 〈도서목록 제1집〉에 수록한《서양경제사론》(최종식, 서문당) 등 도서 20권을 다시 소개하고 있고, 14쪽에는 근간 도서로《지식인을 위한 변명》(쟝 뽈 사르트르. 한마당),《공장일기》(시몬느 베이유, 현대휴메니즘선집 3) 등 7권을 소개하고 있다.

목록의 맨 뒷장에는 '두레서점 안내'라고 하여 "두레는 우리 민족 고유 상부상조하는 민족적인 협동체로써 상호신뢰와 협동의 바탕 위에서 양서의 선정·보급·소개를 위해 두레 도서관, 서점을 설치 운영함으로써 경제적 민주주의의 확립 및 지역사회의 문화 발전에 일익을 담당하고자 본 두레는 설립됐습니다. 뜻있는 많은 분의 동참 및 이용을 바랍니다"라는 글귀가 있다. 그리고 "대구시 남구 대봉동 3구 712-9 (능인고 옆) ☎ 67-7661"이라는 서점 주소와 전화번호, 약도가 실려 있다. 목록의 중간에도 "각종 교양·문학도서 및 참고서를 구비하고 있으니 많은 이용을 바랍니다(없는 것을 주문하면 24시간 내 구입 가능함). 농촌지역은 서신 주문 환영(송료는 본 서점에서 부담함)", "본 서점에서는 그외에도 각종 신, 구간 서적을 두루 갖추고 있으니 자주 이용해주시기 바랍니다"라는 글귀가 적혀 있다.

두레서점 도서목록을 보면, 이 서점에서 어떤 책을 유통했는지 알수 있다. 또한 농촌·농업·농민 문제 관련 도서를 가장 먼저 소개하고 있고, 〈가톨릭농민회 활동 사례집〉을 소개하고 있으며, 민중문학의 관점에서 아동문학을 했던 경북 청송 출신 이오덕의 책을 여러 권 소개하고 있다. 이를 통해 당시 가톨릭농민회 및 경북 북부지역 농민운동과 연대하여 활동했던 두레양서조합의 특징을 알 수 있다.

두레양서조합의 역할

당시 사회 문제에 관심을 가졌던 학생들은 폐간 잡지인 《사상계》 정도밖에 접할 수 없던 시기에 사회과학 전문 서점인 두레서점의 개점을 반겼다. 그러나 서점 매장 규모는 작았다. 임대료가 저렴했지만, 대학가에서 멀리 떨어져 있어 입지 조건도 좋지 않았다. 1978년 경북대학교 11·7 시위를 주도하고 긴급조치 9호 위반 혐의로 수감 생활을 했던 조합원 김진덕은 1979년 7월 19일에 출소한 뒤 제적생 신분으로 "능인고등학교 앞 자그마한 서점"을 방문한 적이 있으며, 그때 지금은 고인이 된 정상용이 혼자서 서점 안의 아주 작은 방에서 자면서 서점을 운영하는 모습을 본 적이 있다고 회고했다. 또한 당시 영남대학교 농촌연구회 회원이었던 재학생 김상철(77학번)도 다음과 같이 회고했다.

> 큰길에서 능인고등학교 들어가는 골목길 우측에 하얀 낡은 건물이 하나 있었어요. 저도 조합원이었죠. 거기 매일 가서 일하고 책 팔고 그랬어요. 우리는 매달 두레서점에서 모임을 했고 서점 옆에 할머니가 하는 도루묵 고기 막걸리 집이 있었는데 거기서 막걸리 한잔 하고. 서점에 사람들이 많이 드나들었죠. 장사는 썩 잘되지는 않았죠. 정상용 선배가 대구 구석구석 헌 서점을 돌아다니면서 품 팔아서 책을 싸게 사서 모아오고 그랬습니다. (김상철 구술, 2024년 5월 5일)

이후 두레서점은 경북대학교 후문(현 서문) 부근 대구시 북구 산격4동 1382-65번지(현 대구시 북구 대현로9길 52) 위치로 이전했다. 이전 시기는 정확하게 확인되지 않지만, 여러 사람의 기억을 종합해보면 양서조합 창립 1년 뒤인 1979년 10월쯤으로 추정된다. 이전한 서점은 매장이 좀더 컸는데, 점주인 정상용이 전문적으로 운영하겠다는 취지로 점포 보증금을 비롯해 이전 비용을 거의 부담하고 추가 출자도 했다. 경북대학교 후문으로 옮긴 뒤에는 서점에 더 많은 학생이 드나들게 됐다.

두레서점을 통해 그때부터 책을 제대로 읽는 습관을 들이기 시작했어요. 요즘도 하루에 한두 시간은 꼭 책을 보니까요. 사회 보는 눈이 넓어지고 깊어지고, 교사로서 학교에서 학생들 가르칠 때 굉장히 도움이 됐습니다. (김병일 구술, 2023년 4월 25일)

사람은 어떤 관계로 존재해야 올바른 사회가 되는가? 생산과 생활의 관계는 어떤 식으로 흘러가야 하는가? 역사의 흐름 속에서 그걸 제대로 볼 수 있는 공부가 필요했습니다. 그런데 그때는 사회 의식화를 할 수 있는 자료나 책을 접할 수 있는 통로가 통제되어 있었지 않습니까? 두레서점은 우리 조합원들이 공부하고 그것을 주변 사람들과 공유하고 의식의 지평을 넓히는 계기를 마련해줬다고 봅니다. 그리고 선후배들도 졸업하고 나면 매번 모여서 술만 먹고 안부만 물을 수는 없지 않습니까? 이제 만나서 그냥 친목 도모만 하는 게 아니라 사회적 주제로 이야기 나누며 만남을 이어갈 수 있는 의미 있는 장을 만들게 됐죠. (이상국 구술, 2023년 6월 6일)

저는 당시 경북대학교 농촌문제연구회 1학년이었어요. 학교 후문 바로 앞, 두레서점 바로 옆에 집이 있었어요. 그래서 서점에 자주 가고 선배들도 참

창립 시기 두레서점 위치: 대구시 남구 명덕로 228-2번지. 카카오맵에 표시함.

이전한 두레서점 위치: 대구시 북구 산격4동 1382-65번지. 카카오맵에 표시함.

많이 만났어요. 1979년 10·26 사건이 난 다음날 학교 앞에 탱크가 들어오니까 학교에 들어갈 수가 없어서 두레서점에 모였어요. 그리고 서점에 모인 사람들 사이에 영천 은해사에 가자는 이야기가 나와서 모두 팔공산으로 갔어요. 산길을 밤새도록 걸었어요. 내려올 때는 영천 은해사 쪽에서 내려왔죠. 지금 기억해보면, 그때 참 낭만적이었네요. (장계영 구술, 2024년 5월 2일)

두레양서조합은 점차 조합원뿐 아니라, 유신체제 말기에 저항 의식을 가진 학생들이 정보를 교환하는 장소가 됐고, 학생운동과 의식 대중을 매개하는 역할을 했다. 당시 대구 지역의 학생운동 조직들은 이념 동아리 수준이어서 학교 간 연대조직이나 논의구조가 형성되어 있지 않았고 학교 바깥에도 그런 연대를 도모할 수 있는 마땅한 조직이 없는 상태였다. 그런 상황에서 두레서점은 지역 내 대학교의 학생들이 모이는 공간이 됐고 자연스럽게 여러 학교의 학생운동을 연결해주는 역할을 했다.

2. 두레양서조합과 학생운동, 농민운동과의 관계

1970년대 후반 대구 지역 학생운동과 두레양서조합

1970년대 후반, 인혁당재건위 사건과 민청학련 사건 이후 긴급조치 9호로 통제되던 유신체제 말기에 경북대학교에는 언어문화연구회(이명 정언회正言會, 1976. 3~6), 복현독서회(1978. 3~1978. 12) 등이 활동했다. 복현독서회 회원들은 1978년 11월 시위를 주도한 뒤 사실상 해산됐다. 그 후신으로 여명회(1979. ?~1980. 5)가 만들어졌다. 이 시기에는 주류 학생운동 서클보다 그동안 학생운동에서 비주류로 활동했던 농촌문제연구회, KSCF, 복현문우회, 민속문화연구회(탈춤반) 회원 중에 학생운동을 하는 활동가가 많았다. 일부는 학생운동 조직인 복현독서회나 여명회에 가입해 활동했으므로, 이런 공개 서클들이 학생운동가 발굴의 장으로 인식되기도 했다. 이 서클들은 학생 대중에게도 학생운동 성향의 이념서클로 보였다. 영남대학교에는 민청학련 사건 이후 와해되었던 한얼회가 복원되어 동양문화연구반(1976~1979)으로 명칭을 바꾸어 활동했으며, 천록, KSCF, 전통문화연구회도 활동했다. 영남대학교 농촌연구회도 이 서클들과 함께 학생운동에 더 깊이 관여하게 됐다. 계명대학교에는 홍정회, 정통문화연구회(1978~1979. 9), KSCF가 학생운동 서클로 활동했고, 대구양서이용협동조합(1978. 6~1980. 9)도 학생운동을 지원하는 단체로서 활발하게 활동했다. 이런 흐름은 1980년 초반 민주화의 봄 시기까지 이어졌다.[34]

이 무렵 학교 바깥에서는 대구가톨릭노동청년회(대구JOC)가 노동자 의식화를 위해 노력하며 아리아악기·쌍마섬유 노동자들의 투쟁을 지원하고, 혜성양행·한우통상·회전니트 등의 사업장에서 민주노조를 만들기 위해 노력했다.[35] 1978년부터는 여러 대학의 학생들이 모여 노동 야학인 메아리야학을 만들어 활동했다. 농민들도 1977년 안동가톨릭농민회가 출범한 뒤 경북 북부지역을 중심으로 농민운동을 펼쳤다. 문화운동도 각 대학의 탈춤반과 연극반을 중심으로 싹을 틔우기 시작했다. 이처럼 대구·경북에서는 사회 곳곳에서 새롭게 부문 운동이 형성·발전하고 있었다.

대구의 학생운동 조직들은 학생회와 같은 공개적인 조직이나 지역 연대조직 없이 대학별로 소수의 비공개 소모임 수준으로 운영됐다. 그러나 학교 바깥에는 두레양서조합의 두레서점, 대구양서이용협동조합의 한양서점, 메아리야학, 반월당에 위치한 술집인 곡주사가 있었고, 이곳들은 대구 지역 학생운동 조직 활동가들과 사회 문제에 관심을 가진 학생들이 교류하는 장소가 됐다. 학생들은 이러한 공간을 활용하면서 학생운동 조직의 저변을 넓히고 학교 간의 연대를 도모했다. 더 나아가 이곳에서 학교 간 연대 시위를 논의하고 기획했다.

이 같은 분위기 속에 각 대학4-H연구회(농촌문제연구회) 구성원들의 학생운동 참여와 교류도 그 이전 시기보다 더 활발해졌다. 특히 두레 양서조합은 두레서점을 운영하고, 한편으로는 경북 북부지역의 농민운동과 연대하면서 조합원들의 정치의식이 고양됐다.

1970년대 말에 영남대학교 농촌연구회 회원 가운데 서클 외부에서 민주화운동에 관여하고 활동한 사람은 조성원, 박희찬, 저, 이렇게 서너 명 정도 있었어요. 다른 회원들은 민주화운동에 관심을 두기보다는 농촌연구회의 활동을 순수 계몽운동으로 봤죠. 영남대학교 안에서는 한얼회와 몇 개 서클 대표들의 모임이 있었어요. 그리고 지역에는 두레서점에 출입했던 친구들도 있었고, 곡주사를 중심으로 경북대학교, 계명대학교, 영남대학교 친구들이 거의 매일 모이곤 했죠. KSCF 쪽 친구들도 거기에 와 있었고요. 곡주사는 제가 입학한 1977년에 이미 운동권 아지트였어요. 우리는 곡주사에 가면 같이 막걸리 한잔 하면서 이야기 나누곤 했어요. 그때 다른 대학 학생들과 만나면 영남대학교 쪽에는 김재호 선배가 논의를 주도했어요. (김상철 구술, 2024년 5월 5일)

1979년에 경북대학교 농촌문제연구회 자체는 학교 안 운동권 서클에 속하진 않았지만, 회원 중에 그런 서클에 소속돼 있는 사람들이 좀 있었던 것 같아요. 그 무렵 농촌문제연구회에서는 정동남 선배가 학생운동 성향으로 활동했어요. 저는 인문사회과학 전공이니까 철학과, 사회학과, 사학과 쪽에서 언더서클에 속해서 스터디도 하고 활동도 많이 했어요. 여름방학 때 영천 조규식(농대, 농촌문제연구회) 선배 재실(齋室)에 MT도 한 번 갔어요. 그 서클은 철학과의 이우백 선배가 주도했고 문명녀, 석원호, 박종덕 선배도 있었어요. 함종호 선배와 하종호 선배도 거기서 본 것 같아요. 거기에도 사람이 꽤 많았어요. 10여 명 정도는 됐죠. 당시 경북대학교의 학생운동과 관련된 움직임은 그쪽에서 거의 다 논의했다고 볼 수 있어요. (장계영 구술, 2024년 5월 2일)

이처럼 경북대학교 농촌문제연구회와 영남대학교 농촌연구회의 간부 및 일부 회원들 사이에 사회 민주화에 대한 인식이 더욱 성장하게 됐다. 그들은 민중 생존권 투쟁 수준에 머물던 농민운동의 한계나 특수성을 넘어 학생운동에 더 깊이 관여하게 됐고, 몇몇 회원들은 시위를 주도하고 구속됐다.

1978년 11월 경북대학교 시위와 농촌문제연구회

인혁당재건위 사건과 민청학련 사건의 여파로 학생운동 조직이 큰 타격을 입었던 대구 지역에서는 1975년 시위 이후로 3년 동안 시위가 일어나지 못했다. 그러나 1978년 11월에는 3년간의 침묵을 깨고 8천여 명의 학생이 대구 중심가에서 유신 치하 최대 규모의 거리 시위를 벌였다. 경북대학교 학생들이 벌인 이 시위는 1978년 11월 2일과 7일 두 차례 일어났다.

11월 2일 시계탑로터리에서 일어난 1차 시위에는 200여 명이 참여했다. 이 자리에서 복현독서회 회원 최용식, 장수원 등이 유신체제 철폐, 정보 사찰 중지, 경북대 김영희 총장과 어용교수 사퇴, 호국단제 폐지, 학보사 사건 해명을 요구하는 '78 경북대 민주구국 선언문'을 낭독했다. 그러나 시위대가 천여 명으로 불어나자, 시위를 주도하던 학생들은 경찰에게 무자비하게 진압당하면서 구속됐고, 이 과정을 학생 대중이 현장에서 목격했다. 11월 7일에는 KSCF 회원인 김병호와 손호만이 시위를 주도했다. 이들은 11시에 법정대와 사범대에 유인물을 뿌리고 시계탑로터리로 가서 100여 명의 학생 앞에서 '78 제2경북대 구국선언문'을 낭독하고 구호를 선창했다. 학생들은 스크럼을 짜고 교내 시위를 벌였고, 경찰이 최루탄을 쏘며 진압하자 투석전으로 맞섰다. 경찰이 시위 주동자를 검거하려 하자 학생들이 나서서 그중 한 명인 손호만을 대피시켰다. 그러나 김병호는 현장에서 체포됐다. 분노한 학생들은 총장실로 몰려가 연행 학생 석방과 총장 사퇴를 요구하다가 체육관 뒷담을 넘어 거리로 나갔다. 거리 시위는 처음에 시위를 주도하던 학생들이 대피하거나 체포된 상태에서 자발적으로 나선 학생들이 이끌었다. 시위대 8천여 명은 도청과 제일모직을 거쳐 대구역 방면으로 진출했으며, 시민회관 앞, 대구백화점과 반월당, 남문시장과 명덕로터리 등 대구 시내 중심가를 관통하는 도로를 휩쓸며 유신체제 반대를 외쳤다.

이 사건으로 이튿날인 11월 8일부터 경북대학교는 휴교 조치에 들어갔으며, 경상북도경찰국 북부경찰서장이 직위해제되고, 김영희 경북대학교 총장이 사퇴했다. 국회에서는 문공위원회가 소집되어 경북대학교 시위에 대한 대정부 질의가 있었다. 또한 학생 127명이 연행되어 김병호, 김인제, 김진덕, 김창수, 박세원, 전병옥, 전상수 등 7명이 구속됐고, 21명이 즉결심판에 회부됐다. 시위 현장에서 도피한 주동자 손호만은 기소중지로 수배됐다. 학교 측은 제적 9명을 포함해 학생 67명을 징계했다. 경북대학교가 개교한 후 가장 많은 학생을 징계한 것이다.[36]

두레양서조합 조합원 중에는 경북대학교 농촌문제연구회 회원인 김진덕(76학번)이 11월 7일 시위에 앞장섰다가 구속됐다. 당시 김진덕은 학생운동 서클에 가입하지 않았으며, 시위에 계획적으로 참여한 것도 아니었다. 그러나 평소 농촌문제연구회에서 사회과학 서적을 읽으면서 유신체제의 문제점에 대해 깊이 분노하고 있었다. 그러다가 우연히 시계탑 앞에서 시위가 있다는 소식을 듣고 시위 대열에 합류해 선두에 나섰으며, 시위 주동자인 손호만이 경찰에게 체포될 때 몸으로 막아서 그의 피신을 도왔다. 시위 당일의 상황에 대해 김진덕은 다음과 같이 회고했다.

저는 당시 사회과학 학습을 체계적으로 하지 않아서 구조적인 모순이 뭔지는 몰랐지만, 유신체제에 대한 불만이 마음에 가득했어요. 그런 상태에서 1978년 11월 7일, 사범대의 한 학우가 시계탑 앞에서 데모한다고 알려주기에 거기로 갔더니 우리 과 후배인 손호만이 성명서를 낭독하면서 시위를 주동하고 있었어요. 모인 학생들이 '우리의 소원'과 '애국가'를 부른 뒤 바로 스크럼을 짜고 박물관 쪽으로 행진했는데, 제가 제일 앞에 서 있었나 봐요. 손호만 동지가 나중에 쓴 기록을 보니까 형사들이 손호만 동지를 잡으러 오니까 제가 앞장서서 막았다고 하더라고요. 손호만 동지가 피신한 뒤에는 저의 지도교수인 김영하 교수(박물관장)가 저를 박물관 안의 교수실로 데리고 갔어요. 제가 교수실로 잡혀간 뒤에 경찰이 시위하는 학생들을 향해 페퍼포

그 차로 최루탄 쏘고 아주 난폭하게 진압했던가 봐요. 저는 교수실에 있다가 나가지 말라는 걸 뿌리치고 다시 밖으로 나와 보니 분노한 학생들의 시위 대열이 교정이 꽉 찰 정도로 늘어났더라고요. 그래서 거기에 다시 합류했죠. 시위대는 경찰이 후문을 막고 있으니까 농대 뒷문의 담장을 뛰어넘어 지금의 북문 쪽 거리로 진출했어요. 그리고 대구 시내를 반나절 동안 휩쓸고 다시 학교로 돌아와 본관 앞에서 해산했어요. 데모하니까 기분이 좋았어요. 해방감이 느껴지고 속이 시원하더라고요. 그 정도로 마음속에 체제에 대한 분노가 쌓여 있었지요. (김진덕 구술, 2023년 8월 7일)

김진덕은 이튿날 체포된 후 북부경찰서에서 조사를 받으면서 구타 등 가혹행위를 당했다. 당시 김진덕은 유신체제에 대한 분노와 정의감은 컸지만, 긴급조치 9호가 뭔지도 모를 정도로 이후의 과정에 대한 사전 준비가 되지 않은 채 수감 생활을 했다.

시위 대열이 해산할 때 정상용 선배님이 "너는 앞장서 있었으니 집에 가지 마라"고 하셨어요. 그런데 그 말을 듣지 않고 집에 가서 잤어요. 이튿날인 11월 8일 새벽에 형사들이 집으로 와서, 저는 바로 강제 연행되어 북부경찰서 유치장에 수감됐죠. 북부경찰서 유치장에는 유치장이 꽉 찰 정도로 학생이 많았어요. 조사를 받을 때 경찰이 뺨을 때리고 꿇어앉으라고 하더니만 무릎 사이에 각목을 넣고 밟더라고요. 다리에 멍이 들고 그랬죠. 저는 학생운동 경험이 없다 보니, 진술 조사를 받는 요령도 없어서 경찰에게 곧이곧대로 이야기했어요. 구속된 사람 중에 제가 사전에 아는 사람은 아무도 없었어요. 구속영장 떨어지고 나서야 유치장 안에서 서로 알게 됐죠. 시위 주동자 김병호 동지 외에는 다 단순 가담자들인 것 같았어요. 검찰이 기소할 때 처음에는 김병호 동지를 제외한 6명은 집회 및 시위에 관한 법률 위반 혐의로 기소했다가, 공소장을 변경해서 긴급조치 9호 위반 혐의로 구속했어요. 저는 그때까지 긴급조치 9호가 뭔지도 제대로 모를 정도로 사회적 의식이나 운동 경험이 없었어요. (김진덕 구술, 2023년 8월 7일)

김진덕은 이 사건으로 긴급조치 9호 위반 혐의로 구속되어 1심 재판에서 징역 1년 자격정지 1년을 선고받았고, 항소심에서는 징역 8개월 자격정지 8개월을 선고받아 대구교도소에서 수감 생활을 하다가 1979년 7월 19일에 만기 출소했다. 김진덕은 수감 생활을 하는 동안 비전향 장기수와 양심수들을 만나고 여러 가지 책을 읽으면서 사회운동가로서의 의식을 지니게 됐다고 했다. 나중에 30여 년 동안 교육 민주화운동을 했던 그는 "감옥에 가서 유신체제의 모순이 뭔지도 알게 되고 세상 돌아가는 이치도 알게 됐습니다. 감옥 생활에서 제 의식이 깼지요. 제가 그 뒤에 살아온 길을 보면 그때 감옥에 잘 갔다고 생각합니다"라고 회고했다.

1979년 9·4 연합 시위와 농촌(문제)연구회

1979년에 들어서자 유신체제의 탄압이 정점에 달했다. 이 무렵 대구에서는 두레서점, 메아리야학, 곡주사 등에서 만나 친분을 쌓았던 여러 대학 학생들이 대학 간 연합 시위를 조직했다. 1979년 4월 19일에는 2·28기념탑 앞에서 대구 소재 대학교 학생 20여 명이 모여서 대구민주화학생운동연합이라는 이름을 내걸고 집회를 했다. 1979년 5월에는 경북대학교, 영남대학교, 계명대학교 등 3개 대학교 학생이 카터 미국 대통령 방한 반대 연합 시위를 준비했다. 그러나 사전에 발각되어 2명이 구속되고 17명이 학사 징계를 당했다. 즉 계명대학교 학생들은 연합 시위를 하기 전에 교내 분위기를 고조시키기 위해 축제 기간인 5월 10일 연극 공연을 준비하는 과정에서 7명이 징계를 당했다. 영남대학교에서는 학생들이 5월 15일 천마제 전야제에 '한국적 민주주의 장례식'을 준비하다가 사전에 발각되어 8명이 무기정학을 당했으며, 김재호, 이태헌 2명은 제적을 당하고 긴급조치 9호 위반으로 구속됐다. 경북대학교는 1978년 11월 시위 이후 많은 학생이 구속·강제 징집되고, 경찰과 학교 당국의 감시가 한층 강화되어 투쟁을 제대로 조직하지 못했다. 이에 따라 1979년 1학기의 3개 대학 연합 시위 계획은 결국 무산됐다.[37] 이 무렵의 시위에 관해 당시 영남대학교 농촌연구회 회장 김상철은 다음과 같이 증언했다.

1979년 4월 19일 10시에 2·28기념탑에서 대구 각 대학교 학생 20여 명이 모여서 '대구민주화학생운동연합'이라는 이름을 내걸고 집회했습니다. 여러 모임에서 따로 활동하던 사람들이 의논하고 구두로 연락해서 처음으로 그렇게 모였던 거예요. 그 집회는 농촌연구회하고는 관계없는 모임이었고, 그날 우리 영남대학교는 김재호, 이창주, 송철환, 그리고 저까지 4명이 있었어요. '유신 철폐' 등을 구호로 내걸었고 그 당시에 소위 '오적'이라고 하는 부정부패 행위자들에 대한 사회적 고발을 담은 선언문을 낭독했어요. 김재호 선배가 선언문 낭독을 했던 것 같습니다. 그 자리에 경북대학교 사람 중에는 제가 아는 사람은 거의 없었고 정동남이 거기에 있었습니다. 그리고 학생들이 주최했지만, 신민당 국회의원들과 민주화운동을 하던 재야인사들도 참여했어요. 그날 경찰이 집회를 저지하려고 각 대학 사무처에 연락해서 학생들을 대학별로 데리고 갔죠. 우리는 그전에도 경찰의 감시 대상으로 분류돼서 학생처에 불려가곤 했는데요, 그날 영남대학교 학생처 직원들이 경찰의 연락을 받고 나와서 대구백화점 근처 로얄호텔인가 조그마한 호텔 5층에 며칠간 우리를 감금했습니다. 5월에는 영남대학교에서는 김재호 선배, 이태헌 선배 등 한얼회에서 주도해서 민주주의 장례식을 하면서 관을 메고 캠퍼스 위쪽으로 돌았습니다. 그때 우리 농촌연구회 회원들도 참여했습니다. (김상철 구술, 2024년 5월 5일)

1979년 9월 4일에는 경북대학교의 임광호·하종호·정동남, 계명대학교의 권오국·김균식·임진호, 영남대학교의 이창주·김상철이 공동으로 '사회정의를 위한 경북학생협의회'를 구성해 3개 대학교 연합시위를 계획했다. 이중 정동남은 경북대학교 농촌문제연구회 회원이었고, 김상철은 영남대학교 농촌연구회 회장이었다. 그들은 각 대학의 이념서클 구성원으로 고등학교 선후배 관계로도 연결되어 있었는데, 곡주사를 왕래하며 서로 알고 지내다가 여름방학 때 4~5차례 만나 연합시위를 조직하자고 결의했다. 그리고 개강 직후인 화요일을 디데이로 잡고 각 대학교에서 각자 시위를 시작해 도심으로 진출한 후 대구시 중심가에 있는 한일호텔 앞으로 집결하기로 했고, 계명대학교의 임진호는 사전에 한일호텔(현 대구 중구 중앙대로 402, 남일동 115-1로 추정) 근처 구 대구은행 본점 옥상에서 유인물을 뿌리기로 했다. 그리고 '이 어두운 역사의 조타수가 되지 못한다면'이라는 제목으로 당시 쟁점이 됐던 YH 사건과 안동가톨릭농민회 탄압 사건을 포함해 박정희 정권의 정책을 비판하고 유신헌법 철폐와 학원 민주화 실현, 군부독재 타도를 외치는 유인물을 제작했다. 유인물 초안은 계명대학교의 임진호가 작성했고, 최종 검토는 3개 대학의 시위 팀이 함께 했다. 유인물 제작은 각 대학 팀별로 진행했다.

9월 4일, 경북대학교에서는 오전 11시 45분 임광호가 사범대·법대·경상대·제2과학관에, 하종호는 공대에, 정동남은 제1과학관·교양과정부·인문관에 유인물을 뿌리고 시계탑로터리에 모이기로 했다. 그러나 1978년 11월 시위 이후 교내에 상주하던 경찰이 많았고, 유인물 배포 소식을 듣고 경찰력이 대거 집결했기 때문에 시위를 제대로 조직하지 못했다. 하종호와 임광호는 유인물을 배포하던 중 연행되어 구속됐다. 정동남은 시계탑로터리까지 가서 100여 명의 학생 앞에서 선언문을 낭독하다가 경찰에 체포되어 구속됐다. 정동남은 1년 전 11·7시위로 구속됐던 김진덕과 달리 사전에 의식적으로 시위를 기획하고 시위 팀에 합류해 주동하다가 구속됐다.

이 시위를 준비할 때 경북대학교의 임광호, 하종호, 정동남은 농촌문제연구회 회원인 신중섭의 자취방에서 유인물을 만들었다. 당시 유인물 제작 장소를 제공했던 신중섭은 함께 시위를 기획하고 준비했다기보다는 단순한 후원자의 입장에서 이 일을 도왔다고 회고했다. 다음은 정동남과 신중섭이 당시 상황을 회고한 것이다.

1978년 2학년 방학 때 경북대학교 언더서클 구성원들이 모여서 일주일 동안 MT를 했어요. 그때 여러 사람이 만나게 됐어요. 그 뒤에는 늘 곡주사에 가서 술 마시면서 만나고 자연스럽게 서로를 알게 되고. 1년 동안 계속 그렇게 만났어요. 그러다가 "시위를 합시다" 이렇게 됐고요. 제 기억에는 일은 하종호가 중심이 되어 했고, 임광호 형이 유인물 필경을 했던 것 같아요. 유인물 등사는 농촌문제연구회의 우리 동기 자취방에서 했고요. (정동남 구술, 2024년 5월 27일)

저는 1978년 11월 7일 시위와 1979년 9월 4일 시위에 참여해 구호를 외친 적이 있습니다. 그리고 하종호와 정동남이 학교에서 시위할 때 유인물을 제 자취방에서 만들었어요. 그때 유인물 만들던 친구들이 제게, "우리가 경찰에 잡혀가도 야외에 가서 등사한 뒤에 등사기를 불태웠다고 진술하면 된다. 잡혀간 사람들이 말만 맞으면 되니, 너는 피해가 없을 것이다. 걱정 안 해도 된다"라고 이야기했어요. 그리고 실제로 저는 아무런 피해를 안 받았어요. 그때 아무 일 없이 그냥 지나갔기 때문에 저는 이런 일에 대해 크게 부담감이나 압박감을 느끼진 않았어요. (신중섭 구술, 2023년 6월 5일)

계명대학교 김균식의 증언에 따르면, 당시 시위를 계획했던 사람들이 사전에 창녕 화왕산을 방문하고 근처 여관에 숙박하면서 유인물 제작과 관련된 알리바이를 맞추려고 했다. 덕분에 신중섭은 무사했다. 그러나 9·4시위가 일어난 1년 뒤에 두레양서조합 구성원들과 유인물을 제작했다는 이유로 수사기관에 연행되어 혹독한 고문을 당하고 구속됐다.

영남대학교 팀은 시위 전날 농촌연구회 회장인 김상철이 농촌연구회 등사기를 가져와 이창주와 함께 유인물 2천 장을 밤을 새워 제작했다. 9월 4일 당일에 이창주는 학생회관 식당으로 가서 유인물을 배포하고 한얼회·전통문화연구회·농촌연구회·기독학생회·천록 등 5개 서클 회원 300여 명이 모인 가운데 선언문을 낭독했다. 이창주는 이 자리에서 학생처 직원들에게 끌려갈 뻔했으나, 서클 회원들이 막아줘서 피신에 성공했다. 그리고 이창주는 학생회관 식당에 도착하기 전에 유인물 천 장을 혼자서 다 들고 가기 힘들어, 가다가 마주친 1학년 후배인 송철환에게 유인물 일부를 잠시 보관해달라고 맡긴 일이 있었다. 이창주가 학생회관 식당에서 피신하면서 유인물을 뿌리지 못하게 되자, 송철환은 자신이 맡아둔 유인물을 혼자서 돌아다니며 배포하다가 경찰에게 체포됐다. 같은 시각, 김상철은 도서관에서 유인물을 배포한 뒤, 이창주가 학생처 직원과 실랑이를 벌이는 모습을 보고 학교를 빠져나왔다. 김상철은 한동안 도피 생활을 하다가 나중에 가족과 함께 경찰서로 가서 자수했다. 영남대학교도 주동자들이 연행되면서 학생들이 거리로 진출하지는 못했다. 이 사건으로 이창주는 구속되고 김상철과 송철환은 구류처분을 받은 후 학교 당국으로부터 징계를 받고 강제 징집됐다.

9월 4일 시위는 동시다발적으로 대구의 각 대학 학생이 같이 했어요. 영남대학교는 한얼회의 이창주와 저, 두 사람이 준비했어요. 이창주는 학생회관 식당에서 유인물을 뿌리고 저는 도서관에서 배포했고. 저는 뿌리고 나오다가 이창주가 잡혀가는 것을 보고 도망갔지요. 집에 가니까 집 앞에 경찰들이 있어서 집으로 들어가지 않고 봉덕동 김재환 선배(영남대학교 농촌연구회 76학번) 집에 며칠 숨어 있다가 부산으로 가서 김인곤 선배(영남대학교 농촌연구회 75학번) 집 목공소에서 일하면서 숨어 있었죠. 그러다가 우리 부모님에게서 연락이 와서 부모님과 같이 경찰서로 갔어요. 저는 구류 29일 살고 나와서 10·26을 맞이했어요. 학교에서는 9·4 시위로 무기정학이 됐고요. 그렇지만 10·26 후에도 한동안 활동하다가 1980년 1월에 강제 징집돼서 군대로 갔어요. (김상철 구술, 2024년 5월 5일)

계명대학교의 경우, 임진호는 혼자 대구시 중구의 대구은행 본점(현 대구은행 중앙로지점, 대구 중구 중앙대로 425) 옥상에서 유인물을 공중 살포한 뒤 현장에서 연행됐다. 권오국과 김균식은 계명대학교 중앙도서관 잔디밭에서 11시 45분에 시국 성토대회를 시작했다. 이 집회에는 학생 1500여 명이 모여 스크럼을 짜고 교내를 행진한 뒤 교문 밖 진출을 시도했다. 오후 3시 30분경 후문으로 이동한 시위대는 전경과 투석전을 벌이다가 경찰 저지선을 뚫고 거리로 진출했다. 이후 시위대는 전경들과 일진일퇴를 거듭하면서 대구교육대학교 → 영선국민학교 → 능인중·고등학교를 거쳐 2·28기념탑까지 행진했다. 시위대는 '유신헌법 철폐하라', '노동삼권 보장하라', '구속 학생 석방하라', '김경숙 양의 사건을 공개하라' 등의 구호를 외치며 행진하다가, 오후 5시경 능인중·고등학교와 2·28기념탑 사이의 도로(명덕로)에서 최루탄과 페퍼포그로 무장한 경찰에게 진압됐다. 이 자리에서 학생 87명이 연행됐다. 남은 학생들은 신민당 도지부 사무실에서 농성을 벌이다 해산했다. 이때 권오국은 시위를 주동한 혐의로 현장에서 구속됐고, 김균식은 피신해 전국에 지명 수배됐다. 시위에 앞장섰던 김재엽, 이인수, 김재홍 등은 학교 당국으로부터 무기정학 또는 유기정학 등의 징계를 받았다.

이처럼 유신체제 최후의 시위인 1979년 9·4 3개 대학 연합 시위에서는 계명대학교만 거리로 진출하는 데 성공했다. 이날 시위로 3개 대학교의 시위 주도 학생 중 6명은 긴급조치 9호 위반 혐의로 구속됐다가 10·26 사건 후인 12월 8일에 구속집행정지로 석방됐다.[38] 김상철의 증언에 따르면, 10·26 사건이 일어난 뒤에도 학생들은 경찰의 경계를 뚫고 동성로 등 대구 시내 중심가에서 소규모 시위를 산발적으로 여러 차례 벌였다.

1979년 안동가톨릭농민회 탄압 사건과 두레양서조합

유신정권 말기에도 두레양서조합 구성원들은 농민운동과 연계해 활동했다. 이 무렵 가톨릭농민회는 지역 분회가 여러 곳에서 만들어지면서 조직 세가 성장했고, 정부의 탄압이 본격적으로 시작됐다. 1978년 4월에는 춘천가톨릭농민회 탄압 사건이 있었다. 1978년 가을에 영양군 감자 불량 종자 피해보상 투쟁이 있었고, 1979년에는 이 투쟁 후 성장한 가톨릭농민회를 탄압하는 안동가톨릭농민회 사건이 있었다. 안동가톨릭농민회 사건은 세칭 '오원춘 사건'으로도 알려진 유명한 사건으로 여러 자료에 소개되어 있다. 이 사건은 안동가톨릭농민회 총무 정재돈과 가톨릭농민회 홍보부장 이상국이 실무를 주도적으로 했다. 또한 사건 투쟁 현장에 두레양서조합이 조직의 이름을 내걸고 결합한 것은 아니지만 이석태, 정동진과 재학생들이 앞장서서 활동했다. 이 책에서는 관련 자료와 함께 투쟁 현장에 있었던 정재돈과 이석태의 증언을 중심으로 사건 개요와 현장 분위기를 살펴보겠다.

1978년 경북 영양군에서는 군 당국과 농협이 '시마바라(鳥原)' 감자

종자를 농가에 나눠주고 반강제로 심게 했다. 그런데 종자가 토양에 맞지 않았는지 재배 농가의 80퍼센트 이상에서 싹이 트지 않아 폐농하게 되자, 안동가톨릭농민회가 나서준 덕분에 피해보상을 받을 수 있었다. 그런데 이 보상 활동에 앞장섰던 오원춘 분회장이 1979년 5월에 중앙정보부 기관원에게 납치·감금되어 테러를 당하는 일이 벌어졌다.[39] 이에 안동가톨릭농민회 총무 정재돈이 정호경 신부의 지시로 진상조사에 나섰다. 같은 해 7월 17일 천주교 안동교구는 '짓밟히는 농민운동'이라는 문건을 제작해 천주교정의구현사제단을 통해 전국에 폭로하고 오원춘 납치 사건이 중앙정보부에 의한 것이라고 밝혔다. 7월 25일 경상북도 경찰국은 허위사실 유포 혐의로 오원춘과 정호경 신부, 정재돈 안동가톨릭농민회 총무를 연행해 대공분실에 감금하고 긴급조치 9호 위반 혐의로 구속했다.

영양 청기분회가 중심이 돼서 피해보상 운동을 하면서 많은 사람들이 협박과 회유에 의해서 다 떨어져나갔고, 끝까지 버틴 사람들이 피해보상을 받은 거예요. 함평 고구마 보상받은 거보다 보상 액수가 컸어요. 그래서 영양군 감자 불량 종자 피해보상 투쟁 사례를 가톨릭농민회 전국 소식지에 실었죠. 그런데 농번기에 오원춘이 실종됐다가 20일 후에야 나타나서 기관에 의한 납치 폭행 사실을 고백한 거예요. 이 문제는 한 농민의 인권 탄압 문제가 아니라 안동교구나 농민회 차원에서 농민 사목의 사활이 걸린 문제라고 봤죠. 그 내용을 〈짓밟히는 농민운동〉이라는 문건으로 정리해서 7월 17일 전국사제단 모임에 배포했어요. 그 뒤에 저와 권종대 의장이 현지 교육을 하고 있는데 경찰이 덮쳐서 잡아가고. 정호경 신부도 경찰이 교구청에 난입해서 잡아가고. 정호경 신부와 저는 허위사실을 유인물로 만들어서 배포했다고 긴급조치 위반 혐의로 구속됐죠. (정재돈 구술, 2015년 11월 6일)

사건은 전국적으로 확대됐다. 1979년 8월 6일 안동 목성동주교좌성당에서 김수환 추기경과 신부 120명, 신자 600여 명이 참석한 가운데 전국기도회가 열렸고 이어 참석자들이 '유신헌법 철폐하라', '종교 탄압 중지하라', '농민운동 탄압 중지하라'는 구호를 외치며 안동시청까지 행진하면서 야간 촛불시위를 벌였다. 이 사건으로 가톨릭농민회 회원 7명이 구류처분을 받았다. 이때 대구가톨릭노동청년회 간부인 장명숙도 구류처분을 받았다. 1977년에 가톨릭농민회 경북지구 총무직을 사임했던 이석태는 포항에서 농민운동을 하다가 이 현장에 동참했다.

안동 안기부하고 보안대 대장이 진급이라도 해보려고 계획적으로 사건을 키웠는데 가톨릭을 얕본 거지요. 정호경 신부를 교구 본당에서 불법 연행한 거라. 그것도 무지막지하게 잡아당기고 다리 들고 끌고 간 거라. 가톨릭이 뒤집어져버렸어요. 안동 목성동성당에 전국사제단이 모였다고. 안동 중앙로 작은 곳에 다 모여서 왔다 갔다 하고. 밤에는 목성동성당에서 죽창 들고 지키고. 안동이 완전히 여론 중심에 서게 된 거죠. 열정이 대단했지요. 그때 가톨릭농민회 회원이 전부 합쳐봐야 250명 정도밖에 안 됐어. 경북에는 한 40~50명 됐을 거야. 그렇게 소수지만 다 투사들이라 정신 무장이 철저하게 됐던 거야. 사명감이 대단했지요. 안동교구는 배용진 씨가 회장 맡았고, 대구교구는 선산의 윤정석 씨가 회장이었지. 이런 사람들은 경험도 풍부하지요. 배용진 씨는 대구사범 출신으로 자유당 정권 때 3·15 부정선거에 반기를 들고 퇴직하신 분이거든. 그런 사람들이 대부분이었으니까 기본적으로 스타일이 있었지. 저는 포항에서 돼지 키우면서 새벽에 돼지 사료 주고 집회에 가서 마이크 쥐고 떠들고 고함지르다가 또 다음날 아침에 포항에 와서 돼지 사료 주고 저녁때 다시 가곤 했어요. (이석태 구술, 2023년 4월 23일)

8월 6일 우리는 대공분실에 있었는데 목성동성당에서 김수환 추기경도 와서 큰 기도회를 했어요. 기도회 후에 안동 최초로 긴급조치 철폐, 유신헌법 철폐, 구호 외치면서 촛불 가두시위도 하고 대회 끝나고도 계속 농성했어요. 농성하던 사람들이 죽창으로 보초 서니까, '죽창을 깎아 든 폭도들'이라고 신문에 보도되고. 80명에서 100여 명 정도가 한 달 이상 계속 농성했는데, 농성하던 사람들을 응원하려고 경찰 포위망을 뚫고 개 잡아다가 주는 사람, 수건과 비누 사다 주는 사람, 그런 사람들이 많았다고. 그 후에 이런 사람들이 농민회에서 핵심 인물이 돼서 활동했어요. (정재돈 구술, 2015년 11월 6일)

이에 안동가톨릭농민회와 천주교 안동교구는 전국의 천주교 교구와 연대해 박정희 정권에 저항하는 투쟁을 전개했다.[40] 8월 20일에는 천주교정의평화위원회 주최로 명동성당에서 전국기도회를 열었고 인천, 수원, 대전, 광주, 전주, 마산에서도 기도회를 열었다.

1979년 9월 30일에는 대구지방법원에서 오원춘 사건 공판이 열렸다. 이날 대구가톨릭농민회에서는 대구교구의 각 본당 신자, 특히 각 본당에 파견 나가 있던 수녀와 여성 신자들을 대거 동원했다.

그 당시 대구교구에서 진보적 생각을 하는 본당 신부가 몇 명 안 됐어요. 우리 농민회 회원도 몇 명 되지 않았어요. 그래서 여러 성당에 가서 설득했어요. "오원춘이 가톨릭농민회 활동하다가 이렇게 됐는데, 정부에서는 여자관계 때문에 바람피우는 걸로 사건을 왜곡했다. 일반인들은 정부에서 선전하는 이야기만 듣고 있다. 오원춘이 억울하게 잡혀가서 재판받고 있고 천주교가 탄압받는데 성경책 들고 법원으로 모이자"고요. 여자 신도들 사이에 이 이야기가 퍼진 거예요. 그래서 재판하는 날 대구법원 마당에 각 본당에 파견 나가 있던 수녀님들과 자매 신자들이 가득 찼어요. (이석태 구술, 2023년 4월 23일)

법원 마당에는 천주교 수도자와 신자 수백 명이 운집했다. 그런데 경찰은 시민들의 재판 방청을 통제했다. 이에 법정 안에서는 최병욱(가톨릭농민회 전국연합회 회장) 등이 경찰의 방청권 제한에 항의하며 공정한 재판을 요구하다가 법정 모욕죄로 구속됐다. 법정 밖 마당에서는 집회가 열렸다. 집회에는 천주교 수녀들이 앞장섰으며, 이석태는 마이크를 잡고 집회를 주도했다. 경찰은 집회를 강제 해산하고 이석태를 수녀들과 함께 대구 동부경찰서로 연행했다. 또한 김영석 등 재학생 회원들은 현장에 있다가 집회를 주도하던 사람들이 경찰서로 연행되자, 다른 신자들과 함께 스크럼을 짜고 행진하며 동부경찰서로 가서 경찰서 마당에서 항의 집회를 했다. 결국 경찰서에 연행된 사람 중 일부만 구속되고 대다수는 훈방됐다. 그런데 경찰은 훈방한 사람도 바로 풀어주지 않고 대구 파티마병원 뒤에 있는 포교 성베딕도수녀회 대구파티마분원으로 실어 보냈다. 그러자 훈방된 사람들은 수녀원 마당에서도 항의 투쟁을 했다. 다음은 당시 현장에 있었던 이석태와 김영석의 증언이다.

법원 마당이 사람으로 가득 찼어요. 한 500명은 됐을 거예요. 그런데 앉아 있으면 지루하잖아. 방청 제한에 불만도 있고. 그 자리에서 마이크 쥘 사람이 없는 거라. 도저히 안 되겠다 싶어서 제가 마이크를 쥐었어요. 천주교에서는 핍박받을 때 하는 성가가 있어요. '장하다, 복자여'… 그런 노래를 수백 명이 부르니까 법원이 뒤집어진 거예요. 일반 신자들이 처음으로 그랬으니까. 집회하던 사람들은 그대로 경찰에게 강제 해산됐고, 저는 수녀님들과 대구 동부경찰서로 잡혀갔다가 어쩌다 보니 훈방 대상에 끼어서 나왔어요. 그런데 경찰이 훈방한 사람들을 바로 풀어주지 않고 버스에 태워 파티마병원 뒤에 있는 수녀원으로 보내더라고. 그 수녀원 마당에서 딱 내리자마자 우리 멤버들 열댓 명이 바로 버스 밑에 누웠어요. 수녀복 입은 수녀님들도 함께 누웠어요. 그 앞에는 경찰 중대들이 전투복 차림으로 쫙 깔려 있었고. 밤새 싸우고 다음날 나왔어요. (이석태 구술, 2023년 4월 23일)

저는 1979년 6월에 제대하고 대구 왔다 갔다 하다가 그 집회에 참여했어요. 그때 모인 사람이 몇백 명은 됐어요. 그 기도 소리가 법정 안까지 울렸어요. 법원 마당에서 이석태 선배가 구호를 외치며 시위했죠. 그러다가 선배님, 앞 장선 사람들, 수녀님 몇 분이 동부경찰서로 연행됐어요. 우리는 법원 마당에서 싸우다가 연행된 사람을 구출하기 위해 200~300명이 행진하며 동부경찰서로 갔어요. 수녀님들이 제일 앞에서 스크럼 짜고 뒤에는 일반인들, 주로 여성 신자들이 따르며 행진했어요. 동부경찰서에 도착하니 경찰서 마당이 시위하는 사람들로 꽉 찼어요. 연행됐던 사람들이 밤에 풀려나면서 시위하던 사람들도 해산했어요. (김영석 구술, 2024년 3월 9일)

짓밟히는 농민운동

가톨릭 농민회 임원 납치 폭행 사건 전모

지난 5월5일 한국 가톨릭 농민회 안동교구 연합회 이사 오원춘(알폿소 : 경북 영양군 청기면 청기분회장)형제가 모 기관원에게 폭력적으로 납치되어 생사조차 알지 못해 애태우던 중 보름이 지난 5월21일에야 온 몸에 상처를 입고 만신창이로 돌아왔다. 이는 그동안 한국가톨릭농민회에 대해 "용공성"운운하며 붉은시하는 모함과, 작년 4월 춘천 연합회 회장단과 본부 직원 구속사태, 각처에서의 집회및 활동 방해, 금년 4월 세칭 크리스찬 아카데미 사건과 연관지워 각처에서 일어난 농민회 회원및 간부들의 불법 연행 심문, 가택 수색 등에 이어, 더욱 노골적으로 자행되고 있는 농민운동에 대한 탄압으로, 납치와 폭행등 비인도적 악랄한 행위가 탄압의 새로운 수법으로 나타난 것이다.

오늘도 한 톨의 식량 생산을 위한 농민들의 노력은 불볕 더위와 생명을 위협하는 농약 오염속에서도 계속되고 있다. 그러나 쏟아지는 땀과 어지러움보다 더욱 고통스러운 것은 값진 노동에서 인간됨을 빼앗아 가는 구조적 장벽때문이다.

농촌을 떠난 자식들에게 최저 생계비에도 못 미치는 저임금의 굴레를 씌우기 위한 저곡가 정책과 고질적인 적자 영농, 일손 부족, 신품종 강제 권장, 획일적인 주택 개량, 농약강매, 농협 출자 강요, 악덕 재벌의 토지 투기, 무절제한 농산물 수입, 소비풍조 조장하는 각종 선전과 매스콤 공해 등으로 농촌은 날이 갈수록 황폐해지고 못 살아 농촌을 떠나는 농민은 다시 도시에서 노동문제와 빈민문제를 형성하는 구조적인 악순환을 되풀이 하고 있다.

피땀으로 국민의 식량과 공업원료를 생산함으로서 국민경제의 안정과 자주적 국가 안보를 담당하는 농민이 생산자로서의 긍지를 부여받지 못하고 그 사회에서 소외되고 천시되는 구조 속에서는, 농민이 한 인간으로서의 존엄성마저 유린될 뿐만아니라 도시와 농촌, 빈부계층 간의 위화감이 더욱 심화되어 진정한 국민총화를 저해한다. 따라서 농민운동은 농민의 인간적 지위 향상은 물론 노동문제등 모든 사회문제를 해결하는 근원이며, 이 땅에 참된 민주사회 건설을 위한 민족적 염원이요, 절실한 국가적 과제로서 시급히 요청되는 일이다.

바로 이러한 필요와 요구에서 한국가톨릭농민회는 오래전부터 농민의 권익옹호와 인간적 성장을 이루려고 농촌 현장에서 땀흘리는 진정한 농민운동 단체이며, 그리스도적 사랑과 정의를 몸으로 실천하려는 우리 교회가 농촌사회에 파견한 새로운 「현장교회」인 것이다.

이렇게 그리스도의 가르침에 따라서 이웃 농민의 아픔과 보람을 함께 나누며 어려운 조건속에서 정성을 다해 일하던 오원춘형제는 소위 법치국가라는 이 나라에서, 백주에 모기관 불한당들에게 납치, 폭행을 당하고 수백리 멀어진 바다건너 먼 울릉도에 15일간이나 내팽개쳐졌다. 이에 그 만행의 전모를 밝힌다.

~ 1 ~

1979년 7월 17일 안동가톨릭농민회에서 배포한 전단 '짓밟히는 농민운동' 1면. ⓒ 민주화운동기념사업회 아카이브

〔사 건 배 경〕

오원춘(경북 영양군 청기면 청기1동 585번지)형제는 가톨릭농민회 안동교구 연합회 동해지역 이사로 활동하고 있던 중 특히 농민회 소식지 「파종」에 게재되었던 바와 같이 「감자피해 보상운동」에 앞장섰던, 권력없어 용감하고, 재물없어 슬기롭던 알농사꾼이다.

영양군에서는 「78년 잎담배 후작등 유휴농지 활용 극대화로 농가소득 증대」라는 구호아래 가을감자 「시마바라」를 50kg 1포당 8,000원으로 군내 5개면에 걸쳐 적극 권장했었는데, 종자가 거짓인지, 불량인지 재배농가의 80%이상이 싹도 트지않아 폐농하고 말았다.

그런데도 당국에서는 별 보상대책이 없자, 청기분회원이 중심이 되어 당국에 책임을 추궁하는 한편 78. 10. 5 「청기 감자피해 보상대책위원회」(청기면 청기동, 경족동 34농가)를 구성, 한달간에 걸쳐 피해실태조사를 완료(34농가 총피해액 780만원)하고, 군수·군농협장에 피해보상을 두차례 서면 건의했으나 "79년 6월까지 시험장의 종자 감정 결과를 기다려보라"는 무성의한 답변(1979. 1. 9 매일신문 보도)을 하며나, 나중에 1월23일 천주교 안동교구 사제들이 피해현장을 방문하는등 문제가 확대될 움직임이 보이자, 바로 피해농민을 우롱하는, 형편없는 대책안을 내세워 「만족하고 이의를 제기치 않겠다」는 각서를 받아가는 등 각종 방해와 회유속에서도, 오형제는 이웃에 대한 깊은 애정으로 책임 농정구현을 위해 싸운끝에 농민 승리의 사례를 남겼었다.

이런 일을 통해 그곳 농민들은 서로 깊이 만날 수 있었고, 자신의 힘을 체험했었다. 그러나 농촌의 작은 마을에서 조차 농민이 깨어 일어서는 것을 싫어하는 지배자집단의 하수인들은 이 청기 감자 피해 보상 사례가 농민회 소식지(파종, 79. 4)에 게재되어 전국에 알려지게 되자 비겁한 음모를 꾸민 것이다(이 소식지 「파종」을 대전 농민회 본부에서 200부를 안동으로 보냈으나 접수한 것은 180부뿐으로 20부를 도난 당했음, 4월 26일경).

〔사 건 경 위〕

1) 납치되기 전 4월28일, 이웃집(전화 청기 61번)을 통해 안동에서 "5월5일 만나러 들어 갈테니 집에 있으라"는 전화 내용을 전해받다. 오원춘 형제는 농민회 안동연합회 전화로 추측함.

2) 그 후 5월4일 다시 영양에서 같은 내용의 전화가 오자, 얼마 전 부터 영양경찰서 정보과 장모(某)계장, 오모(某)형사 등이 "오형, 조심하라"는 말을 유난히 많이 하던 점과, 청기지서와 천주교 청기공소회장을 통해 오원춘 동태확인 전화가 경찰서에서 계속 왔다는 점, 더우기 5월1일 영양 읍승석 기념행사장에서 정보과 오모(某)형사로부터 "5월5일 집에 있느냐?"는 질문을 받고 "어린이날이라 영양 청년 회의소 주최 「초중학생 글짓기 대회」심사관계로 영양에 나와야 한다"고 답한 적이 있었던 점 등등의 일로

~ 2 ~

1979년 7월 17일 안동가톨릭농민회에서 배포한 전단 '짓밟히는 농민운동' 2면. ⓒ 민주화운동기념사업회 아카이브

이 시위는 대구의 일반 시민들, 특히 기혼 여성 천주교 신자들이 처음으로 대규모로 참여한 시위라는 점에서 의의가 있다. 정재돈은 그 후에 있었던 안동가톨릭농민회 사건의 경과를 다음과 같이 회고했다.

그러면서 싸움이 원주, 청주, 전주 등으로 번지기 시작했고. 명동성당에서 정의평화위원회 주최로 만 명 넘게 모여서 기도회를 하고. 싸움이 전국화되어서 천주교계와 유신독재의 싸움이 되다시피 한 거예요. 그러니까 대검에서 대통령 특별조사령을 내린 거예요. YH 사건으로 도시산업선교회 조사해라. 안동 사건으로 가톨릭농민회 조사해라. 대검찰청에서 헬기 타고 다니면서 안동가톨릭농민회 회원을 거의 전체를 조사하다시피 했어요. 어떤 회원들은 6·25 때 뒷동산에 방공호 파놓고 숨었듯이 숨어 있었다고 할 정도로 탄압을 심하게 했습니다. 그렇게 여름내 싸우고. 많은 사람이 구류를 살았고. 정호경 신부, 저, 오원춘, 이재오 엠네스티 한국 사무국장, 함세웅 신부, 문정현 신부, 최병욱 가톨릭농민회 전국 회장, 서경원 전남연합회 회장이 긴급조치 위반 혐의로 구속됐죠. (정재돈 구술, 2015년 11월 6일)

1979년 9월에는 대학교가 개강하면서 대구의 경북대학교, 계명대학교, 영남대학교에서 YH 사건과 안동가톨릭농민회 사건을 이슈로 9·4 연합 시위가 일어났다. 그로부터 한 달 뒤에는 부마항쟁이 일어나고 유신독재가 종말을 고했다. 즉 1979년 하반기 노동자들의 YH 사건이 유신체제 붕괴의 도화선이 됐다면, 안동가톨릭농민회 사건은 농민들이 유신체제의 종말을 앞당긴 사건이라 할 수 있다. 오원춘을 포함해 이 사건으로 구속된 사람들은 10·26 사건으로 박정희가 사망하자 12월

8일 구속집행정지로 석방됐다.[41]

당시 안동가톨릭농민회의 대응은 농민운동 탄압보다 종교 탄압에 대한 대응의 성격이 짙었으며,[42] 비슷한 시기에 일어난 YH 사건에 심정적으로는 동조했지만 실제로 연대하지는 못했다. 이 시기 안동가톨릭농민회는 극심한 탄압을 받아, 1980년 민주화의 봄 시기에는 그다지 역할을 하지 못했다. 그러나 1975년 쌀 생산비 보장 운동, 1976년 함평 고구마 피해보상 투쟁, 1978년 4월 춘천가톨릭농민회 사건에 이어 일어난 1979년 안동가톨릭농민회 사건은 한국 농민운동의 전국적 연대를 촉진하고 천주교회가 진보화되는 데 큰 역할을 했다. 또한 농민운동이 경제적 피해보상 투쟁을 넘어서 정권의 탄압에 저항하는 민중연대 정치투쟁으로 나아가야 함을 인식하게 됐고, 이 가운데 가톨릭농민회는 1980년대 전반기 한국 농민운동을 이끄는 중심 단체로 성장했다.

_____

제3장

1980년 5월 두레양서조합 사건

두레양서조합은 두레서점을 통해 민중 생존권 운동인 농민운동을 지원하는 집단인 동시에 사회 민주화운동과 긴밀하게 교류하는 집단으로 발전했다. 1980년 민주화의 봄 시기에는 지역 내외의 정보를 전달하고 교류하는 창구 역할도 했다. 이에 따라 두레양서조합 구성원들은 1980년 광주에서 5 · 18항쟁이 일어났을 때 그 소식을 대구에서 가장 먼저 접했다. 그들은 1980년 5월 18일 광주에서 열리는 '민주농정 실현 전남농민대회'('전남 함평 고구마 사건 진상보고대회')에 참가하기 위해 모였다. 그러나 전두환 신군부가 비상계엄을 확대해 대회가 무산되자 광주로 가지 못하고 대기하고 있다가, 5월 20일과 22일에 광주에서 빠져나온 사람들(가톨릭농민회 안동교구 총무 정재돈과 전국본부 홍보부장 이상국)로부터 광주의 참상을 전해 들었다. 광주 소식을 들은 두레양서조합 회원 10여 명은 대책회의를 구성하고 학살 진상 보고를 담은 문건을 천주교 각 교구에 전달하는 한편, 농촌문제연구회 등 학교 동아리 후배들과 함께 '민주시민에게 고함'이라는 유인물 5천 부를 제작했다. 그들은 이 유인물을 대구 중심가에 배포하고 학생들을 동원해 시위하기로 결의했다. 그러나 5월 27일 광주 항쟁이 계엄군에 의해 진압되자 계획을 취소하고 제작한 유인물을 소각한 뒤 도피했다. 그 과정을 사건 당사자 전원의 구술과 관련자의 구술, 문헌 자료를 바탕으로 살펴보았다.

1. 1980년 민주화의 봄과 두레양서조합

민주화의 봄과 두레서점

1980년 봄, 경북대학교 후문(현 서문)에 있던 두레서점도 민주화 시기를 맞아 활기가 넘치기 시작했다. 그 전해의 10·26 사건으로 유신체제가 종말을 고하자, 구속됐던 학생들이 12월에 석방됐고 제적됐던 학생들은 1980년 3월에 복교했다. 두레양서조합 회원 중에는 제적됐던 김진덕과 정동남이 학교로 돌아왔다. 1979년에서 1980년 봄 사이에 군에서 제대한 서원배, 황병윤, 이동렬도 복학했거나 복학을 준비하고 있었다. 서점은 점주 정상용이 중심이 되어 운영했고, 여직원 한 명이 경리를 담당했으며, 군에서 갓 제대한 조합원들이 밤낮으로 함께 살다시피 하면서 업무를 도왔다. 학교를 졸업하고 입대했다가 1979년 2월에 제대한 김영석은 아예 두레서점 뒤의 여관에 방을 얻어놓고 대학원 입학시험을 준비하면서 서점 일을 도왔다.

이 무렵, 어디를 가나 민주화가 금방 이뤄질 듯한 들뜬 분위기 속에 사회과학 서적을 찾는 학생도 많아졌다. 두레서점에서는 사회과학 서적뿐 아니라 시중에서 구하기 힘든 금서나 희귀한 자료들도 몰래 유통하고 있었다. 그렇다 보니 서점에는 금지된 지식에 목말랐던 학생들뿐 아니라 전공 교수들도 드나들었으며, 책을 외상으로 가져가는 단골도 많았다. 두레서점은 당시 계명대학교 앞에 있던 한양서점보다 대구 중심가나 동대구역 및 대구역과도 더 가까워서 경북대학교 학생뿐 아니라 다른 학교 학생들도 책을 구하기 위해 찾아왔고, 서울이나 광주에서도 소문을 듣고 들르는 학생들이 있었다. 이제 서점은 두레양서조합 회원들의 '아지트'이자 사랑방인 동시에 대구의 여러 대학 학생들이 오가며 마주치는 장소가 됐다.

군대에서 휴가 나왔을 때도 늘 서점으로 갔어요. 그런데 소문이 나면서 서울에서 오는 친구들도 대구 오면 두레서점에 들렀다 가곤 해서 서점이 북적거렸죠. (김영석 구술, 2023년 6월 4일)

1980년 봄에 제대하고 복학 준비하면서 거의 매일 서점에 가서 책 정리하고 선후배들을 만났습니다. 서점이 우리 아지트였습니다. (황병윤 구술, 2023년 6월 5일)

저도 1980년 3월에 복학해서 매일 서점에 들렀어요. 좋은 책이 있는가 보고 선배들 만나서 웃고 떠들고, 저녁에는 함께 근처 춘천고갈비 집에 가서 고갈비 한 그릇 먹고 집에 가고, 그렇게 했습니다. (이동렬 구술, 2023년 8월 21일)

우리 서클은 농민운동과 관련된 사람들이 모였기 때문에 그전에는 학생운동을 하는 사람들과 교류가 많지 않았어요. 그런데 서점을 경대 후문으로 이전한 뒤부터 학생운동 하는 사람들과 교류가 늘어났어요. 요즘 관점으로 보면 아주 작은 책방이지만, 사회과학 서적이 널리 보급되지 않았던 시기에 사회과학 서적을 우리가 제일 많이 갖고 있었으니까 그 당시 기준으로는 꽤 큰 책방이었어요. 그러다 보니 운동권 사람들이 드나들면서 서점에 책만 사러 오는 게 아니고 와서 차도 한 잔 마시고 가기도 하고, 그런 식으로 사랑방 노릇도 했지요. (서원배 구술, 2023년 4월 24일)

영남대학교 농촌연구회 재학생 중에 제가 경대 후문의 두레서점에 자주 왔다 갔다 했어요. 그리고 선배들이 서점에 주로 관여했어요. (박희찬 구술, 2024년 4월 30일)

영남지구연합회 간부 몇 명은 거의 2~3일 간격으로 계속 서점에 모였어요. (김상철 구술, 2024년 5월 5일)

당시는 학생운동뿐 아니라 사회운동 진영에서도 전국 단위의 공개적인 연대조직이 없던 시기이다. 그러다 보니 두레서점이 다른 지역의 정보를 전달하고 교류하는 창구 역할도 했다. 이러한 점은 농민운동에 치중했던 두레양서조합 회원들이 사회 민주화운동을 하는 다른 구성원들과도 교류의 폭을 넓히는 계기가 되었다.

1980년 봄, 대구 지역의 민주화운동

이 무렵 대구 지역의 민주화운동 상황을 잠시 살펴보자. 각 대학에서 학생운동을 하던 학생들은 새로운 이념서클을 만들고 복학생협의회를 구성하여 민주화에 관심을 가진 학생들과 연대해 학생회 부활 운동을 벌였다. 학생회 부활 운동의 양상은 학교마다 달랐다. 경북대학교는 자주적 총학생회 설립에 실패했지만, 4월 들어 일청담 앞에 대자보 게시판을 설치하고 4·19 행사 때는 사범대학 신관 벽에 있던 박정희 부조 철거를 시도했다. 그리고 학생들은 거의 매일 집회와 시위, 농성을 했다. 영남대학교는 총학생회 부활에 성공한 뒤, 박근혜가 재단 이사장으로 선임되면서 재단 민주화 투쟁에 주력했다. 계명대학교도 총학생회 부활에 성공한 뒤, 사학 재단의 민주화 문제로 4월부터 계속 시위와 농성을 벌였다. 당시 학생운동 조직이 없는 대학들도 학원 민주화를 요구하는 대열에 동참했다. 그리고 이러한 투쟁은 점차 유신잔당 퇴진을 요구하는 사회 민주화 투쟁으로 이어졌다.

1980년 5월에 접어들자, 전국적으로 계엄 해제 등을 요구하는 학생들의 사회 민주화 요구가 거세어졌다. 5월 14일에는 대구의 각 대학 학생들이 거리로 나와 1만 5천 명 이상이 도심에서 시위를 벌였다. 전국 최초로 학교 당국이 무기한 휴교령을 발표했던 계명대학교의 학생들은 도심으로 진출했다가 대구백화점 앞에서 400여 명이 계엄사로 연행됐고, 남은 학생들은 전열을 정비한 뒤 중앙파출소와 신대봉파출소를 기습하고 남부경찰서를 포위하며 격렬하게 시위를 벌였다. 경북대학교 학생 수천 명도 경대 후문을 나와 대구역을 거쳐 시내 주요 간선도로를 따라 시위를 벌인 뒤 학교로 돌아와 체육관에서 철야 농성을

벌였다. 영남대학교 학생 1만 3천여 명은 경산 캠퍼스에서 대구 대명
동 캠퍼스까지 18킬로미터의 거리를 7시간 동안 행진하며 대장정 시
위를 벌였다. 학생운동 조직도 시위 지도부도 없었던 한국사회사업대
학(대구대학교의 전신) 학생들도 500여 명이 스크럼을 짜고 나와 대구매
일신문사 앞에서 연좌 농성을 벌였고, 동국대학교 경주분교에서도 학
생 700여 명이 경주 시내로 진출해 거리 시위를 벌였다. 서울역에서 대
규모 시위가 벌어졌던 5월 15일에도 경북대학교 학생 3천 명이 교내
시위 후 거리로 나갔고 이 가운데 500여 명이 대구 도심지에서 '비상
계엄 해제'를 외치며 시위를 벌이다 67명이 연행됐다. 같은 날 계명대
학교 학생 500여 명도 전날 학생회장 구속에 항의하는 교내 시위를 벌
였고, 한국사회사업대학 학생 100여 명이 교내에서 시위를 했으며, 동
국대학교 경주분교에서도 900여 명이 경주 시내로 진출해 경찰과 투
석전을 벌이며 거리 시위를 했다.[43] 당시 영남지구 대학4-H연구회연합
회 회장으로서 영남대학교 총학생회 간부도 맡았던 박희찬은 이렇게
증언했다.

저는 1980년에 영남지구 대학4-H연구회연합회 회장을 하면서 영남대학교
총학생회 간부도 맡고 있었어요. 그때는 학도호국단 체제가 없어지고 학생
회장 직선제로 바뀌었거든요. 그렇게 총학생회를 4월에 구성하고 나서 제가
총학생회 봉사부장(전 새마을부장)으로 들어갔죠. 들어간 뒤 얼마쯤 있다가
바로 대규모 시위가 벌어졌어요. 영남대학교에서는 그 무렵 학생들이 시국
사건과 관련해서 데모를 하고 있던 차에 박근혜가 이사장으로 취임한다는
게 보도됐고 그게 기름을 부은 격이 됐어요. 우리는 4월 초부터 5월 18일

1980년 5월 14일 영남대학교 학생들의 시위 장면. © 매일신문사

1980년 5월 15일 계명대학교 학생들의 시위 장면. © 매일신문사

1980년 5월 16일 경북대학교 학생들의 시위 장면. © 매일신문사

전국에 계엄령이 확대될 때까지 매일 데모했어요. 5월 14일에는 학생들이 경산 캠퍼스에서 대명동 캠퍼스까지 시위하고 난 뒤 많은 학생이 대구 시내로 진출해서 대구백화점 인근에서 잡혀갔어요. 제가 그때 경산경찰서에 총학생회 대표로 가서 훈방된 학생 30~40명을 인계받은 적이 있어요. (박희찬 구술, 2024년 5월 2일)

이 무렵 경북대학교 후문의 두레서점 앞 도로는 매일 시위대와 전경이 대치하는 격전지가 됐다. 당시 서점에 상주하다시피 했던 두레양서조합 학생 조합원들이나 농촌문제연구회 회원들도 시위에 적극적으로 참여했다.

서원배, 이동렬, 정동남, 황형섭, 장계영 등 경북대학교 농촌문제연구회 회원 6~7명은 5월 14일 수원에서 열린 전국 농대생 시위에도 참여했다. 이날 수원에서는 서울대학교 농대생들을 중심으로 전국 대학의 농촌서클 구성원과 농대생 수천 명이 모여 농업 문제 학술 행사를 열었다. 당시 경북대학교 농촌문제연구회 회원 중에는 황형섭(경북대학교 77학번)이 논문을 발표하고 서원배가 질의를 담당했다. 학생들은 학술 행사를 마친 뒤 거리 시위를 벌였다. 당시 신문 기사를 보면, 학생들(경찰 추산 700여 명)은 이날 오전 11시부터 수원역 앞, 시청 앞 등 수원시 중심가 곳곳에서 경찰과 대치했으며, 경찰이 최루탄을 쏘면 흩어졌다가 다시 모여 시위를 벌였다. 학생들은 오후 4시 30분경에는 수원 시내의 여러 다방에 흩어져 있다가 뛰쳐나와 시청 앞, 북문, 종로 등 중심가에서 100여 명씩 스크럼을 짜고 산발적으로 시위를 벌였으며, 농대 학생들의 주장이 담긴 〈농민 선언〉 유인물을 시민들에게 살포했다.[44]

수원의 농대생 300여 명은 이튿날인 5월 15일 서울 지역 35개 대학 학생 10만 명이 모인 서울역 앞 시위에도 참여했다. 경북대학교 농촌문제연구회 회원들도 이날 서울역 시위 현장에 갔다가 대구로 돌아왔다.

수원의 서울대학교 농과대학에서 장선복 씨가 주최한 학술 세미나를 기점으로 데모를 하려고 계획했어요. 경북대학교 팀에서는 우리 후배 황형섭이 발표하고 질의는 제가 했어요. 이 행사에는 전국에 농촌문제연구회가 있는 학교는 다 참여했어요. 전남대도 대학4-H연구회가 농촌문제연구회로 전환했고, 조선대도 우리 서클이 있었으니까 참여했어요. 서울대학교 농과대학 학생도 인원이 꽤 많아요. 농업 문제 학술 세미나 끝나고 나서 몇백 명이 가두시위를 했어요. 그때 넘어져서 아군한테 밟혀서 죽을 뻔했네요. 마치고 올 때 전남대 애들이, "야, 내일모레 광주에서 가톨릭농민회 행사가 있으니까, 광주로 바로 같이 가자"고 이야기하는데, 저는 후배들하고 같이 온 처지라 혼자 광주에 갈 수 없어서 바로 대구로 왔어요. (서원배 구술, 2023년 4월 24일)

5월 14일입니다. "야, 서울대 농대에서 주최해서 행사하고 전국 농대에 운동하는 선수들은 다 모이는데 우리 한번 가봐야 하지 않겠냐?" "그러면 한 번 가봅시다" 해서 수원에 왔습니다. 저는 서원배 형과 다른 사람 몇 명과 함께 수원역 광장에 몇천 명이 모인 곳에 가서 구호 외치고 시위했어요. 그때 경찰에게 막힌 겁니다. 경찰이 페퍼포그 차를 이쪽저쪽에 대놓고 최루탄을 막 쏘아대니까 시내 행진도 못하고 그냥 뿔뿔이 흩어져서 다 도망갔죠. 우리는 도망가다가 앞이 막힌 거예요. 서원배 형과 둘이 내 키보다 높은 담을 그냥 올라가 넘었던 게 기억나요. 수원 시위를 보고 서울 와서 자고 5월 15일 서울역에 갔는데, 너무너무 방대한 인원이 모여서 시위하니까 겁이 나서 원배형 보고 "우리 내려갑시다. 여기 있다가 잘못하면 죽겠습니다" 이러고 대구로 돌아왔습니다. (이동렬 구술, 2023년 8월 21일)

경북대학교 농촌문제연구회 회원이었던 정동남과 장계영은 서울역 시위를 본 뒤, 대구에서도 유인물을 만들어 여러 고등학교에 배포하려다 5월 17일 비상계엄이 확대되면서 무산됐던 상황에 대해서도 증언했다.

5월 14일 수원에 서울대 농대 사람들이 모였어요. 우리가 그때 우르르 같이 갔거든요. 집회에서 황형섭 선배가 앞에 나가서 글 읽었어요. 거기서 서울역으로 나왔는데, 그때 서울역에서 본 인파가 대단했죠. 그걸 보고 대구에 돌아와서 우리도 유인물 만들어서 대구에서 뿌려야 한다면서 준비했던 것 같아요. 그때 저는 사실은 무슨 내용인지도 몰랐어요. 선배들이 각자에게 고등학교 하나씩을 맡겼어요. 저는 경북여고를 맡아 사전에 경북여고에 가서 답사까지 했어요. 다음날 동성로 시위 장소에 다 모였죠. 그때도 시위 인파가 엄청났지만, 최루탄 쏘니까 다 도망가기에 바빴죠. 그 시위에 참여하고 난 그다음날인가 계엄령 터졌다는 소리 듣고 다 뿔뿔이 흩어졌어요. (장계영 구술, 2024년 5월 2일)

5·18 하루 전에 황형섭, 이동렬, 신중섭과 저는 이걸 고등학생까지 확대해야 하지 않겠느냐 해서 고등학생 대상으로 유인물을 만들려고 했어요. 그 작업을 하는 중에 비상계엄이 확대되면서, '사태가 보통 심각한 게 아니구

나. 잘못하면 큰일 나겠다' 싶어서 그 계획을 포기하고 부산으로 도피했죠.
(정동남 구술, 2024년 5월 27일)

1980년 민주화의 봄 시기에 농민들도 가톨릭농민회를 중심으로 농민운동을 활발하게 펼쳤다. 가톨릭농민회는 "강제농정 철폐, 민주농정 실현"을 주요 슬로건으로 내걸고 정치투쟁을 했다. 전국 주요 지역을 순회하면서 행사를 열기로 한 가톨릭농민회는 4월 11일 대전 가톨릭문화회관에서 '민주농정 실현을 위한 전국농민대회'를 열었다. 1박 2일로 진행된 이 행사에는 전국에서 농민 4천여 명이 참가했고, 김대중·함석헌 등 재야 명망가와 국회의원들도 참석했다. 이 집회에서 농민들은 강제농정을 규탄하고 민주농정 실현을 위한 결의문을 채택했다. 그뿐만 아니라 대회에 참석한 농민들은 유신잔당 철폐 등 정치적인 구호도 외쳤다. 행사 후 정부는 농민들의 요구를 받아들여 강제농정을 철폐한다고 발표했다. 대전에서의 행사를 성공적으로 마친 뒤, 4월 17일에는 서울에서 농민 600여 명이 참석한 가운데 가톨릭농민회를 비롯한 6개 농민단체 공동주최로 '헌법 및 농림법령 공청회'를 열었다. 그리고 기세를 몰아 5월 18일 광주에서 다시 전국 단위의 농민대회를 열기로 기획했다.[45] 1970년대 말에 집중적으로 탄압을 받았던 경북 북부지역의 가톨릭농민회는 이 무렵에는 전남 지역 농민회보다는 활동이 주춤했지만, 전국 행사에는 적극적으로 결합했다. 가톨릭농민회 회원으로 활동했던 두레양서조합 조합원들도 마찬가지였다.

한편 군 복무 중 두레양서조합에 가입해 활동했던 김영석은 제대한 뒤에는 1979년 9월에 고향인 경남 거창에서 크리스챤아카데미 수료자

1980년 1월 경남 고성천주교회에서 열린 한국가톨릭농민회 경남 농촌지도자 훈련회. © 김영석

1980년 1월 경북 달성군 현풍조합장 곽길영의 집을 방문한 경북대학교 농촌문제연구회 회원들. © 김영석

들과 아림민주동지회를 결성해 아림농민회 창립의 기틀을 닦았다. 그리고 같은 두레양서조합 조합원인 권영조와 함께 1980년 1월 15일 고성천주교회에서 열린 가톨릭농민회 경남 농촌지도자 훈련회에 참석하기도 했다.

5·17 비상계엄 확대 전후의 상황

1980년 5월 15일 전후 전국에서 유신잔당 퇴진을 요구하는 항쟁이 격렬하던 시기에도 곳곳에서 군부의 진압 조짐이 보였다. 대구에서는 5월 14일부터 각 대학의 시위 지도부가 전부 수배됐다. 5월 14일 낮에 대구백화점 앞에서, 그리고 같은 날 저녁에 남부경찰서 앞에서 연행된 계명대학교 학생 400여 명은 경찰서가 아닌 계엄사로 끌려가 당시 달성군 성서읍(현 대구시 달서구 용산동)에 있던 육군 제50사단에 수용됐다. 5월 15일 대구시민회관 앞과 반월당 등 대구 도심지의 시위에서는 경찰이 아닌 군인으로 추정되는 진압 세력이 학생들을 군화로 짓밟고 곤봉으로 머리와 몸을 무차별 구타하며 연행했다. 이 진압 과정에서 학생 다수가 다쳤고, 이때 연행된 67명도 제50사단에 수용됐다. 그리고 전국 곳곳에 군인들을 실은 트럭과 장갑차가 집결하고 있다는 사실이 알려지면서, 학생들 사이에 곧 군인들이 학교 교정으로 들어올 것이라는 소문이 돌기 시작했다. 이날 서울에서는 서울역 앞에서 10만 명이 시위하고 시위 지도부가 '회군'한 후, 5월 16일 이화여대에서 열린 전국 55개 학생회 회장단 회의에서 '지금까지 학생들의 의지를 보였으니 17일부터 22일까지 정상수업을 받으며 정부의 조치를 기다리기로 결정'하자 이에 동의하여 학생들이 시위를 중단했다. 당시 계명대학교 시위 지도부로 5월 14일에 체포됐던 김균식은 당시의 상황을 다음과 같이 증언했다.

저는 계엄이 확대되기 며칠 전인 5월 14일 낮에 동아백화점 앞에서 시위 본대가 오기 전에 경찰에게 잡혔습니다. 그대로 50사단으로 실려가 내리니까 군 연병장 전체에 탱크가 쫙 포위하고 있었어요. 그리고 그날부터 학생들을 매일 무더기로 실어 와서 연병장 중앙의 본부석 앞에 내려놓더라고요. 군인들은 끌고 온 학생들을 차에서 내릴 때, 전부 다 손을 뒷짐 지게 하고 고개를 들지 못하도록 하면서 곤봉으로 마구 구타했습니다. 연병장에 뺑뺑이 돌리고 봉체조 시키고. 50사단 헌병대 일고여덟 명 정도 넣으면 적당한 크기인데, 그때는 연행자 수가 많으니 한 방에 40~50명도 수용했습니다. 그리고 합동수사본부가 설치되어 조사하는데, 향토관, 진격관이라는 조사반 이름이 있었고, 학생들은 거기서 조사받을 때도 계속 두들겨 맞았습니다. 그것을 보면서 당시 군부가 정권을 장악하기 위해서 학생운동 조직이나 모든 조직을 궤멸하려고 작정하고 있었다는 걸 느꼈습니다. 5월 14일에 시위 학생들을 군대 50사단으로 끌고 갔다는 것은 전두환 정부가 광주 항쟁이 일어나기 전부터 군부대의 시위 진압을 계획하고 있었고, 항쟁 며칠 전부터 실제로 군인들이 시위 진압에 동원됐다는 거지요. 사실 그 한 달 전부터 군부대에 충정 훈련이라고 해서 대규모 시위 진압 훈련 명령을 하달시켜놓고 있었다는 이야기를 들었습니다. (김균식 구술, 2015년 11월 8일)

1980년 5·17쿠데타 전후 대구의 상황을 경북대학교를 사례로 좀더 자세히 살펴보자. 5월 16일 경북대학교 학생 500여 명이 교내에서 연좌시위를 벌였으나 시위 지도부가 다수 수배된 상태라 거리 시위에 나서지는 못했다. 그날 밤에는 시위 지도부 일부가 예비검속으로 체포됐다. 5월 17일 오후에는 일청담 부근에 학생 200여 명이 모여서 군인들이 학교 안으로 투입될 경우에 대비해 향후 계획을 논의했다. 그리고 구 인문관 205호의 여명회 서클룸 등 주요 서클룸에 있던 시위 물품과 현수막을 챙기고 자료를 불태웠다. 남은 학생 60여 명은 구 학생회관 강당에 머물며 농성하다가 밤 11시쯤 군인들이 학교로 들어온다는 소식을 듣고 해산했다. 이날 밤에도 계엄 당국이 전국 각 대학 학생회장단을 포함해 민주화운동 지도자들을 각 지역에서 체포했다.

신군부는 5월 17일 24시를 기해 계엄을 전국으로 확대하는 포고령 10호를 전격적으로 발표하면서 전국 대학에 휴교 조치를 시행했다. 각 대학 교정에는 계엄군의 탱크가 들어왔다. 미처 이 사실을 모르고 대학교 안의 연구실과 실험실에 남아 있던 교수, 대학원생, 학부생들이 무차별 구타를 당하며 연행됐다. 그중에는 여학생들도 포함되어 있었다. 경북대학교에 군인들이 들어오던 상황은 당시 시위 지도부였던 함종호의 증언을 통해 알 수 있다.

5월 17일. 우리가 그날 경북대학교 구 학생회관 강당에서 농성하고 있는데, 밤 11시쯤 누군가 와서 새벽에 탱크가 대학으로 진입할 거고 위수령이 떨어질 거라고 이야기하더라고요. 위수령은 아닌데, 그때 우리에게는 그렇게 전달이 됐어요. 그래서 60명가량 농성하던 학생들은 해산하고, 시위 지도부 7명은 학교 정문 옆 하숙집에 함께 숨었어요. 5월 18일 새벽 4시에 학교 정문 쪽으로 탱크 지나가는 소리가 들렸어요. 들들들들들, 이런 소리가 나더라고요. 그래서 한 사람이 밖에 나가 보니 탱크 두 대가 학교로 진입하고 있더라고요. 나중에 들은 이야기로는 그때 학생운동과 관련 없이 실험실이나 이런 데 남아 있던 학생들이 있었고, 여학생도 몇 명 있었고, 대학원 조교들도 여러 명이 있었는데, 학교에 들어온 군인들에게 무차별로 구타당했나 봐요. 말리는 교수도 구타당하고. 그리고 5월 18일에는 우리에게 체육관을 농성 장소로 빌려줬던 체육학과 교수가 학교 후문 앞에서 계엄군에게 맞서다가 총 개머리판으로 마구 구타당했다고 들었습니다. 나중에 학교 총장이 나서서 사태를 수습했고, 그 교수는 해직됐다는 얘기도 들었습니다. 군부가 볼 때 학교 전체가 하나의 적대 세력이 되어 있는 상태여서 봉쇄되고 난 뒤에는 아무도 학교 안으로 들어갈 수 없었어요. (함종호 구술, 2015년 10월 31일)

1980년 5월 18일부터 경찰은 시위대를 채증했던 사진을 들고 대학가 주변의 자취방을 돌면서 수색했으며, 시위 지도부 학생들뿐만 아니라 단순 가담자까지 대거 연행되어 제50사단으로 끌려갔다.

계엄이 확대되기 전, 각 대학의 시위 지도부는 계엄이 확대되고 학원이 봉쇄되는 시기가 올 것이라는 정도는 이미 알고 있었기 때문에 그런 시기가 되면 대구시청 근처 동서남북서점 앞, 또는 대구시 남구의 앞산 충혼탑 앞에서 만나 시위를 계속하기로 약속했다. 그러나 시위를 누가 어떤 식으로 할지는 준비하지 못했으며, 대부분 비상계엄이 확대되면서 검속을 피해 도망 다니기에 바빴기 때문에 이 계획은 성사되지 못했다. 영남대학교 시위 지도부였던 이태헌과 경북대학교 시위 지도부였던 박종덕, 함종호는 당시의 상황을 다음과 같이 증언했다.

우리 학교는 시위 지도부들끼리 모여서 계엄이 확대되면, 그날 오후 2시에 시청 부근 동서남북서점 앞에서 만나서 '시위를 계속 이어가자'고 약속했어요. 그랬는데 전부 수배되어서 거기에 모이질 못했어요. 저도 곧 체포됐어요. (이태헌 구술, 2015년 10월 25일)

우리는 비상계엄이 확대되어 학교에 들어가지 못하게 되면 앞산 충혼탑 앞에서 만나기로 했어요. 그래서 5월 18일 충혼탑으로 가니까 이형근 선배와 김진규(71학번) 선배 등 복학생 몇 명이 나오셨더라고요. 그런데 그때만 해도 벌써 많이 잡혀가서 다른 활동을 할 수 없었어요. 저는 수배됐는데, 검문 검색이 강화되고 목을 조여오니까 진짜 도망 다니기 어렵더라고요. 친척 집과 친구 집은 물론 중고등학교 동창 집까지 뒤지며 경찰들도 목숨 걸고 잡으러 다녔고, 국민들 민심도 진짜 용기 있는 사람이나 신뢰할 만한 사람 아니고는 숨겨줄 엄두도 못 냈어요. 도저히 아는 집에는 갈 데가 없었어요. 한 친구는 도망 다니는데, 친척 집도, 친구 집도 형사가 잠복해 있어서 못 들어가고, 야산에서 밤을 지새우다가 견딜 수 없어서 경찰서에 자수해서 잡혀 들어갔어요. 저도 처음에 갈 데가 없어 고모 집에 갔지만 벌써 거기에 형사가 와 있어서 못 들어가고, 다른 데 옮겨가며 지냈는데 한 열흘쯤 있으니까 반걸음 차이로 계속 쫓아와 결국 잡혔어요. (박종덕 구술, 2015년 11월 6일)

함께 숨어 있던 우리 7명은 흩어졌는데, 선배 중 한 사람이 우리도 뭔가 행동을 해야 하니까 프린스호텔 사거리 은행 옥상에 올라가서 시위하자고 했어요. 그러다가 아예 시내에서 몇 사람이 유인물 돌리면서 시위하자, 이런 이야기도 나누다가 언론에 계속 학생 시위를 폭동으로 모는 기사가 실리니까 기가 꺾였어요. 5월 26일쯤 되니까 광주 이야기가 들려왔어요. 그때 들은 정보는 조선대 앞에서 학생들이 시위했고 군인들한테 엄청나게 구타당했다는 정도가 전부였어요. 저는 시위 지도부인데도 5월 26일에 그 정도밖에 못 들었어요. 그래도 우리 사이에 광주에 한번 가자는 분위기가 있었어요. 저는 마산으로 해서 광주로 가려고 했는데, 그때는 이미 광주 항쟁이 끝난 시점이라 경계가 삼엄하기가 이루 말할 수 없었어요. 저는 결국 마산에서 잡혔어요. (함종호 구술, 2015년 10월 31일)

이처럼 대구에서 학생운동을 했던 사람들은 계엄이 확대되면 시내에서 시위를 할 생각이었지만, 구체적인 대비책이 없이 쫓겨 다니느라 실행하지 못했다. 또한 언론 보도가 통제된 상태에서 광주 항쟁 소식을 공유한 사람도 극소수였다.

2. 두레양서조합 구성원들의 5·18 투쟁

5·18 전후의 광주

1980년 5월 18일에는 광주에서 가톨릭농민회 주최로 '민주농정 실현 전남농민대회'가 열릴 예정이었다. 4월에 대전에서 열렸던 대회와 마찬가지로 전국 가톨릭농민회 회원들이 모여 1박 2일로 진행하려고 했으며, 대회 이튿날에는 '함평 고구마 농민 투쟁 승리 2주년 기념식'도 함께 열고자 했다. 대회를 열기 3일 전인 5월 15일, 대전의 가톨릭농민회 본부에 있던 홍보부장 이상국은 가톨릭농민회 조사부장 이병철과 함께 광주로 갔다. 당시 이상국은 성명서와 결의문, 보도자료와 같은 행사 홍보물 준비 작업을 하기 위해 광주교구 가톨릭센터(현 5·18 민주화운동기록관) 옆의 여관에 투숙했다.

  이상국은 여기에서 5월 15일 저녁에 학생 연합 시위대가 금남로 일대에서 시위하는 모습을 보았고, 5월 16일 저녁에는 도청 일대를 장악할 정도로 학생과 시민들의 횃불 시위가 격렬하게 일어난 것을 목격했다. 5월 17일 아침에는 투숙하던 여관 3층 방 창문을 통해, 광주교구 가톨릭센터 건물 맞은편 도로에 철모에 흰 띠를 두른 군인들의 모습을 목격했다. 군인들은 청년 서너 명을 체포해 상의를 완전히 벗긴 채 꿇어앉힌 다음 길바닥에 엎드리게 했다. 이 상황을 목격한 이상국은 당국의 시위 진압 양상이 전날과 확연하게 다르다는 것을 감지했다. 광주에서도 비상계엄을 전국으로 확대하기 직전인 5월 17일에 민주화운동에 주도적 역할을 했던 청년 및 재야인사들이 체포됐다. 이상국과 이병철 등 가톨릭농민회 실무자들은 이러한 상황에서 농민대회를 정상적으로 진행하는 것이 어렵다고 판단했다. 그들은 광주에서 벌어지고 있는 일을 다른 지역에 알리기 위한 방안을 의논했으며, 당시에는 전화 연결이 쉽지 않았기에 각지에 인편으로 연락하기로 했다. 이상국은 5월 17일 오후 늦게 광주를 빠져나와 화순과 진주를 경유해 대전의 가톨릭농민회 본부로 향했고, 이병철은 광주의 현장에 남아 있다가 그 뒤에 빠져나왔다.

  한편 안동가톨릭농민회 총무 정재돈은 안동가톨릭농민회 회원 전맹진(1985년 이후 안동가톨릭농민회 총무, 부회장 역임)과 함께 5월 18일 새벽 6시에 안동에서 출발하여 오후에 광주 북동성당에 도착했다. 북동성당에는 여러 지역의 가톨릭농민회 회원들이 농민대회 행사가 취소된 줄도 모르고 와 있었다. 북동성당은 옛 광주시외버스공용터미널(광주광역시 동구 대인동 7-12, 제봉로 225) 근처에 있었는데, 시외버스터미널에서 자행된 계엄군의 폭력을 목격한 정규완 주임신부와 가톨릭농민회 회원들은 약식으로 집회를 열고 광주의 참상을 각지에 알리기로 했다. 정재돈도 집회를 마친 뒤 광주를 빠져나와 대전 가톨릭농민회 본부로 갔다.

> 저는 5월 18일 오후에 북동성당으로 갔습니다. 가서 보니 본당 신부가 계엄군의 만행에 완전히 혼이 나가버렸어요. 한 200명 정도 되는 농민회 회원들이 정신이 없는 상태에서 약식 집회를 하면서 진상을 각지로 알리기로 하고 흩어졌어요. 나도 집회 마치고 택시를 타고 나오는데 가톨릭센터와 방송국 쪽에서 총소리 같은 소리도 났고 터미널에서 청년들을 체포한다는 얘기도 들었어요. 그리고 택시 기사들이 시위하기로 했다는 말도 들었어요. (정재돈 구술, 2015년 11월 6일)

이날 북동성당에 왔던 가톨릭농민회 회원 중 일부는 농약을 치는 동력 분무기에 고춧가루 물을 담아서 광주까지 짊어지고 왔다. 농민대회를 하고 시위를 하다가 경찰의 저지를 뚫기 어려우면, 그 고춧가루 물을 경찰에게 뿌려서 저지선을 뚫고 나갈 작정이었다. 그런데 그들은 대회를 열지 못하고 돌아가야 했고, 광주시외버스터미널에서 군인들의 검문에 걸렸는데 동력 분무기가 고장 나서 광주에 고치러 왔다고 말해서 목숨을 건졌다는 이야기도 있다. 광주시외버스터미널에는 이튿날인 5월 19일 오후 계엄군이 터미널 대합실과 지하도까지 난입하며 총칼을 휘둘렀다. 많은 희생자가 발생했고 이 소식이 버스를 타고 시외로 전해졌다. 그리고 당시 금남로 시위대가 계엄군에 밀리면서 200~300여 명의 학생들이 북동성당으로 몰려들었고 이들을 체포하기 위해 계엄군이 성당으로 진입했을 때, 정규완 주임신부가 성당 내 진입을 강경하게 막아섰다. 그 덕분에 학생들은 북동성당 담을 넘어 도피했지만, 정규완 주임신부는 계엄군에게 연행됐다가 한 달 만에 석방됐다. 또한 서강대학교에 재학 중이던 김의기는 1980년 5월 19일 북동성당에서 예정된 '함평 고구마 농민 투쟁 승리 2주년 기념식'에 참석하기 위해 5월 18일 광주에 왔다가 계엄군의 만행을 목격했다는 기록이 있다. 김의기는 1980년 5월 30일 서울기독교회관 6층에서 광주 학살의 진상을 알리는 전단을 뿌리고 투신했다.

5·18항쟁 소식 전파

1980년 5월 19일 이상국과 정재돈이 대전의 가톨릭농민회 전국본부 사무국에 무사히 도착하면서 가톨릭농민회 회원들을 통해 광주 항쟁 소식이 계속 보고됐다. 5월 19일경에는 〈전두환의 살육 작전〉이라는 글을 쓴 김현장이 가톨릭농민회 전국본부 사무국으로 피신했다. 광주 가톨릭농민회 지도신부 김성용도 광주의 학살 참상을 담은 유인물과 녹음테이프를 들고 광주를 빠져나와 대전의 가톨릭농민회 전국본부에 전달했다. 가톨릭농민회 전국본부 사무국은 이 자료들을 가지고 광주 항쟁과 학살의 진상을 각 지역에 알리는 작업을 했다. 천주교의 각 교구에서도 〈전두환의 살육 작전〉 유인물을 복사해 각 지역으로 전달했다.

저도 〈전두환의 살육 작전〉 유인물을 가톨릭농민회에서 등사해서 찍었습니다. 우리가 그걸 각자 담당한 지역 단위로 들고 가서 인맥을 통해 여러 군데로 나눠줬죠. 정재돈이도 천주교 안동교구 단위로 돌면서 알렸던 것 같아요. (이상국 구술, 2024년 3월 9일)

이 과정은 당시 천주교 전주교구 소속 사제였던 문정현 신부의 구술에도 기록되어 있다.

5·18 직후 김현장이 〈전두환의 살육 작전〉이란 문건을 만들어서 나를 찾아왔다. 문건을 본 나는 너무 놀라 그것을 들고 교구청으로 가 김재덕 주교와 김봉희 사목국장 겸 정의평화위원회 위원장 등 여러 신부들에게 보여주었다. 전주교구는 정의평화위원회 상임위원회를 소집하고 광주 항쟁에 대한 대책을 세웠다. 김 주교와 김 사목국장을 대표로 광주교구청에 파견해 정확한 진상을 파악하고 위문을 하기로 결정했다. 5월 21일 광주로 떠났던 대표단은 장성에서 되돌아왔다. 그때 이미 항쟁은 광주를 넘어 전남 전역으로 퍼져가던 중이었다. 전주교구 사제단은 논의 끝에 전국으로 이 사실을 알리기로 결론을 내렸다. 마침 교구청에 최신형 고속윤전기가 있어서 〈전두환의 살육 작전〉을 1만 장 복사해 부산, 대구, 서울로 보냈다. (문정현 구술, 김중미 정리)[46]

한편 1980년 5월 18일에 두레양서조합의 정상용과 권영조는 대구에서, 김영석은 거창의 자택에서 광주 농민대회에 참가하기 위해 대기하고 있었다. 김영석은 거창에서 직행버스를 타고 광주로 갈 예정이었다. 그러나 그날 아침 김영석의 집으로 광주에 먼저 가 있던 지인 정찬용으로부터, "광주에 난리가 나서 대회가 무산됐으니, 광주로 들어오지 말라"는 전화 연락이 왔다. 소식을 전달받은 김영석은 광주행 버스를 타기로 했던 계획을 바꾸어 대구 두레서점으로 향했다. 대구에서 출발할 예정이었던 정상용과 권영조도 김영석의 연락을 받고 광주행을 포기했다. 한편 두레양서조합의 서원배는 5월 14일과 15일에 수원에서 열린 전국 농대생 시위에 참여하고 대구로 돌아와서 5월 17일 계엄 확대 소식을 들었다. 5월 18일 아침 서점에서 그는 휴교령이 내려진 경북대학교 교문에 계엄군이 주둔해 있는 상황을 목격했고, 5월 18일 오후부터는 "광주에서 '소요'가 났다"는 TV 뉴스를 접했다.

정상용과 서원배는 학교 앞에 있는 두레서점 문을 열어놓은 채, 정세를 살피며 새로운 소식을 기다렸다. 5월 20일 오전, 대전 가톨릭농민회 전국본부에서 온 정재돈이 두레서점에 도착했다. 정재돈은 서점에 있던 정상용과 서원배에게 광주의 참상을 전했다.

저는 대구 지역에 광주의 진상을 알리기로 역할을 분담했어요. 그래서 우선 대구에 있는 영남일보 논설위원 김도현에게 전화해보니 이 양반이 미국에 출장 가고 안 계셔요. 당시 대구에는 이 얘기를 할 만한 데가 두레양서조합, 두레서점이 있었어요. 그래서 경북대 후문에 있는 두레서점에 들렀어요. 가서 보니 그때 정상용 씨, 서성교('서원배'의 개명 전 이름 – 필자) 씨가 있기에 광주 얘기를 전해주었어요. 그리고 안동으로 가서 두봉 주교님과 안동 신부님들께도 소식을 전했어요. (정재돈 구술, 2015년 11월 6일)

아! 민족사의 더 비극이다. 하늘은 어찌도 무심하단 말인가! 신성한 근로 방위의 의무을 죽임으로 우리
위임받은 군인이 제 2의 거상 양민 학살 사건을 자행하고 있다. 이것은 온 국민이 가슴을 두드리며 통곡할
내용이 아니고 무엇이란 말인가! 17일을 가배 전두환과 그일당는 기존의 비상계엄을 타독 강화하고,
자기의 뜻에 거스리는 모든 정치인 민주 시민들을 체포 구금함으로써 이나라 백성들이 기대했던
민주주의에 대한 한 가닥의 희망까지도 앗살하고 말았다. 아에 원찬 전남 광주의 전남대 조선대
를 비롯)어 각 전문대학과 일부 고등학생 민주시민들의 평화적인 시위에 대해 3만여명의 전투
경찰을 동원하여 시민들의 알과 뒤를 막아 테러포그를 쏘아대면서 퇴로망을 종히 도암하게
못하게 하고, 서독에서 급타낭 3천 여명의 공수특전단들은 머리를 4박어들고 이천 만나니처럼.
호박을 찌르듯이 닥치는대로 찔러 피가 강물처럼 흐르는 시체들을 군 트럭에다 내어 던지고
꺼도 부족하어 달아나는 시민들라 어린 여학생들을 대머까지 부누고 끌어내어 시민들이 보는 앞에서
대검으로 난자하였다. 이라한 만행에 온 시민들은 치를 떨어 대항하기에 이르렀다. 그러나 맨손인
시민들은 도리어 칼결을 당하였고, 손녀같은 여학생이 따흘리며 죽어가는 것을 보고 공수부대의 만행을
잡은 70노파는 도리어 칼에 찔리어 죽음을 맞했다. 남학생들에게 틈을 날라고 주었다는 여학생을
재맥 시민들이 보는 앞에서 대검으로 난자하였고 따른 보고 욕부것는 시민들을 향하여 공수부대는
지우든 갗을 뽑들어 매며 죽이겠다고 소리쳤다. 여학생들의 옷가지는 다 짝겨지거나 발가벗긴채로
피는 흘리며 트럭에 실려가기도 하겠다. 이제 시민의 참가에 양불한 공수특전단들도 지나가는
시내버스나 승용차까지 세워 젊은이들을 닥치는대로 료하발고 깊이꺼 병엔을 안타거나 연행해 갔고
시내버스 터미날에서는 이러한 만행에 항거하는 시민들라의 싸움중이 공수부대의 칼에 맞아
구돈 젊은이돈의 시체가 머험성에 즉비하였고 미쳐 치우지 못한 시체는 밤 늦게까지 길가에
그대로 놓여 있었다. 그나마 맞아죽기를 연한 젊은이돈은 조기대는 멸어비 듯 길바닥에 죽든
시비처럼 놓 붙았으며, 이며 공수특전단의 구는 "젊은 놈돈은 모조리 죽여 버려라"
였으니 전두환의 친위머 공수특전단에 의해 무참히 살육당찬 광주 시민의 참상은
멀리서 선명할 수 없고 눈으로는 볼 수 없었으니 4일 어든돈 하나같이 6.25며
이간돈 다럭게 잔악하지는 않았다고 통탄하였다. 지든 광주 처지에는 젊다는 이유 한가지
만으로 죄가 되어 생명을 잃어야 하거나 병인이 되어야 하는 처젤찬 운명에 돌여있다.
「광주 시민 70%는 죽어도 좋다」「게 몇마리 잡았나?」이 이야기는 공수 특전단들이
입에서 구른처럼 나든 이야기이다. 득못 욘노로 공치 묘라게 하는 것른 이라한 살육작전이
알서 경찰 간부들의 가족을 모든 안건 지대로 피난 챘었다는 사실이다. 뿐만아니라 피를
흘리든 여학생의 시체를 시민들이 병원으로 옮겨 응급처치를 받게 하자 공수부대는
병원까지 뚸든들의 간원을 구타함으로써 기운른 따리함으로써 치료까지 묵가능하게 하였으니
4.타낭 전쟁에서 양인을 학산햇틴 먼행의 선례를 이렇게도 같은 형제돈에게
너어좋 수 있단 말인가!

〈전두환의 살육 작전〉1면. © 민주화운동기념사업회 아카이브

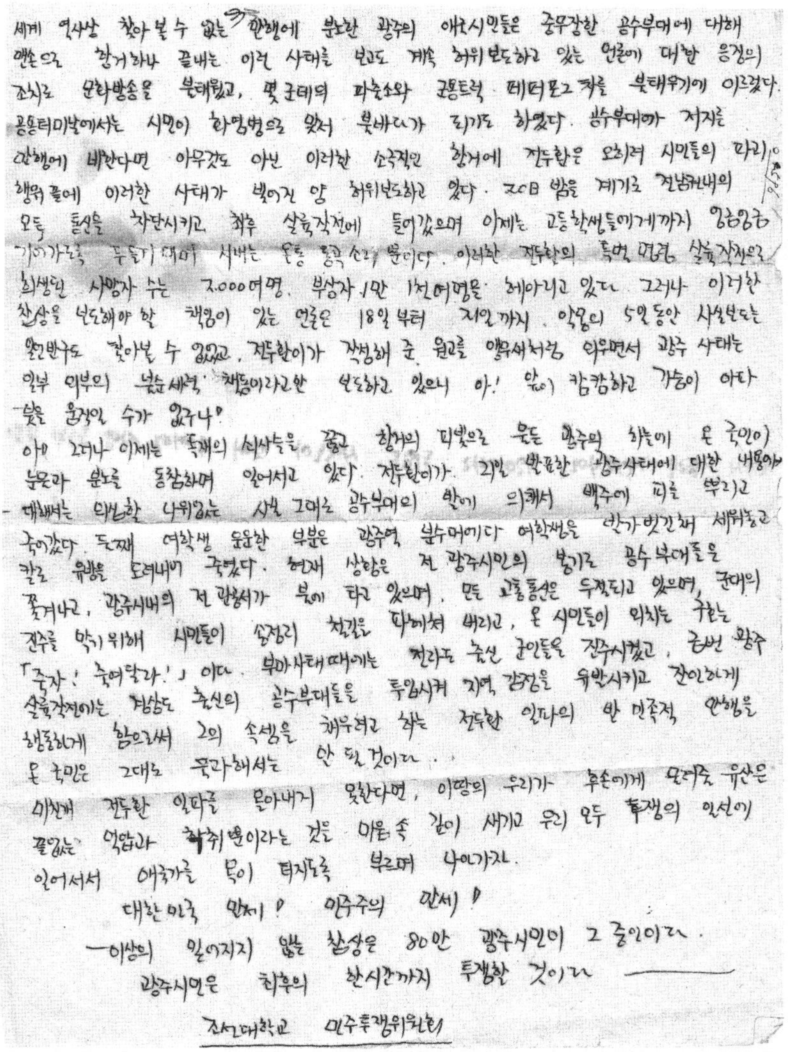

〈전두환의 살육 작전〉 2면. ⓒ 민주화운동기념사업회 아카이브

5월 20일 저와 정상용 형, 두 사람이 서점에 있었는데 정재돈 씨가 와서 광주의 상황을 전달했습니다. 그때는 자료를 별도로 전달받지는 않았고 구두로 상황을 전달받았으며, 정재돈 씨로부터 대구에서 어떤 대책을 강구해줬으면 좋겠다는 요청을 받고 헤어졌습니다. (서원배 구술, 2023년 4월 24일)

그날 오후 5시경 정상용은 대구시 반월당 부근에 있는 서울다방에서 고등학교 동기생들(박규완, 장영보, 윤영환, 이임수, 서정식)을 만나 정재돈에게 전해 들은 광주 항쟁의 실상을 전달했다. 그리고 김영석, 서원배와 함께 두레양서조합의 임원들에게 대책 회의를 열자고 전보를 치며 비상연락을 했다. 두레양서조합 임원들은 매달 한두 차례 회의를 열었고, 평소에도 자주 만날 정도로 유대가 깊어서 "대구에서 모이자"는 연락이 오면 만사를 제치고 두레서점으로 달려왔다.

두레양서조합 구성원들의 시위 계획과 역할 분담 논의

한편 1980년 5월 17일 늦은 오후에 광주를 빠져나온 가톨릭농민회 홍보부장 이상국은 5월 20일에 대전의 가톨릭농민회 본부에서 김현장이 쓴 〈전두환의 살육 작전〉 문건과 학살 참상을 알리는 테이프를 입수했다. 이상국은 정재돈이 다녀간 이틀 뒤인 5월 22일 오후에 두레서점에 도착했다. 그는 두레양서조합 주요 구성원들에게 이 문건과 테이프를 전하고 광주의 상황을 알리면서 대구에서도 연대 시위를 벌이자고 제안했다. 그때부터 두레양서조합 구성원들은 바쁘게 움직이기 시작했다. 이 책에서 1980년 5월 22일부터 일주일 동안 있었던 일은 1980년 10월에 경찰이 검찰에 제출한 두레사건 기록과 경북 지구 계엄보통군법회의에서 작성한 두레사건 판결문을 바탕으로 작성했다. 사건이 발생한 지 40년이 지났으므로 사건 당사자들도 이 기록을 바탕으로 사건 일지를 재구성할 수밖에 없었다. 다만 이 기록에는 검경 조사 과정에서 고문을 피하기 위해 여러 사람이 서로 말을 맞추어 사실과 다르게 진술한 부분이 포함되어 있으므로 구술 인터뷰를 통해 내용을 확인했다.

두레 구성원들의 5·18 투쟁을 위한 1차 회의는 1980년 5월 22일 오후 두레서점에서 열렸다. 이 자리에는 이상국, 곽길영, 이석태, 정상용, 김영석, 권영조, 서원배, 황병윤이 참석했다. 이 무렵 곽길영은 전두환 정권의 공직자 숙정 조치로 달성군 현풍농협 조합장에서 해고된 뒤 동생이 경영하는 삼우공업(비닐 제작 판매업) 이사로 재직하면서, 두레양서조합 2대 이사장을 맡고 있었다. 그리고 이석태는 포항에서 축산업을 하면서 농민운동에 종사하고 있었다. 그들은 각자 생업에 종사하던 중 연락을 받고 이 회의에 참석했다. 정상용과 서원배 등 두레양서조합의 몇몇 구성원들은 이미 이틀 전에 정재돈으로부터 광주 학살 소식을 듣고, 대구에서도 대책을 세울 필요성이 있다고 논의하고 있던 차에 22일 이상국으로부터 〈전두환의 살육 작전〉 문건을 전달받았다. 이 자리에서 두레양서조합 구성원들은 이상국의 제안에 따라 대구에서도 지역 학생운동권과 연계하여 광주와 연대 항쟁을 벌일 필요가 있다고 뜻을 모았다.

"광주는 이런 상황이다. 가만히 있어서 되겠냐? 실상을 좀 알리고 대책을 세워야 하지 않겠냐? 어떻게 할 거냐?"라고 회의를 한 거죠. 1차 회의에서는 "광주를 살리는 방법 중 하나는 광주처럼 총 들고 싸우는 것까지는 아니더라도, 대구에서도 비슷한 형태로 항쟁이 일어나야 하지 않을까? 얘들이 진압하면 유혈사태가 일어날 수도 있는데, 대구에서도 유혈사태를 각오하고 일어나야 이 사실이 널리 알려지지 않겠나. 어떻게 해야 그런 것까지 가능할까?" 하는 문제를 논의했죠. 그리고 일단 유인물을 제작해서 배포해야 한다는 것까지는 결론을 내렸습니다. (서원배 구술, 2023년 4월 24일)

대구에 모이자고 해서 포항에서 급하게 갔습니다. 상국이가 광주 진상을 담은 유인물을 갖고 와서 일이 이렇게 됐다 하고, 상용이, 영석이, 영조가 유인물을 만들어서 뿌려야 되겠다고 하더군요. 내 경험으로 봐서는 이 일을 하면 감방을 살아야 하는데 감방이라는 게 그냥 가서 살면 되는 것 같지만, 우리는 어떤 일을 할 때는 조직의 명맥이 끊겨져서는 안 된다고 생각하고 있으니까 그다음 일도 생각해야 하고. 그래서 제가 그때 "이 일을 어떻게 했으면 좋겠느냐는 이야기보다는 누가 할 거냐를 정해라. 이런 일은 책임지고 갈 사람을 정하고 그 사람들이 비밀로 진행해야지, 무턱대고 사람 모아서 무작위로 하다가 일은 안 되고 감방만 여러 놈 가는 거 아니냐? 돈은 누가 대고 누가 구체적으로 실행을 하고 감방은 누가 갈 거냐를 정해서 다음에 구체적으로 하자" 이렇게 이야기했습니다. 저는 그것만 보고 헤어졌어요. (이석태 구술, 2023년 4월 23일)

이처럼 이 자리에서는 역할 분담 문제도 거론됐다. 역할 분담과 관련해서는 여러 가지 의견이 오갔으며, 결국 유인물 제작과 살포는 서원배가 재학생 후배들과 함께 맡기로 하고, 대내외 연락은 김영석이 맡기로 협의했다.

1차 회의를 마치고 난 뒤, 1980년 5월 22일 저녁 7시 20분경 이상국, 정상용, 곽길영, 이석태, 김병일 등 두레양서조합의 선배들은 대구시 동구 효목동의 옛 동부정류장 건너편에 있는 서정식의 집으로 갔다. 모 전문대학 교수인 서정식은 서울대학교 농과대학 농사단 출신이자 정상용의 고등학교 친구로 이날 아이 돌잔치를 열었다. 두레 구성원들은 서정식의 집에 가서 돌잔치에 참석한 뒤, 거기서 하룻밤 자면서 광주 항쟁에 관한 이야기를 나눴다. 즉 2차 회의를 한 셈이다. 당시 청송 진성중학교에 근무하던 정동진은 이 자리에 오지 않았고 같은 학교에 근무하던 김병일은 이상국의 연락을 받고 돌잔치에 참석했다. 그러나 김병일은 이 자리에서 이상국으로부터 광주의 참상을 전해 듣고 분노하기는 했지만, 대구에서의 시위 등 행동 대책은 함께 공유하지 않았고 두레 구성원들이 유인물 살포 등을 계획했다는 사실도 몰랐던 것으로 보인다.

서정식 교수 집에 갔을 때는 회의를 의도적으로 하기 위해서 갔다기보다는 돌잔치 자리에 선배들이 모이니까 가서 이야기를 나눈 거예요. 저는 후배들 소집 때문에 그 자리에 가지 않았고요. 정동진 선배는 이 자리에 없었어요. 학교 선생님들은 먹고살아야 하니 우리가 계획적으로 뺐어요. 또 78년에 시위를 주도하고 감옥살이를 한 적이 있는 김진덕과 79년에 시위를 주도하고 감옥살이를 했던 정동남도 계획적으로 뺐어요. (서원배 구술, 2024년 3월 2일)

김병일이는 제가 대구로 불렀어요. 그날 우리 몇 명이 모여서 이야기를 좀 나누다가 저녁 먹을 때가 됐는데, 상용이가 밥을 딴 데 가서 먹지 말고 서 교수 집에 돌잔치가 있으니, 거기로 가자고 했어요. 서 교수가 투쟁하겠다고 일부러 장소를 제공한 게 아니고, 우리가 돌잔치 겸해서 모인 자리에서 회의를 한 거예요. 그런데 서 교수는 그날 우리가 이 집에 드나들었던 바람에 사건에 관해 아무것도 모르는데, 나중에 대공분실에 붙들려가서 많이 당했죠. (이상국 구술, 2024년 3월 2일)

1980년 5월에 신천동 어느 전문대학 교수 집에 6~7명이 술 먹고 일박하면서 회합을 한 번 했어요. 나는 청송에 있다가 무엇 때문인지도 모르고 대구 모임에 가자고 해서 따라 갔어요. 거기서 광주 이야기가 잠깐 나왔어요. "4·19 때는 아무것도 아니다. 군인들이 젊은 애들을 총 개머리판으로 치고 총검으로 찌르고, 시민을 그렇게 짓밟을 수 있느냐? 이대로 우리가 있을 수 있나? 이거는 시민들에게 알려야 된다." 그런 이야기를 나눴어요. 그리고 나는 술 먹고 그냥 쓰러져 잤어요. (김병일 구술, 2023년 4월 25일)

5월 22일 저녁 22시 30분경, 후배들인 김영석, 서원배, 신중섭, 이동렬은 선배들과는 별도로 대구시 동구 만촌동에 있는 이상국의 집 근처 소공원에 모여 이상국, 정상용과 3차 회의를 했다. 이날 이상국과 정상용은 세 군데에서 회의를 한 셈이다. 오후에 두레서점에서 회의하고, 저녁에는 서정식의 집으로 가서 두레양서조합의 선배들과 돌잔치에 참석하면서 광주 학살의 참상을 전하고, 밤에는 이상국의 집 근처로 가서 후배들을 만난 것이다. 그리고 서원배가 후배인 신중섭과 이동렬을 불렀다. 이 자리에서 참가자들은 5월 28일 18시를 기해 대구의 번화가인 동성로네거리에서 광주 민주화운동의 실상을 알리는 '대구 민주시민에게 알림'이라는 유인물을 살포하고 시민들의 시위를 유도하자고 구체적으로 논의했다. 그리고 이상국은 16절 편지지에 유인물의 개요를 작성해 후배들에게 전달했다.

그 자리에서 1차로 제가 '대구 민주시민에게 고함'이라는 유인물 초안의 개요를 만들어서 전했습니다. 이걸로 인쇄물을 만들면 된다, 우리 대구에서도 시위를 하자 해서 1차 팀은 경북대학교 학생들로 구성하고, 2차 팀은 영남대학교 학생들로 구성하고, 3차 팀은 효성여자대학교 학생들로 구성해서 세 번 뿌리자, 그리고 이 유인물을 5월 26일 월요일에 신문 배달할 때 신문지에다 넣어서 살포하자…. 이런 것까지 의논했습니다. (이상국 구술, 2023년 6월 6일)

당시 재학생 후배였던 이동렬은 경북대학교 농촌문제연구회 회원 정동남, 황형섭과 함께 5월 14일 수원에서 열린 전국 농대생 연합 시위에 참석한 뒤, 5월 17일 계엄이 확대되자 부산으로 피신했다. 그는 부산에서 NHK 방송을 통해 광주 학살의 참상을 접하고 영천의 고향 집으로 돌아갔다가 이 자리에 합류했다. 신중섭은 입대를 위해 휴학을 하고 고향인 문경에서 농사를 짓던 중 대구 자취방에 왔다가 연락을 받고 합류했다.

저는 5월 14일 수원 시위에 참여했고 5월 15일에는 서울역에서 시위하는 것도 보고 대구 자취방으로 돌아와 있었는데, 수원 시위에 참여했던 사람은 다 잡혀간다는 소식을 듣고 정동남, 황형섭과 함께 부산으로 피했습니다. 그리고 3일간 부산 서면의 효성여자대학 후배 집에서 묵었는데 5·18이 터진 거예요. 당시 부산에서는 일본 NHK 방송을 볼 수 있었어요. 광주에서 5·18이 일어나자, 공수부대가 총 쏘고 시가지에 불이 나는 걸 NHK가 바로 방송했습니다. 우리는 거기서 그 상황을 텔레비전으로 계속 보다가, "야, 이렇게 하다가 큰일 나겠다. 우리 각자 다 집으로 가자" 해서 저는 영천 집으로 갔죠. 그런데 며칠 뒤에 선배들이 호출해서 대구로 왔습니다. 선배들이 "광주에 갔다 오신 분이 광주에 민중 봉기가 일어났다고 한다. 광주에는 대구 특수부대가 와서 광주 시민들을 다 죽인다는 소문도 돌고 있다. 우리가 이런 일이 있다는 걸 알게 됐는데, 대구 시민에게 사실을 알려야 될 거 아니냐?"라고 하셨어요. 그래서 '대구 시민에게 알림'이라는 원고를 써서 살포하자고 계획했어요. (이동렬 구술, 2023년 8월 21일)

1980년 봄에 군대 가려고 4학년 1학기 휴학하고 집에 가서 농사짓다가 5월 22일 모임에 합류했어요. 선배들과 광주에서 온 유인물을 보고 대구 지역 활동 대책을 논의하면서 우리도 유인물 뿌리면서 치고 나가자는 얘기가 있었습니다. (신중섭 구술, 2023년 6월 5일)

이렇게 후배들까지 합류하면서 유인물 제작과 배포, 시위 실행을 위한 팀이 꾸려졌다.

시위 준비, 유인물 작성과 등사

1980년 5월 23일, 대내외 연락을 담당하기로 한 김영석은 이상국으로부터 전달받은 〈전두환의 살육 작전〉 문건을 가톨릭 대전교구 대흥본당과 인천교구 답동본당 사제관에 전달했다. 그리고 다른 사람들

(이상국, 정상용, 권영조, 황병윤, 서원배, 이동렬)은 같은 날 저녁 7시에 대구시 중구 동산동 소재 권영조의 집에서 대구 지역 시위를 위한 4차 회의를 했다. 참석자들은 이 자리에서 그 전날 이상국이 쓴 개요를 토대로 유인물 문안을 작성했다. 이튿날인 5월 24일에는 두레서점에서 김영석과 서원배가 만나서 유인물을 배포하기로 한 5월 26일은 월요일이라 신문을 배달하지 않으니 유인물 배포 일자를 5월 27일로 연기하자고 합의했다. 5월 25일에는 오전 11시경 대구시 중구 달성공원 근처 중국집에서 김영석, 서원배, 이동렬, 신중섭이 모여 시위 계획을 구체적으로 세웠다. 등사기는 이석태와 종종 만났던 포항의 노동운동가 김병구를 통해 포항 연합노조 사무실에 있던 것을 가져왔다. 또한 유인물 제작에 필요한 물품은 정상용에게서 10만 원을 받아 구입했다. 그들은 그외에도 종로국민학교 운동장 등에서 만나 수시로 할 일을 의논했다.

저희도 임하는 각오가 상당했어요. 경찰에 맞서 치고 나가서 광주처럼 피를 보려고 작정했으니까. 피를 흘려야만 시민들이 분노할 것이다. 그 당시에는 중앙네거리의 옛 대구은행 본점 빌딩(현 대구은행 중앙로지점, 대구 중구 중앙대로 425)이 대구 중심가에서 가장 높았어요. 그래서 한 팀은 대구은행 본점 11층 옥상에서 유인물을 뿌리고, 나머지 네 팀은 거리에서 치고 나가면서 유인물을 뿌리자고 계획했습니다. 그러다 보니 인원을 많이 동원해야 하고 준비할 게 많더라고요. 회의는 여러 차례 많이 했습니다. 나중에 조사받을 때는 일자를 조정했어요. 왜냐하면 연행된 사람이 많다 보니까, 우리가 날짜나 시간에 관해 기억하는 것이 다른데, 진술한 게 각자 다르면 경찰이 계속 고문을 하더라고요. 그래서 어떻게든 수사를 종결해야 하니까 좀 조정했어요. 또 나중에 판결문에는 정상용 선배가 활동 자금 5만 원을 줬다고 나와 있는데, 그건 우리가 선배에게서 활동 자금을 따로 받은 게 아닙니다. 그 무렵에는 우리가 평소에도 어디 갈 일이 있으면 정상용 선배가 수시로 용돈 하라고 차비를 챙겨주셨어요. 그걸 가지고 경찰이 정상용 선배를 자금책이라고 조작해서 조서에 썼던 겁니다. (김영석 구술, 2023년 6월 4일)

회의에서 전체 연락은 김영석 선배가 하고 유인물 만들고 뿌리는 총책임은 제가 맡기로 하고. 그런 식으로 되어서 제가 후배들을 불렀는데, 5·18 직후다 보니 모두 공안당국의 예비검속을 피해 피신해서 연락이 되지 않더라고요. 특히 김진덕 같은 경우는 연락도 안 됐지만 온다 해도 긴급조치 위반 전력이 있어서 이 일을 하면 중형을 살 거고. 정동남은 연락이 됐지만, 김진덕과 같은 경우여서 제가 빠지라고 했습니다. 그러다 보니 우리에게 용돈을 준 정상용 선배, 총 연락을 맡은 김영석 선배, 유인물 만들 때 등사한 세 사람, 그리고 이 일을 하라고 제안하고 지시한 이상국 선배. 결국 6명이 나중에 두레사건 관련으로 재판을 받았습니다. (서원배 구술, 2023년 4월 24일)

5월 26일 오후 4시경 서원배, 이동렬, 신중섭은 대구시 동구 신천동 이동렬의 자취방에 모였다. 신중섭이 정자체로 글씨를 잘 썼으므로 등사지를 두 차례 철필로 긁은 뒤 유인물을 만들었다.

5천 부를 제작하려니 양이 어마어마했죠. 그걸 등사하려면 등사지 한 번 긁어서 다 못 만들어요. 수없이 롤러로 밀면 등사지에 잉크가 배어서 등사지를

못 쓰게 되죠. 그래서 등사지를 두세 번 긁어서 밤새도록 밀었죠. (서원배 구술, 2023년 4월 24일)

제 자취방에서 등사했습니다. 3명이 등사기를 미는데 엄청나게 힘들더라고요. 원래는 만 부를 밀려고 했는데, 너무 힘들어서 5천 부밖에 못했어요. (이동렬 구술, 2023년 8월 21일)

서원배, 이동렬, 신중섭은 이튿날 아침까지 밤새 롤러를 밀어서 4절지 1면 유인물 5천 부를 제작했다.

시위 계획 중지, 유인물 소각과 해산

1980년 5월 27일 계엄군이 광주를 전면 장악했다는 소식이 방송에 보도됐다. 이날 저녁 두레양서조합 구성원들은 광주 항쟁이 완전히 진압된 것을 알고, 대구에서 유인물을 뿌려도 연대 시위나 항쟁을 일으키기는 힘들다고 판단해 유인물을 소각하기로 했다. 서원배와 이동렬은 대구시 동구 효목동 야산에 가서 밤새워 등사기로 민 유인물 5천 부를 눈물을 흘리며 소각했다.

우리는 가톨릭농민회 전국본부의 이상국 선배와 연결되어 실시간으로 광주 소식을 계속 듣고 있었습니다. 그런데 5월 27일 광주 전남도청에 군인들이 진입할 것 같다는 소식을 들었고 나중에 도청이 접수됐다는 소식도 텔레비전 뉴스로 봤습니다. 우리는 유인물을 뿌릴 날을 5월 28일로 정하고 5월 27일에 준비를 끝냈는데, 상황이 그렇게 되니 만들었던 유인물을 5월 27일 저녁에 다 태웠어요. 그것도 낮에는 못 태우고 밤에 태우는데, 눈물이 펑펑 나더군요. (서원배 구술, 2023년 4월 24일)

유인물 태울 곳이 마땅찮아 장소를 찾아다녔습니다. 효목동의 어떤 야산에 가서 태우는 데 시간이 많이 걸렸습니다. 4절지 종이를 5천 장 쌓으면 50센티미터 높이는 되죠. 그걸 한 장 한 장 다 태우려니 엄청났습니다. 그렇게 일이 허사가 되니 마음이 무척 서글펐죠. 지금도 그 원고가 하나도 남은 게 없는 것이 아쉬워요. (이동렬 구술, 2023년 8월 21일)

시위와 유인물 배포 계획을 철회한 뒤 김영석, 서원배, 권영조 등 일부는 만일의 사태에 대비해 일주일 정도 각자 피신하기로 했다. 김영석과 권영조는 대구에서 멀리 떠나지 못하고 경북대학교 농촌문제연구회 동료인 김종현과 김남규의 도움을 받아 팔달교 주변 비닐하우스에서 은신했다. 6월로 접어들며 상황이 수습되는 기미가 보이자, 그들은 두레서점으로 다시 돌아왔다. 김영석은 여름에는 거창의 고향 집을 오가며 대학원 입시를 준비했고, 대구에서 생활할 때는 여전히 두레서점 뒤 여관방에 머물렀다. 서원배도 5월 27일 밤에 유인물을 소각한 뒤에는 잠시 피신했다가 두레서점으로 돌아와, 별다른 문제가 없을 것이라고 여기고 정상용이 열어놓은 서점에서 일했다. 다른 구성원들도 각자의 거주지에서 생업에 종사했다. 두레양서조합 임원 회의도 한 달에 한두 번 정도 계속 열었다. 두레양서조합 구성원들은 "당시 경찰이 우리를 사찰할 것이라고 짐작했지만, 5·18 뒤에 이 건은 미수에 그쳤으니까 그냥 넘어간 줄 알았다. 우리는 잘 처신하고 있다고 생각했지, 나중에 잡힐 줄은 몰랐다"라고 말했다. 더구나 5월에 5·18 관련 회의에 한두 번 정도 참석하거나 아예 참석하지 않은 구성원들은 유인물을 제작한 사실조차 몰랐기 때문에 별다른 경계심 없이 일상생활을 했다.

3. 1980년 여름의 상황

계엄체제하의 탄압

5·18민주화운동을 폭력적으로 진압한 신군부 세력은 5월 31일 국가보위비상대책위원회를 설치했다. 5월 중순부터 민주인사와 학생운동 참여자들을 계엄포고령 위반 혐의로 체포했던 신군부는 여름 내내 체포 작전을 펼쳤다. 대구·경북 지역에서 체포된 사람들은 육군 제50사단 헌병대에서 계엄사령부 503보안대의 지휘 아래 강제 군사 훈련과 가혹한 고문을 당하며 조사를 받았다. 7월 초순, 끌려간 사람들은 5관구 헌병대 영창에서 분류심사를 받은 뒤 일부는 훈방되고 다수는 계엄포고령과 소요죄 위반 혐의로 기소되어 군법회의 재판을 받았다. 대구 지역 학생운동 관련자 중에는 경북대학교의 함종호·이형근·박종덕, 계명대학교의 김진태·권오국·김균식·임진호·배설남·배희진, 영남대학교의 김재호 등 10명이 실형을 선고받았다. 이들 외에도 다수의 학생이 집행유예를 선고받았으며, 선고유예 또는 기소유예 처분을 받은 남학생들은 강제 징집됐다.[47] 끌려간 여학생은 7명 정도였으며, 모두 훈방됐다. 당시 체포됐던 사람들의 증언이다.

저는 1980년 6월 9일쯤 50사단 헌병대로 잡혀갔습니다. 지금도 기억이 선한 게 50사단 헌병대 연병장 넓이가 축구장 네 배쯤 돼요. 그 넓은 연병장 온 데가 토사물이었어요. 대구에서는 계명대 학생들이 5월 14일에 한 400명이 잡혀가고, 그 후에 다른 학교 애들이 100명씩 잡혀갔습니다. 대부분 훈방됐지만, 그래도 한 600명 정도가 50사단 헌병대에 구금되어 있을 때 구타를 엄청나게 당했겠죠. 온갖 훈련을 명목으로 좌로 굴러 우로 굴러 계속 시키고, 주동자들은 불러내서 두들겨 패고 했으니까. 연병장을 지나가는데 저를 데리고 가는 헌병이 그러더라고요. "저기 봐라. 저게 뭔 줄 아나? 전부 다 네 친구들이 게워 올린 거다." 그 넓은 연병장이 토사물이 자욱하게 보일 정도로 엉망진창이었습니다. 6월의 50사단 헌병대 유치장은 진짜 끔찍했어요. 헌병대 유치장은 원추형으로 생겼는데, 일반 교도소 감방보다 훨씬 작아요. 두 평이 안 된 거 같아요. 그런 방에 여름 찜통더위에 바글바글 콩나물시루처럼 서른 명씩 채워놓으니까, 방 안의 인구 밀도도 높았고. 더울 때 옆에 펄펄 끓는 사람이 있으면 안 미워질 수가 없거든. 밥도 잘 안 주고 매일 불러내 두들겨 패고. 두들겨 맞고 들어와서는 차렷 자세로, 부동자세로 앉아 있고. 진짜 힘들었습니다. 당시 잡혀갔던 학생 중에 최고로 고생한 사람이 경북대학교 손호만 선배입니다. 왜냐하면 1978년 11·7 시위를 주도하고 2년 수배 생활을 할 동안 연인원 2만 명의 경찰이 손호만 선배를 잡으러 다녀도 결국은 못 잡았는데 1980년 봄에 복교했거든. 이를 갈았던 형사들이 많았다고. 그래서 그런지 호만이 형이 영창에 있을 때 얼마나 두들겨 맞았는지, 목 아래부터 발등까지 온몸이 완전히 새카맣게 온전한 데가 없었습니다. 참 많이 맞았더라고. (박종덕 구술, 2015년 11월 6일)

저는 6월 중순에 마산에서 피신하던 중 잡혀서 태백공사(보안사 대구분실)로 끌려갔어요. 그 당시에는 계엄 기간이니까 보안사가 권력의 중심이었죠. 많은 사람이 태백공사로 불려와서 고문을 당하더라고요. 그다음 50사단으로 넘어가니 학생들이 상당수 훈방되고 80명 정도 남아 있었어요. 계명대학교 학생이 제일 많았고 영남대학교와 경북대학교 학생들도 있었습니다. 고문은 이루 말할 수 없었어요. 저는 옷을 입은 상태에서 구타당해서 옷과 피부가 엉겨붙어버렸어요. 하루 종일 고문당하고 저녁 7시쯤 되면 의무병이 알코올을 물에 희석해서 허벅지에 몇 차례 대어서 옷과 살갗을 떼었어요. 의무병이 그걸 하면서 눈물을 막 흘리더라고요. 그렇게 살갗을 떼어내고 옷을 겨우 벗고는 군대에서 나오는 반바지 같은 걸로 갈아입잖아요. 그러면 옷만 스쳐도 아프죠. 그런 형태로 고문을 당한 거죠. 그렇게 3개월 동안 영장 없이 군 영창에서 구금 생활하다가 5관구로 이송됐어요. 5관구 이송될 때는 숫자가 많이 줄어서. 대부분 5관구에서 군대로 강제 징집당하고. 각 대학교 주동자급만 3명 정도씩 대구교도소로 가서 1년 정도 징역 살다가 1981년 8월에 석방됐어요. (함종호 구술, 2015년 10월 31일)

저는 영남대학교 총학생회에서 활동하다가 계엄이 확대되는 바람에 수배가 됐습니다. 도망 다니다가 5월 28일에 체포됐어요. 처음에는 태백공사(보안사 대구분실)에서 조사받았어요. 저도 끌려간 곳이 어딘지를 몰랐는데 알고 보니 태백공사더라고요. 거기서 고문을 엄청나게 했죠. 그러다가 50사단으로 넘어갔는데 헌병대 영창 안에서도 하루도 편한 날이 없었습니다. 매일 기합받고 구타당하고 그랬죠. 그러다가 2관구로 넘어갔다가 구금 100일 만에 훈방됐어요. 영남대는 거기 갇혔던 사람이 한 30명가량 되고 그중에 몇 명은 실형 살았습니다. 저는 풀려난 뒤에 학교에서 정학 처분을 받았습니다.
(박희찬 구술, 2024년 4월 30일)

1980년 5월에 계엄령이 확대됐을 때 여학생들도 계엄사에 잡혀갔죠. 저, 김
안숙 언니, 새밭 서클 회원까지 7명 정도 잡혀가서 사흘 정도 조사받았습니
다. 조사받을 때 따로따로 조사받으면서 무척 겁났었어요. 그래도 훈방으로
처리됐는데, 그 당시에 학교에서 관심을 가져줬고 역사교육과 김영하 교수
가 여학생들에 대한 선처를 부탁했다는 소문이 있어요. 우리가 일찍 풀려나
온 것은 한 일이 크게 없어서일 수도 있지만, 학교 당국의 노력이 있었다고
봐요. '포고령 위반'이라는 팻말 들고 사진도 찍었는데, 그때 김안숙 언니가
긴장을 풀어주려고 군인들에게 "예쁘게 찍어주세요" 이랬던 거라. 그랬더니
그것들이 생지랄을 다 하고. 이게 뭐 어디 장난인 줄 아느냐? 너것(너희)들
은 포고령 위반, 범법잔데, 하면서 혼났습니다. 풀려난 뒤에 학교에서도 징
계받았죠. (채경희 구술, 2015년 10월 31일)

이 시기에도 경찰은 대학가 주변의 자취방을 수시로 돌면서 수색했
다. 관공서와 학교에는 군인들이 경계 보초를 섰으며, 거리 곳곳에서
개인의 소지품을 검사하는 불심검문이 일상적으로 이루어졌다. 각 지
역 전화국은 공안기관의 명령으로 민간인을 감청·감시했고, 전화국
직원들도 이를 당연하게 여겼다. 반상회 체제가 강화됐으며, 언론과
방송은 신군부를 찬양하고 불순분자를 비난하는 기사를 계속 보도했
다. 이처럼 비상계엄 체제는 전시처럼 개인의 일상을 군사 권력이 통
제하고 지배하는 형태로 나타났다. 통제와 검열로 질식할 것 같은 분

위기 속에서 온갖 유언비어만 난무했다.

대구 지역의 광주 학살 폭로 투쟁

변혁의 희망과 열정이 폭발하던 민주화의 봄을 지나 광주 학살이라는 극단적인 국가 폭력을 경험한 뒤, 사람들은 죽은 이에 대한 부채감과 절망감에 시달리며 그해 여름을 보냈다. 이 무렵의 심정에 대해 안동가톨릭농민회 총무이자 두레사건 관련자인 정재돈은 다음과 같이 구술했다.

사제단 신부들도 여럿이 붙잡혀가고 너무 살벌한 시기니까 회의와 갈등 속에서 괴로워만 했어요. 운동, 조직 활동이라는 게 뭔가? 싸워야 할 때 싸움도 못하고 조직을 보전해서 어떻게 하느냐? 광주가 진압된 뒤에 부채감이 무지하게 있었다고요. 마음 한구석에는 그게 양심의 가책이 돼서 밤잠이 안 오던 때예요. 정호경 신부님도 몇 날 며칠 먹지도 않고 뒤척이고 그랬어요. 그래서 정부를 상대로 한 권익투쟁만 하는 것이 아니라 대중이 운동에 더 쉽게 참여할 수 있도록 활동 과제를 설정하려고 했어요. 그런데 그렇게 하려면 지도부는 지도성을 높이기 위한 학습이나 사상 무장을 훨씬 더 많이 해야 하잖아. 각국의 게릴라전 자료 학습하고. 이제는 다 변혁운동 하는 혁명가가 된 거예요. (정재돈 구술, 2015년 11월 6일)

암흑기에도 광주 학살을 폭로하는 투쟁은 계속됐다. 두레양서조합 구성원들의 시도가 미수에 그친 뒤에도 두레양서조합이나 다른 경로를 통해 광주 항쟁 소식을 들은 학생들이 대구·경북 지역 곳곳에 〈전두환의 살육 작전〉과 비슷한 내용의 유인물을 살포하거나 학교 건물에 구호를 적어 항쟁의 진상을 알렸다. 또한 비밀리에 비합법 소모임을 만들어 의식화 학습을 하고 야학 활동을 하면서 군부독재의 철옹성을 뚫을 방법을 찾고자 절치부심했다.

1980년 5월 하순부터 9월 사이에 대구·경북 지역에서 있었던 유인물 배포 사건과 벽서 사건을 살펴보면 다음과 같다.[48] 5월 23일 동국대학교 경주 캠퍼스 경영학과 2년 김수용, 한의예과 2년 김현수 등 3명이 광주 학살 진상 보고와 원흉 처단을 요구하는 유인물 천여 매를 제작하여 경주시 일원에 배포했다. 이들은 경주경찰서에 체포되어 합동수사본부에서 모진 고문을 받았고 육군 보통군법회의에서 징역 3년을 선고받고 복역했다.[49]

5월 말에는 경북대학교 학생 윤규환, 이윤기, 이형근, 이상술, 권순형이 광주 학살을 폭로한 유인물을 만들어 주택가에 배포했다.[50] 6월 초에는 수배되어 도피 중이던 박종덕과 김진규가 학살 진상을 알리는 유인물을 배포했다.

제가 도망 다니면서 한 열흘 동안 광주 항쟁이 일어나서 점령되는 시기까지는 몇몇 선배들과 연락이 됐어요. 그때 광주 사태가 일어난 뒤 광주에서 빠져나와 대구로 온 사람들이 있어서 그런 사람들에게서 광주의 소문을 간접적으로 전해 들었어요. 그래서 김진규 선배하고 유인물을 뿌리자고 얘기하다가 따로따로 몇 장씩 광주 얘기를 적어서 시내에 뿌리고. 그렇게 도망 다녔어요. 그러다가 그 후에는 연락도 잘 안 되고 대부분 잡혀가고 저도 잡혔어요. (박종덕 구술, 2015년 11월 6일)

6월 14일에는 경북대학교 학생(국어국문과, 복현문우회, 여명회) 김종길, 유수근, 장대수, 권용호, 이용학, 정대호와 영남대학교 학생 박정서가 〈알려드립니다〉라는 제목의 유인물 5천 부를 제작하여 대구시 효목동, 봉덕동, 삼덕동 등 도시 전역에 배포했다.

저는 광주 진상을 알게 된 게 5월 말에 이윤기를 통해서예요. 이윤기 집에 가니까 광주에서 온 〈X군의 마지막 편지〉라는 유인물과 광주 항쟁 현장에서 투쟁 지휘부가 제작한 〈투사회보〉가 두 장 정도 있더라고요. 그 유인물은 광주에서 가톨릭을 통해 장명숙(가톨릭노동청년회 활동가, 이윤기의 아내 – 필자)에게로 온 것이 이윤기에게 전해진 것 같아요. 제가 그걸 보고 나서 후배인 장대수와 유수근을 만났어요. 6월 4일 유수근의 집에서 첫 회합을 했어요. 며칠 뒤에는 대구 중앙공원에서 영남대학교 후배 박정서와 만났고요. 경북대학교 국문과 후배들과도 개별적으로 우리 자취방에서 만났어요. 그래서 유인물을 만들어서 아는 사람이 운영하는 자동식 야구장에서 등사했어요. 6월 14일에 유인물을 뿌릴 때는 한 20명이 모여서 돌렸지요. 유인물 뿌린 사람은 한 20명 되죠. 대부분 국문과 후배예요. 나중에 경찰에게 잡힌 사람이 7명이고요. (김종길 구술, 2024년 5월 25일)

비상계엄이 확대된 뒤 경북대학교 학생들은 5월 24일에 반월당에 모여서 시위하자고 사발통문이 돌았어요. 그날 막상 반월당에 가니까 경찰차만 길가에 쭉 있고 사람들이 모이지 않았어요. 우리는 덕산빌딩 쪽에서 서성거리다가 시위는 포기하고 술 마시러 중앙공원 쪽으로 갔어요. 그런데 중앙공원 앞 가판대에 있는 매일신문 석간에 광주에서 3명이 죽었다고 보도된 걸 봤어요. 그날 폭음했지요. 그다음부터 우리가 뭘 해야 하지 않겠나 하는 생각이 들어 자취방에서 정기적으로 모임을 가졌죠. 그러던 중에 5월 말쯤 김종길 선배가 광주 소식을 알고는 유인물을 뿌리자고 우리를 모았어요. 〈알려드립니다〉라는 제목으로 김종길 선배가 유인물 원고를 쓰고, 나머지 사람은 그 원고를 보고 베낀 뒤 김종길 선배 자취방에서 등사지에 필경했죠. 다 쓴 볼펜으로 긁었는데 그때 등사지 한 장으로 유인물을 밀 수 있는 장 수가 한정돼 있기 때문에 등사지를 여러 장 긁었어요. 그리고 아는 선배가 운영하는 자동식 야구장에 가서 김종길 선배, 유수근, 장대수가 등사기로 유인물을 밀었다고 들었어요. 그걸 6월 14일에 나눠 들고 각자 자기가 잘 아는 지역을 선택해서 밤 11시쯤 주택가 담장 너머로 집마다 배포한 거예요. (정대호 구술, 2024년 2월 26일)

대신동, 내당동과 서부정류장에도 누군가가 뿌린 유인물이 나타났다. 이것은 지금까지도 누가 배포했는지 알 수 없는 미제 사건으로 남았다. 9월에는 경북대학교 학생 김동국과 신창일이 경북대학교 경상대 건물에 페인트로 광주 학살을 폭로하는 구호를 적었다가 구속됐다.

금지된 문건 배포

1970년대 유신체제 시기처럼 1980년 5·17 이후 비상계엄 확대 시기에는 〈전두환의 살육 작전〉 등 광주 학살 진상을 알리는 자료뿐 아니라 정권의 부당성과 불법성을 알리는 문건들이 민주화운동가들 사이에 비밀리에 유통됐다. 이러한 문건은 천주교 정의구현사제단을 통해 유포된 것이 많으며, 가톨릭농민회의 활동가들이 지역 양서조합처럼 신뢰할 만한 비공개 루트를 통해 배포했다. 두레양서조합의 경우 가톨릭농민회 홍보부장인 이상국과 안동가톨릭농민회 총무였던 정재돈이 이러한 역할을 했다. 이상국은 이미 1970년대부터 백남운의《조선 민족의 진로》, 전석담의《조선 경제사》 등 금서와 비밀 문건을 구해서 두레서점에 전달했고, 이를 경북대학교 농대 이호철 교수가 복사해서 구입하기도 했다. 그러나 계엄체제에서는 금서와 비밀 문건을 배포하는 일도 목숨을 건 결단이 필요했다.

이상국과 정재돈은 정의구현사제단에서 작성한 인혁당 재판 기록인 〈암흑 속의 햇불〉과 〈김지하 양심선언〉(1975년 5월 22일 옥중 반출) 외 여러 종류의 문건을 두레서점 쪽으로 전달했다. 정재돈은 1980년 7~8월 경 두레서점에 가서 정상용에게 직접 자료를 전하기도 했고, 안동과 가까운 청송으로 가서 진성중학교 교사 정동진에게 자료를 전하기도 했다. 정재돈의 구술에 따르면 가톨릭교회, 특히 가톨릭농민회가 5·18 항쟁의 진실을 농촌 지역 곳곳에 전파했고 해외에도 항쟁의 진상을 알리는 역할을 했다.

5·18 이후에 정의구현사제단에서 비밀리에 대책모임을 하면 농민회 지역 실무자들이 연락을 담당했어요. 나는 대구교구와 부산교구 연락을 맡았어요. 그래서 부산의 송기인 신부, 대구의 허연구 신부에게 대책모임 장소를 전달하고 광주 진상을 알리는 자료 전달을 몇 차례 했어요. 그때 두레서점에도 자료를 전달했는데, 〈김지하 양심선언〉도 그런 식으로 서점을 통해 유통됐어요. 〈전두환의 살육 작전〉이나 인혁당 사건 재판 기록 〈암흑 속의 햇불〉이나 이런 유인물은 이상국 씨가 전달했을 거예요. 그러한 문건들이 나중에

두레서점을 통해 대구 지역에 유통된 걸로 알아요. 마음 한구석에 광주에 대한 부채감이 있었는데, 그런 거라도 하면서 그해 여름을 보낸 거죠. (정재돈 구술, 2015년 11월 6일)

정재돈 씨가 1980년 7~8월경에 두레서점에 다녀갔어요. 저도 그때 만났습니다. 정재돈 씨는 안동교구 가톨릭농민회 총무를 맡고 있었고 이석태 선배, 정동진 선배와는 연결되어 있었지만, 그전까지는 우리 두레양서조합 활동에 참여하거나 직접적인 연관을 맺은 것은 없었어요. 그런데 5·18 이후에 광주 소식 전달과 문건 전달 때문에 두레서점에 두 차례 왔고 나중에 두레사건에도 얽혔어요. (서원배 구술, 2023년 8월 7일)

청송 진성중학교 교사였던 김병일도 1980년 여름 어느 날 정재돈을 만났고, 선배 교사인 정동진을 통해 자료를 받아 두레서점에 전달한 적이 있다고 했다.

1980년 여름에 청송 신촌초등학교에서 초·중·고 교사들이 모여 체육대회를 하는데, 그 자리에 정재돈 씨가 정동진 형을 찾아왔어요. 그때 동진이 형이 나를 불러서 정재돈 씨와 인사를 시켜주더라고요. 저는 자료를 2개 받았는데, 동진이 형이 저한테 대구 가거든 두레서점에 갖다 주라고 하기에, 제가 "이거 갖다 주면 상용이가 복사해서 후배들 주면 되겠다"라고 했어요. (김병일 구술, 2023년 4월 25일)

정재돈 형제가 김지하 〈오적〉 시와 고은이 쓴 〈아, 전태일〉(1975, 전태일 추도

160

시 - 필자) 시를 타이핑한 걸 저한테 줘서, 저는 우리 학교에서 함께 근무하던 후배 교사 김병일에게 전했어요. 김병일이는 집이 대구니까 대구에 나갈 때 두레서점에 전했고요. 그러면 두레서점에서는 이것을 복사해서 대학생들에게 뿌렸어요. 천주교 안동교구에서 정호경 신부님이 정재돈에게 준 자료들은 아마 이 루트를 통해서 대구로 갔을 거예요. (정동진 구술, 2023년 4월 24일)

정동진과 김병일은 5·18의 유인물 제작 사건과는 무관했으나, 9월에 체포된 뒤 문건 전달건 때문에 집중적으로 조사를 받으며 고초를 겪었다.

수사당국의 두레서점 감시

1980년 여름, 수사당국은 대구 시내에 출처 미상의 유인물이 여러 차례 배포되자 이 유인물의 출처를 찾기 위해 두레서점을 주시했다. 이 무렵 학생운동권의 주요 활동가들은 이미 계엄사로 끌려가 구금된 상태였다. 가톨릭농민회 쪽도 전남 지역과 달리 경북 지역에서는 5·18 관련으로 구속된 회원이 없었기에 상대적으로 당국의 주시를 덜 받고 있었다. 그러나 두레서점은 1980년 봄에 대구·경북 지역의 운동권 사람들이 많이 드나드는 곳이었고, 여름에는 휴교 중에도 문을 열어놓고 있었기에 일부 학생들이 정보를 공유하기 위해 드나들기도 했다. 그러므로 이 무렵 정보기관이 집중적으로 주시한 것이다.

정보기관은 1980년 7월 중순부터 한 달 반 가까이 두레서점 뒤편 여관에 투숙하며 잠복했다. 이 사실은 9월에 두레사건 관련자들이 연행되어 취조를 받던 중에 수사관들이 한 말을 통해 밝혀졌다.

서점에 경찰들이 와서 도청한 것을 어떻게 알게 됐냐? 제가 조사받을 때 수사관들이, "너희 때문에 여름에 더워 죽겠는데 한 달 반 이상 여관에 방 얻어 놓고 도청하느라고 죽을 고생을 했다"라고 했습니다. 자기들 입으로 거기서 여름 무더위에 감시하느라고 죽을 뻔했다는 소리를 하면서 저를 더 두들겨 팼습니다. (서원배 구술, 2023년 4월 24일)

두레서점에는 남쪽으로 난 주 출입구 외에도 북쪽으로 서점 뒤편 여관과 연결되는 쪽문이 있었다. 이 쪽문을 열고 나가면 여관 접수부가 있었고 접수부 맞은편의 작은 통로를 지나면 여관의 여러 방이 연결되어 있었다. 수사관들은 서점의 전화기와 책상에 도청 장치를 해놓고 감청하는 것 외에도 여관 접수부 바로 옆방에 잠복하면서 서점 쪽문의 유리창을 통해 서점에 드나드는 사람들을 감시했던 것으로 보인다. 또한 밤에 몰래 들어와 서점 내부를 수색하기도 했다.

그런데 1980년 6월 14일에 대구 시내에 유인물을 배포했던 경북대학교 학생 중 한 명인 유수근이 유인물 열 장을 두레서점 점주 정상용에게 준 일이 있었다. 정상용은 그 유인물을 받아 서점에 비치한 책 속에 끼워 보관하고 있었는데, 이것도 경찰의 수색 과정에서 발견됐다. 경찰은 두레서점을 그동안 미제로 남았던 유인물 배포 사건의 배후로 지목하고 수사를 기획했던 것으로 보인다.

제4장

두레양서조합 사건에 대한 국가 폭력

1980년 8월 27일 통일주체국민회의 대의원들의 간접선거로 전두환이 제11대 대통령으로 취임했다. 신군부는 같은 해 10월 27일에 대통령 임기 7년, 선거인단 간선제 등을 골자로 하는 제5공화국 헌법을 공포했다. 그리고 이듬해인 1981년 2월 25일에 개헌에 의해 새로이 구성된 대통령선거인단의 간접선거를 통해 전두환이 제12대 대통령으로 선출됐다. 두 번의 쿠데타, 두 번의 간접선거를 거쳐 제5공화국이 성립될 동안 신군부에 저항하던 민주화운동가, 정치인, 지식인, 언론인뿐 아니라 수만 명의 시민이 계엄포고령 위반자나 사회정화 대상자라는 이유로 끌려갔다.

1980년 9월에는 두레양서조합 관련자 100여 명이 합동수사본부로 끌려갔다. 합동수사본부는 이들을 경상북도경찰국 대공분실 안가에 불법으로 가둔 뒤, 모진 고문을 하여 '인혁당 잔존 세력이 반국가단체를 결성한 간첩단 사건'으로 조작하려고 했다. 연행된 사람 중 일부는 한 달가량 불법 구금된 채 고문과 가혹행위를 당하며 조사를 받았다. 10월 초에 천주교 쪽의 노력으로 불법 구금됐던 사람들은 반국가단체 결성 혐의를 벗게 됐고 일부는 훈방됐다. 그러나 9명은 풀려나지 못하고 반공법 위반 및 계엄법 위반 혐의로 구속됐다. 정상용은 실형을 선고받고 1년 뒤에 출소했으며, 다른 사람들은 집행유예 또는 불기소 처분으로 석방됐다. 이 장에서는 두레양서조합 사건에 대한 국가 폭력을 당시 두레양서조합 구성원들이 작성한 메모와 구술 내용을 바탕으로 살펴보겠다.

1. 연행, 압수수색

두레양서조합 구성원들의 연행

1980년 9월, 휴교령이 해제되자 학생들은 다시 학교로 돌아왔다. 가을 햇살은 맑았고 대학가는 학생들로 붐비면서 새 학기를 준비하고 있었다. 몇 달 동안 비어 있던 강의실과 동아리 방에는 대학 교정에 주둔했던 군인들의 흔적이 남아 있었다. 쌓인 먼지, 쓰러진 캐비닛과 책걸상, 휴교 전에 미처 챙겨 나가지 못한 책이나 체육복이 흩어져 있고 비싼 전공 서적과 같은 중요한 물품은 아예 없어진 상태였다. 교정에는 어디로 잡혀갔는지 보이지 않는 얼굴 대신, 짧은 머리에 운동화를 신은 사복 전경들이 이어폰을 낀 채 여기저기에 상주했다. 대부분의 학생은 개강의 기쁨으로 설레었지만, 광주 학살의 진실을 아는 소수의 학생은 남모르게 가슴앓이를 하며 학교에 나왔다. 두레서점에도 서원배, 황병윤, 김진덕, 신중섭, 이동렬 등 재학생들은 학교로 돌아왔고 김영석은 여전히 서점 뒤편 여관방에 거주하며 대학원 입시를 준비하고 있었다. 서점에는 점주인 정상용이 한결같이 자리를 지키면서 김영석, 서원배와 함께 학교로 돌아온 학생 고객들을 응대하며 가을을 맞이하고 있었다.

그러나 개강 후 열흘이 지난 1980년 9월 11일 목요일 오후 3시경 사복 경찰이 서점으로 들이닥쳐 정상용을 연행해갔다. 그 시각, 김영석은 서점 건너편 새길다방에서 영남지구 대학4-H연구회연합회 임원들과 회의를 하고 있었다. 김영석은 서점의 여성 점원이 달려와 "사장님이 낯선 사람에게 잡혀갔다"고 말하는 것을 듣고, 회의에 모인 사람들을 해산시키고 황급히 서점으로 왔다. 그는 서점에서 문제가 될 만한 책과 자료를 챙겨 보따리에 싸고 오후 4시경 여관 후문으로 빠져나왔다. 그러나 여관 후문 앞 골목길에는 사복 경찰 여러 명이 대기하고 있었다. 그들은 김영석의 양팔을 낚아챈 채 연행해 경상북도경찰국 대공분실 안가로 끌고 갔다. 정상용과 김영석이 연행되자, 뒤늦게 이 소식을 들은 서원배는 곽길영과 이석태 등 선배들에게 알리고 자료를 정리했다. 그리고 며칠이 지나도 별다른 낌새가 보이지 않자, 서점 문을 다시 열었다.

9월 15일 월요일에는 곽길영과 이석태가 각자의 자택에서 불법 연행됐다. 이석태는 1979년 크리스챤아카데미 사건, 안동가톨릭농민회 사건, 부마항쟁과 같은 시국 사건이 일어났을 때 경찰에 연행됐다가 훈방된 경험이 있었다. 그래서인지 서원배로부터 정상용과 김영석이 연행됐다는 소식을 들었을 때 담담했다고 한다. 더구나 달리 피신할

곳도 없고, 자신은 5·18 때 구체적으로 한 일도 없다고 생각했기 때문에 그대로 포항 자택에 머물다가 연행됐다.

같은 날 아침, 안동여고 부근에 거주하던 정재돈도 자택에서 연행됐다. 당시 안동의 천주교 마리스타수도원 4층에는 5·18 이후에 박계동, 정준철, 최건행 등 서울에서 수배된 민주화운동 관련 인사들이 피신하고 있었다. 정재돈은 아침에 형사들이 집으로 찾아오자, 수도원에 피신 중인 사람들 때문이라고 생각했다. 그래서 마리스타수도원에 자신의 경찰 연행 소식을 알리기 위해 고심했다. 형사들이 정재돈을 강제로 차에 태우자, 안동여고 교사였던 아내 심영란은 남편을 지키기 위해 차에 함께 탔다. 두 사람은 차를 타고 가는 동안 실랑이를 벌였고, 결국 정재돈은 대구로 끌려갔다.

추석을 앞둔 어느 날 아침에 "어이, 정 선생" 하고 정보과 형사 3명이 집에 왔어요. 그때 서울서 수배된 사람들을 마리스타수도원에 잔뜩 숨겨주고 있었거든요. 수도원 4층 창문을 두꺼운 검은 천으로 막고서. 아, 이거 어떡하나? 그냥 튈까, 붙잡혀갈까…. 그런데 형사들이 차를 타고 잠깐 같이 가자고 해요. 그러자 우리 집사람도 학교 출근 안 하고 저와 같이 차에 탔어요. 가는 길에 제가 숨어 있는 사람들을 위해 시간을 벌려고 "교구청에 전할 자료가 있다. 경찰서로 가더라도 이 자료는 주고 가야 되니 교구청 앞에 서라" 하며 싸웠죠. 그런데 형사들이 교구청 앞에서 차를 세울 듯하더니 교구청을 지나치더라고요. 아내가 화를 내며 차 문을 열고 뛰어내렸어요. 그러자 형사들이 아내는 내려주고 저는 계속 끌고 가는데 안동경찰서로 가는 게 아니고 대구로 가는 거예요. (정재돈 구술, 2015년 11월 6일)

며칠 뒤인 9월 19일 금요일에는 서원배가 두레서점에서 연행됐다. 당시 서원배는 이동렬과 함께 점심을 먹고 두레서점으로 가다가 서점 앞에서 형사 3명과 마주쳤다. 형사들은 이동렬은 연행하지 않고 서원 배만 붙잡은 뒤, 1명은 서원배의 뒤에서 허리춤을 잡고 2명은 서원배 의 양쪽 팔을 낚아채어 경상북도경찰국 대공분실 안가로 끌고 갔다. 그 무렵에 대전 가톨릭농민회 본부에 근무하고 있던 이상국도 대전 시 외버스터미널 앞 다방에서 연행됐다.

이석태 선배가 연행됐다는 소식을 듣고 이틀쯤 지난 뒤에 누군가가 석태 형 이 풀려났다고 소문을 흘렸어요. 그다음에 다른 누군가에게서 제게 전화가 왔어요. 지금 생각하니 그 사람이 경찰 끄나풀 같아요. 그 사람이 전화로 "이 석태 선배가 연행됐다가 석방됐는데, 이석태 선배의 부탁으로 전해줄 게 있 어서 대전으로 오겠다"라고 했어요. 저는 그 말이 참말인 줄 알고 다음날 대 전 터미널 앞 다방으로 갔어요. 다방에 딱 들어서는데, 다방 중간쯤에 두 사 람이 앉아 있더군요. 그 사람들과 눈이 딱 마주치면서 인상을 보니까, '이거 걸렸구나, 저놈들이 나를 잡으러 왔구나' 싶더라고요. 거기서 바로 연행됐 죠. 제가 대구의 대공분실 안가에 도착하니 이미 서원배와 몇 사람이 잡혀와 있었어요. (이상국 구술, 2023년 6월 6일)

같은 날, 신중섭이 고향인 문경에서 연행됐다. 당시 신중섭에게는 대구에 있던 농촌문제연구회의 동료 정동남이 정상용의 연행 소식을 전해주었다. 정동남은 당국의 감시를 피하기 위해 신중섭에게 학보 (경북대 신문)를 우편으로 보내면서 우편물 주소를 적은 띠지 안쪽에 "상용이 형, 은팔찌 꼈다"라고 적어서 소식을 전했다. 그러나 신중섭은 입대를 며칠 앞두고 있던 터라 별다르게 신경쓰지 못하고 친척집에 인사하러 다녔다. 결국 신중섭은 인사차 들렀던 외가에서 경찰에게 연행된 뒤 문경경찰서로 끌려가 유치장에 수감됐다. 거기서 경찰이 신중섭을 구타하려고 했으나, 공무원이었던 신중섭의 아버지가 평소 경찰서 정보계장과 알고 지내는 사이였기에 이를 무마해 그 자리에서는 구타를 면할 수 있었다. 신중섭은 문경경찰서 유치장에서 하룻밤 지낸 뒤, 다음날 지프를 타고 대구에 있는 경상북도경찰국 대공분실 안가로 끌려갔다.

청송 진성중학교 교사 김병일과 정동진은 9월 19일과 20일에 차례로 연행됐다. 김병일은 학교에서 수업을 하다가 연행됐고, 정동진은 둘째 아들이 태어난 지 일주일 후에 산모인 아내를 두고 연행됐다. 다음은 김병일의 증언과 정동진의 아내 장계순이 재심 법정에 제출한 진술서를 재정리한 것이다.

연행되기 일주일 전쯤 서원배로부터 전화를 받았습니다. 상용이가 연행되어 갔으니 소위 말하는 불온서적(금서)들을 치우고 피신하라는 것입니다. 그 책들은 진보에서 구입한 것도 있지만 거의 모두 두레서점에서 산 것입니다. 상용이의 추천도 있었고 저 스스로 선택한 것도 있었는데 특히 《조선 경제사》는 들키면 안 되니 꼭 폐기하라고 했습니다. 그때는 '서점에서 불온서적들을 구입 판매하고 복사본을 만들어 판매한 것 때문에 문제가 생겼구나'라고 생각했습니다. 퇴근 후에 집에서 책들을 검토해보니 별로 문제 될 만한 책이 없는 것 같아 그냥 두고 《조선 경제사》 복사본만 주말에 아내 임명자가 근무하는 울진 죽변으로 가져가 맡겼습니다. 서원배가 피신하라고 했을 때, 순간 머리에 떠오르는 곳은 팔공산이었습니다. 학창 시절에 주말마다 가서 암벽 등반하던 곳 부근에 '산채'라고 부르는 바위 동굴이 있거든요. 그곳에서 두 달 정도는 식량만 있으면 숨을 수 있을 것으로 생각했습니다. 그러나 제가 현직 교사이고, 큰 사건도 아니다 싶어 그냥 학교에 근무하고 있었습니다. 그러다 근무 중 연행됐고, 경찰이 하숙집 방을 뒤져 교과서와 참고서를 제외한 거의 모든 책을 끈으로 묶어 가져갔습니다. 대구의 본가에도 경찰 2명이 들이닥쳐 많은 책을 가져가며 벽에 걸린 달력을 쭉 찢어 무슨 책 외 몇 권을 압수해 가져간다고 가족에게 적어줬어요. (김병일 구술, 2023년 4월 25일)

저는 정동진의 아내 장계순입니다. 9월 14일 일요일에 둘째 아이를 낳았고 아이의 초칠일인 9월 20일 토요일에 남편이 사복 경찰관에게 불법 연행됐습니다. 저는 초등학교 교사로서 출산휴가를 낸 상태였는데, 남편이 연행된 이틀 뒤에 사복 경찰이 집으로 찾아와서 "남편 정동진이 반공법을 위반하고 간첩들과 접촉했으며 김대중 내란 음모 사건에 연루되어 간부로 활동해서 연행됐고, 쉽게 돌아오지 못할 것이니 그렇게 알라"고 엄포를 놓았습니다. 경찰은 거기에 더해 남편의 서재에 들어가 당시 제가 봐도 불온서적이 아닌 조지훈의 '지조론', 이광수의 '민족 개조론' 등 제목에 '자유', '민주', '민족', '정의', '개조' 등의 낱말이 들어간 책 수십 권을 간첩 활동 증거가 되는 서적이라며 압수해갔습니다. 그리고 제게 "평소 남편이 북한을 찬양하는 발언을 했지?" 하면서 유도 신문을 했습니다. 저는 남편이 신군부 독재를 비판하는 말은 했지만, 북한을 옹호하는 말은 들어보지 못했기에 그렇지 않다고 하니, 제가 그렇게 말하면 남편이 더 심한 고문을 받을 것이라며 협박하고 돌아갔습니다. 그 뒤 가족들은 남편의 행방을 모르고 20여 일을 지냈습니다. 그 충격으로 시어머니는 쓰러지셔서 대소변을 받아내게 됐고, 저는 울며 지내니 젖이 나오지 않아 갓난아이는 젖도 얻어먹지 못했습니다. 출산 뒷바라지를 하러 오신 친정어머니도 함께 눈물로 지내니 집안 꼴이 말이 아니었습니다. (장계순 〈진술서〉, 2021년 10월 16일)

1980년 9월 22일 경북대학교에 재학 중이던 김진덕은 학교 근처 자취방에서 연행됐다. 김진덕은 1978년 시위에 참여했다가 긴급조치 9호 위반 혐의로 구속·수감된 전력이 있었기에 1980년 여름 휴교 기간에는 내내 숨어 지냈다. 그러므로 그는 두레양서조합의 5·18 사건 논의 과정에 참여하지 않았음에도 두레사건 관련자로 경상북도경찰국 대공분실에 연행됐다.

1차로 잡혀간 정상용, 김영석, 곽길영, 이석태, 이상국, 서원배, 신중섭, 김병일, 정동진의 조사가 어느 정도 진행되고 추석 연휴가 지난 시기에 권영조, 이동렬, 황병윤이 연행됐다. 졸업생인 권영조는 경북 능금협동조합 의성지소에 근무하던 중 9월 26일경 대구 중구 소재 자택에서 영장 없이 체포됐다. 경북대학교 재학생이던 이동렬은 9월 27일에 학교 강의실에서 연행됐고, 황병윤은 며칠 동안 피신 생활을 하다가 9월 29일에 경찰서로 자진 출두한 뒤 경상북도경찰국 대공분실로 넘겨졌다.

이 14명 외에도 두레양서조합 조합원, 가톨릭농민회 실무자, 경북대학교, 영남대학교, 효성여대 등 각 대학4-H연구회(농촌문제연구회) 회원과 졸업한 동문도 끌려갔다. 경북대학교 이호철 교수도 두레서점에서 금서를 구입했다며 연행됐고, 모 전문대의 서정식 교수는 돌잔치에 손님으로 온 두레사건 관련자들을 하룻밤 재워줬다는 이유로 연행됐다. 6월에 대구 지역 곳곳에 유인물을 배포했던 학생 김종길, 유수근, 장대수, 정대호 등도 연행됐다. 이 팀은 두레서점의 정상용에게 자신들이 뿌린 유인물을 전달했던 유수근이 제일 먼저 연행됐고, 그다음에는 장대수가 연행되었고 이어 김종길 등도 추석 전에 연행됐다. 그리고 대구 메아리야학 관련자, 곡주사(대구 지역 운동권 학생들이 자주 모이던 술집) 점주와 종업원, 정상용의 고등학교 동기 친구들과 두레서점을 자주 드나들었던 사람들도 합동수사본부로 끌려갔다. 이때 연행된 인원은 모두 100여 명에 달하는 것으로 추산된다.

두레서점 압수수색

경찰은 사건 관련자를 연행하면서 두레서점을 수색하여 책과 문건은 물론, 두레양서조합 조합원 명부와 정관, 매출 현황 기록, 외상 거래 장부까지 압수했다. 경북대학교 농촌문제연구회 서클룸도 수색해 서클룸에 있던 책, 문건과 함께 회원 명부와 사진도 압수했다. 경찰은 이를 근거로 두레양서조합 조합원, 서점을 드나들며 책을 구입했던 운동권 관련 인사들, 경북대학교 농촌문제연구회 회원과 졸업생들을 연행했다.

경찰이 압수한 문건과 물품은 수백 가지에 달했으나, 검찰에 송치할 때는 사건을 축소해 그중 일부만 증거자료로 선별해서 넘겼다. 당시 경찰이 검찰에 송치한 압수물 목록은 표 1과 같다. 표를 보면, 경찰이 검찰에 송치한 압수물은 단행본 도서와 제본 자료집 17종, 2쪽 이상 비

〈표 1〉 압수물 총목록(원문 그대로)

조선 경제사	3권	가톨릭농민회 형제 공판 방청기	1부
조선 민족의 진로	4권	추곡수매에 대한 성명서	10부
김지하 시집	1권	밑지는 쌀농사	1부
민중의 소리	3권	함평 고구마 사건에 관한 농협 처사를 규탄한다	1부
김대중의 민족혼과 더불어	1권	정부는 과연 중농정책을 하는가	1부
김대중의 80년대 좌표	1권	노풍 피해보상	1부
아! 전태일	1권	쌀 생산조사 연구 보고서	1부
앵적가	1권	어용 교수 백서	1부
나뽈레옹 꼬냑	1권	결의문 (농민의 호소)	1부
오원춘 사건 전모	1권	호소문 (정부 책임 외면)	1부
안동교구 사태의 진상	1권	오적	42부
짓밟힌 농민 짓밟힌 교회	1권	아카데미 사건 성명서	5매
한국 노동문제의 구조	1권	농민운동의 부재 원인	1매
모택동의 생애와 사상	1권	어느 여름밤의 의미	1매
황토	1권	성명서(농민피해보상)	1매
8억 인과의 대화	1권	짓밟히는 농민운동	1매
우상과 이성	1권	성명서(김대중 함석헌 윤보선)	1매
비어	51부	전국농민에게 보내는 호소문	1매
결의문(농민의 호소)	1부	농협은 누구를 위한 존재이냐	1매
News week Time 복사	2부	오늘을 사는 순교의 의미	1매
선언문(가톨릭농민회)	1부	불공평한 농지세 시정	1매
두레회 정관	1부	농협이 만든 포도협동조합 사기 행각	1매
꿈틀거리는 백성이어야 산다	1부	우리는 왜 더 이상 기다릴 수 없는가	1매
정성헌 유남선 박명근 형제를 석방하라	1부	노동운동의 투사 정재중 석방 페넌트	8개
한국농업문제의 역사적 형성과정	1부		

제본 자료 19종, 성명서 등 낱장 자료 12종, 비도서 물품인 페넌트 1종 등 총 49종으로 가톨릭농민회에서 제작한 자료가 절반을 넘는다. 백남 운의 《조선 민족의 진로》, 전석담의 《조선 경제사》, 김지하의 〈오적〉과

〈비어〉 등은 나중에 사건 관련자들을 반공법 위반 혐의로 구속기소하는 근거로 쓰였다. 또한 경찰 송치 의견서에는 〈민중의 소리〉, 〈어느 여름밤의 의미〉(YH 사건 폭로 글), 김대중의 〈민족의 혼과 더불어〉(김대중의 1980년 3월 YWCA 연설문 '민족혼과 더불어'의 오기), 김대중의 〈80년대 좌표〉(김대중의 1980년 4월 25일 관훈클럽 연설문 '80년대의 좌표'의 오기)가 불온문서로 분류되어 있다.

정작 가톨릭농민회 홍보부장 이상국이 두레서점에 전달한 인혁당 재판 기록 〈암흑 속의 횃불〉, 〈전두환의 살육 작전〉 등은 압수물 목록에 없다. 이 자료는 경찰이 서점에서 압수해 사건 당사자들을 검찰로 송치할 때 주요 증거물로 제시했으나, 나중에 사건을 축소하면서 압수물 목록에서 삭제한 것으로 보인다.

2. 합동수사본부의 고문·취조

1차 연행자에 대한 고문·취조

연행된 사람들은 대부분 어떤 곳으로 잡혀왔는지도 정확하게 몰랐다. 그러나 시간이 흐르면서 경상북도경찰국 대공분실 안가에 불법 구금됐다는 것을 알게 됐다. 이 안가는 옛 북부시외버스터미널(현 대구 서구 비산동 1165-2) 부근에 있었다. 이곳의 예전 행정 지명은 원대동이어서, 사람들은 옛 북부시외버스터미널도 원대주차장 또는 북부주차장이라고 불렀다. 구술자들에 따르면, 당시 원대주차장 담과 붙은 곳에 원대운전교습소와 큰 단독주택이 한 채 있었고, 그 단독주택에 경상북도경찰국 대공분실 안가가 있었다. 겉모습은 일반 가정집 단독주택처럼 보였다. 넓은 잔디밭과 정원 가운데 크고 멋진 양옥의 단층 건물이 있었다. 정원에는 감나무와 여러 종류의 나무가 있었다. 그래서 연행된 사람 중에는 예전에 이 앞을 지나갈 때마다 원대주차장 사장 집인 줄 알았다는 사람도 있었다.

그러나 대문을 지나 건물 본채의 현관문을 열고 안으로 들어가면 일반 가정집과는 전혀 다르게 음산하고 무서운 광경이 펼쳐졌다. 1층에는 철문이 달린 감방이 여러 개 다닥다닥 붙어 있었다. 감방은 창이 높고 작아서 어두웠으며, 옆방에서 나는 소리가 까마득하게 들릴 정도로 방음장치가 잘되어 있었다. 계단을 내려가면 상당히 넓은 지하층이 있었고, 지하에도 여러 개의 감방이 있었다. 감방마다 서대문형무소의 고문실처럼 나무 창살로 된 문이 있었고, 그 문을 열고 들어가면 마룻바닥으로 된 꽤 넓은 방이 있었다. 방 안에는 책상과 의자, 고문 도구가 있었고 입구의 세면실에는 욕조가 있었다. 바로 이 방에서 연행된 사람들은 생사를 넘나들며 혹독한 고문을 당했다.

정상용과 김영석은 한 달가량, 그외의 사람들은 짧게는 하루에서 길게는 20여 일에 이르기까지 고문과 가혹행위를 당하며 수사를 받았다. 15일 이상 구금되어 각종 고문을 당한 사람이 14명이었다. 수사관들은 연행한 사람들에게 '잠 안 재우기 고문'을 하고, 허벅지에 각목을 끼우고 구타하거나 물구나무 세운 채 속칭 '통닭구이 고문'을 하며 마구 구타했다. 김영석, 곽길영, 이석태, 서원배 등은 무차별 구타와 함께 물고문을 당했다. 정재돈과 이상국은 물고문 외에도 성기에 한지 노끈을 집어넣는 속칭 '심지뽑'이라 불리는 성고문을 당했다. 정상용은 물고문, 성고문 외에 전기고문까지 당했다. 구술자들이 증언한 고문 피해 실태는 다음과 같다.

첫날은 들어가니까 바로 독방에 넣고 문을 잠그더라고. 내가 예상했던 것과 분위기가 영 다른 거야. '이게 잘못하면 뭔가 만들어서 덮어씌우겠구나' 하는 생각이 딱 드는데, 자술서를 쓰라고 하더라고. 그래서 지금까지 생활했던 것을 쓰니까, "당신보고 누가 이런 거 써라 카나? 우리 필요한 걸 써야 할 거 아니가? 이 조직을 만든 게 당신인데, 일단 뭣 때문에 조직했는지 써라." 그래서 적당하게 썼어. 하루 딱 지나니까 그때부터 이유도 없이 상상 이상의 린치가 들어오더라고. 어떤 때는 2명 들어오고 어떤 때는 3명 들어오고. 그걸 2~3일 하다가 그다음에 시멘트로 만든 탕에 물 채워서 물 먹이고. 우리가 보통 밖에서 들었던 고문은 다 당한 거야. 나는 그놈들이 고문하고 뒤틀면서 척추가 두 군데 금이 가버렸어요. 그리고 허벅지를 집중적으로 때리니 허벅지 빛깔이 새카맣게 돼버려. 나중에 석방될 때도 상처 선이 까맣게 남아 있는 거야. 그래서 고문당한 걸 외부에 발설하지 않겠다고 이중 삼중으로 각서를 쓰라고 하더라고. (이석태 구술, 2023년 4월 23일)

대학 들어오고부터 한 일에 대해 자술서를 쓰라는 거예요. 뭣 때문에 끌고 갔는지 그런 것도 없었고, 아는 것, 기억나는 것, 다 쓰라는 거예요. 쓰니까 180페이지 정도 돼요. 이튿날도 자술서를 쓰라고 하는데, 자기들이 의도하는 방향으로 계속 유도하면서 앞서 쓴 것과 다르면 구타하는 거예요. 저는 학창 시절에 최면술을 배웠기에 고문에 대한 준비가 좀 돼 있었어요. 그 사람들이 물고문하면, '너는 물고문하는 사람이고 나는 고문당하는 사람이니

실컷 물 먹어주겠다' 생각하면서 빨리 실신해버리곤 했죠. 그런데 물고문당하면서 치아가 2개 부러졌어요. (김영석 구술, 2023년 6월 4일)

이 방 저 방에서 두들겨 맞는 소리가 들렸어요. 엄청나게 두들겨 맞았어요. 근 한 달을 맞은 거예요. 나는 안동 마리스타수도회에 숨겨놓은 사람 때문에 잡혀간 줄 알았는데, 첫 질문이 "광주 갔다며?"였어요. 가뜩이나 광주 때문에 괴로웠는데 광주 얘기가 나오니까, 한번 해보자는 마음이 들더라고요. 그때 계엄포고령 위반이 끽해야 징역 3년이에요. 그래, 3년인데 내가 산다, 내가 보고 들은 대로 다 얘기했지요. 그래도 홀딱 벗겨놓고 막 매달고 별의별 짓을 다 하며 손발이 탱탱 붓도록 때리더라고. 수사관에게 제가 그랬어요. "내가 묻는 말에 대답을 안 하더냐? 거짓말을 하더냐? 당신, 왜 패냐?" "그냥 미워서 그런다" 하더라고요. 그러니까 어이도 없었지만, 제가 당장 죽을 지경이니 책상 밑으로 기어들어 갔어요. 또 막 매달고 때려요. 나중에 발이 다 팅팅 부어서 고무신이 들어가지도 않았어요. 그리고 의자에 매달아서 성고문까지 하더라고요. 내가 성고문이란 게 그런 건지 몰랐는데, 속칭 '심지방'이라는 고문을 하더라고. 아이유, 아주 성불구자 되는 줄 알았지. (정재돈 구술, 2015년 11월 6일)

대공분실 지하로 들어가자마자 들고 차고 구타를 한참 하다가, "옷 벗어!" 그러고 팬티를 제외하고 다 벗기고 팔을 뒤로 묶은 채 눈 가리고 두세 시간은 가만히 뒤요. 옆방에서 딴 사람 고문당하는 소리가 계속 들리지요. 그러고는 느닷없이 다시 패기 시작하면서, 허벅지 사이에 각목 넣어서 짓이기고 넘어지면 골반 위에 올라타고 밟아요. 그다음에 종이 하나 주고 진술서 쓰라는 거예요. 그러다가 다른 사람과 말이 다른 부분이 있으면 또 두드려 패고. 통닭 달기도 하고 온갖 거 다 하고, 얼굴에 수건 덮어씌워서 주전자로 물을 부어도 간첩단 학생 담당 대표라고 시인하지 않으니, 수조에 머리를 갖다 대고 눌러서 물이 폐 속으로 들어갈 정도로 젖히면서 물고문하니까, 완전히 숨이 끊길 뻔했어요. (서원배 구술, 2023년 8월 7일)

군대에서 취침 점호할 때 기합 안 받으면 잠 안 온다 카더니만, 고문받는 것도 습관이 되니까 안 맞으면 잠이 안 와요. 일찍 가서 맞고 와야 잠이 오지. 팬티만 입혀놓고 뒤로 묶어놓고 고문하는데, 곤봉으로 때리면 소리도 크게 나고 번쩍번쩍합니다. 물고문은 이 친구들이 취미 비슷한 것 같았어요. 물고문하면서 "(옆방에) 방첩대, 보안대에서 (사람이) 나왔는데, 소리 좀 크게 질러라" 이런 짓도 한다니까요. 그런 거는 수시로 하고. 나중에 성기고문을 했어요. 얼굴에 수건을 감아놓고 옷 다 벗겨놓고, 성기를 딱 쥐고 느낌에 한지 종이로 만든 노끈 같은 것을 입구에 집어넣는데 고통이 엄청나더라고. 나는 그때 사람의 생리적 생산 본성이 참 대단하다고 느꼈어요. 평생 애를 못 낳게 하겠다며 고문하니, 그 공포가요, 대단합니다. 석방되어 나와서도 한 6개월 동안 아내와 관계를 못했습니다. (이상국 구술, 2023년 6월 6일)

구술자들은 초기에 끌려간 사람들이 고문을 많이 당했으며, 특히 정상용이 가장 고문을 많이 당했다고 했다. 정상용은 가장 먼저 연행되어 가장 오랜 기간 구금된 상태에서 물고문, 성고문, 전기고문을 당했다. 경북대학교 유인물 사건 관련자 정대호는 북부경찰서에서 정상용을 본 적이 있다고 했으며, 정상용은 팔다리를 묶어 장시간 거꾸로 매다는 '통닭구이 고문', 또는 '병아리장 타기' 고문과 전기고문을 계속 당해서 몸이 부어 있었다고 했다. 이상국은 고문 취조 과정에서 정상용의 진술과 엇갈리는 부분이 있어 수사관들이 사건 관련자를 모아놓고 대질 신문을 한 적이 있다고 했다. 그리고 그 자리에서 고문을 많이 당한 정상용이 자신에게 절망적인 눈빛을 보내던 것이 기억난다고 말했다.

> 정상용 선배는 고문을 세게 받았어요. 내가 북부경찰서에 가니까 그때도 전기 고문을 당하고 병아리장 타고 맨날 고문당해서 몸이 퉁퉁 부어 있었어요. 정상용 선배가 집안 형편이 넉넉하다 보니까 후배들한테 용돈을 줬나 봐요. 간첩단의 자금책으로 몰아서 수사했더라고요. (정대호 구술, 2024년 2월 26일)

> 정상용이 많이 고생했습니다. 제가 거기서 상용이 맞는 거도 봤어요. 상용이가 얘기한 것과 제가 얘기한 것이 차이가 나면 자기도 맞고 나도 맞고. 제가 오죽했으면, "사람마다 기억이 다른데 따로따로 조사해서 패기만 하면 됩니까? 같이 앉아서 협의하도록 자리를 모아주세요"라고 했어요. 그래서 조사를 마무리하는 단계에 대질 신문을 한 적이 있어요. 붙들려간 사람들이 다 같이 모여서 빙 둘러서 있는데, 상용이 조서와 제 조서를 대조해보니 날짜가 서로 달라요. 다른 팀 수사관들은 상용이 조서에 맞춰서 각자 취조한 사람들의 조서를 받아놨어요. 그런데 수사관 중에 제일 대장이 저를 취조했는데, 제 건 날짜가 다르니까 제 걸 기준으로 맞추면 딴 사람들 조서를 다 새로 작성해야 하고, 그렇게 하지 않으려면 자기가 고쳐야 하는 거예요. 저는 제 기억이 맞는 것 같은데. 아이고, 그때 상용이가 제게 절망적인 눈빛을 보내더

라고요. 그 눈빛을 보니까 상용이를 중심으로 맞춰야겠다는 생각이 확 들더라고요. 그래서 제가 "내 기억이 잘못된 모양입니다. 내가 틀렸습니다" 그랬어요. 그러자 저를 취조하던 놈이 재떨이를 던졌어요. (이상국 구술, 2023년 6월 6일)

나중에 사건 관련자들이 모여 집담회(2024년 3월 2일)를 할 때, 김영석도 이 대질 신문 자리에 있었다고 하며 당시의 상황을 떠올렸다. 김영석은 그때 수사관이 던진 재떨이에 맞았다고 했다.

고문의 의도: 간첩단 조작

사건 관련자들은 매일 자술서를 작성하고, 피의자 신문조서를 작성했다. 수사관들은 초기에는 5·18 관련 유인물 배포 등 계엄포고령 위반 혐의로 조사했다. 그러나 수사 과정에 두레양서협동조합을 간첩단 또는 반국가단체로 몰아가려고 했다. 즉 '북한의 지령을 받은 두레 내란 음모 사건', '인혁당 잔존 세력이 반국가단체를 결성하고 대구에서 제2의 광주 사태를 일으켜서 인민혁명을 하려고 한 사건'으로 조작해 대대적으로 발표하려고 했다.

그들은 두레양서협동조합 제2대 이사장인 곽길영을 총책으로 삼고 그 아래 이석태와 이상국을 배치한 뒤 자금책 정상용, 북부 지역 총책 정동진, 사회 담당 김영석, 노동 담당 김병구, 농민 담당 정재돈, 학생 담당 서원배 등의 하부 조직을 그린 도표를 만들었고, 이외에도 몇 종류의 도표를 작성해 사건 관련자들을 고문하여 꿰맞추려고 했다.

이 사람들이 도표를 제시하는데, '북한의 지령을 받은 두레 내란 음모 사건'이라고 하면서 그림을 쭉 그려놨는데 이름이 나열된 사람이 꽤 많더라고요. 60명은 됐지 않나 싶어요. 그 사람들도 처음에 조직 도표 만들 때는 꿈에 안 부풀었겠습니까? "인혁당 재건에 대한 꿈이 있었기 때문에, 이런 걸 나눠준 거 아니냐?" 이런 얘기도 했으니까. 조서를 보면, "광주 5·18 혼란을 대구에서 일으켜서, 다시 인민혁명을 일으켜서 뭘 이룩하고…." 그 사람들 입장에서는 그게 이야깃거리가 되잖아. 광주 항쟁을 대구 인민혁명으로. (이상국 구술, 2023년 6월 6일)

도표가 한 개만 있는 게 아니고 몇 개 됐어요. 이렇게 꿰맞추고 저렇게 꿰맞추면서 처음 도표에는 곽길영 선배, 이석태 선배를 쌍둥이 두목으로 해놓고 그 아래 이상국, 그 옆에 북부 총책 정동진, 북부 자금책 김병일, 총자금책 정상용, 그 아래에 네 군데로 갈라서 사회 담당 김영석, 노동 담당 김병구, 농민 담당 정재돈, 학생 담당 서원배로 해서 각 분야 대표 4명을 적어놨더라고요. 그리고 사회 담당 김영석 형 밑에 권영조 형 이름이 있었고, 제 밑에는 신중섭을 경북대 담당이라고 하고 후배들 이름을 다 넣고. 그렇게 만들어서 취조하다가 말이 안 맞으면 또 바꾸곤 했어요. (서원배 구술, 2023년 8월 7일)

인혁당 조사한 놈들이 수사를 담당했으니까, 두레사건을 인혁당 잔존 세력의 반국가단체 사건으로 만들려고 그랬던 거예요. 인혁당 잔존 세력의 배후 조종을 받아서 활동하는 경북대학교 학생들과 두레서점 일당이 대구에서 제2의 광주를 획책했다는 거야. (정재돈 구술, 2015년 11월 6일)

또한 수사관들은 초기에는 두레양서조합과는 별도로 6월에 대구 시내에 광주 학살 진상을 알리는 유인물을 뿌렸던 김종길 등 7명과 경북대학교 건물에 벽서를 썼던 신창일, 김동국도 같은 간첩단으로 몰아넣어 도표를 만들었다. 그러나 그 학생들을 계속 고문해도 두레양서조합과의 연관성이 드러나지 않자, 이들을 제외하고 도표를 새로 그렸다.

정상용은 두레서점을 운영하고 자본을 많이 댔다는 이유로 총자금책이자 간첩단 주범으로 몰리면서 고문을 가장 많이 당했다. 또한 〈전두환의 살육 작전〉 유인물을 전달했고, 5월의 유인물 제작 사건을 제안했던 이상국, 두레양서조합 초대 이사장 이석태, 제2대 이사장 곽길영은 "대구에 제2의 광주 사태를 유발하기 위해 고정간첩에게 돈을 받아 두레서점을 만든" 간첩단 조직의 상층부로 몰려 고문당했다. 서점 운영을 도우며 학교 재학생 후배들과 자주 교류했던 서원배는 간첩단 학생 총책으로 몰렸고, 가톨릭농민회 활동을 열심히 했던 김영석은 가톨릭농민회와 김대중의 연결고리로 몰려 고문을 당했다. 정재돈은 5·18 때 두레양서조합 구성원들에게 소식을 전하고 여름에 문건만 전달했을 뿐, 두레양서조합 구성원들과 함께 행동한 적이 없었다. 그러나 민청학련 사건 관련자라는 전력 때문에 두레양서조합과 인혁당의 연결고리로 몰려 고문을 당했다. 그리고 그 하부에 두레양서조합의 재학생과 직장인 조합원, 대학4-H연구회(농촌문제연구회) 회원들, 대구 지역의 학생운동권과 교수진, 가톨릭농민회 등으로 구성된 조직 도표를 그리고 이를 '김대중 내란 음모 사건'과 엮으려고 했다.

"서점 만든 돈은 어디서 온 거고?"라며 추궁하는데, "각자 다 냈다" 하니 되나? 자기네들 시나리오대로 대구에 제2의 광주 사태를 유발하려고 고정간첩에게 돈을 받아서 두레서점을 조직적으로 만들었다고 결론짓는 거야. 나는 "당신들 알다시피 나는 가톨릭 신자고, 또 가톨릭은 공산주의하고 아무 관계가 없다. 우리 집은 밥 먹고살 만하기 때문에 나는 공산주의자 할 일도 없다. 내가 뭐가 답답해서 그거 하겠노?" 하면서 버텼지. 그런데도 저거 입맛대로 꿰맞추려고 계속 고문하는 거야. (이석태 구술, 2023년 4월 23일)

죽을 지경이죠. "나는 학교에 학생운동 하던 친구들과 교류하긴 했지만, 유인물 만든 일 말고는 한 일이 없다"라고 하면, 계속 내가 학생 담당 총책이라고 인정하라는 거예요. 어쨌든 내가 유인물을 뿌리는 사건은 책임자를 맡았고, 서점 일 하면서 학생운동권 애들과 교류를 해왔으니까. 그런데 그 사람들이 몰아세우는 걸 인정해서 간첩단 중간보스급이 되면 최하 징역 20년이고 사형까지도 받을 수 있는데. 내가 실제로 뭘 한 게 있어야 인정하지. (서원배 구술, 2023년 8월 7일)

저를 가톨릭농민회와 김대중 대통령하고의 연결고리로 잡으면서 가톨릭농민회 활동을 왜 그렇게 열심히 했느냐, 김대중을 알았느냐, 이런 것으로 많이 고문했어요. 그래서 그런 일 없었다, 실제로 없었으니까···. 나중에는 "난수표하고 권총만 도표 옆에 놓으면 너희는 사형이야"라면서 지장을 찍으라고 하더라고요. 그런데 차마 거기에 지장을 못 찍고 계속 고문당했지요. (김영석 구술, 2023년 6월 4일)

수사관들은 연행한 사람들에게 "인혁당도 여기서 엮어 넣었는데, 이 도표 옆에 권총과 난수표만 놓으면 너희도 바로 간첩이다"라고 했고, 자기들이 그린 도표를 보여주면서 "너희들은 여기서 죽어나가도 그냥 변사 처리하면 그만이다"라는 말로 협박했다. 심지어 곽길영은 김정일과 나이가 비슷하다는 이유로 김정일의 사주를 받고 북한의 지령을 받았을 것이라고 몰아갔고, "김정일과 동갑계를 조직하는 게 소원"이라는 말을 했다고 조작하기도 했다. 그리고 이게 여의치 않자, 김대중으로부터 돈을 받았다고 조작해 김대중 내란 음모 사건과 연결 지으려고 했다.

2차 연행자에 대한 고문·취조

2차 연행자들은 엄밀히 말하면 대부분 1차 연행자들을 '간첩', '반국가단체 구성원'으로 몰기 위한 증인, 참고인 자격으로 연행된 것이라 1차 연행자만큼 구금 기간이 길지 않았다. 그러나 2차 연행자 중에는 왜 연행됐는지도 모르고 조사에 대비하지도 못한 채 잡혀 들어와 막무가내로 고문당한 경우도 있었다. 그리고 가족처럼 친하게 지냈던 동료나 선후배들이 피를 흘리며 고문당하는 모습이나 소리를 가까이에서 보고 들어야 했고, 자신의 진술이 가까운 선후배를 반공법 위반으로 몰기 위한 증거로 사용되는 고통까지 겪어야 했다. 이러한 과정은 그들에게 평생 트라우마를 남겼다.

서원배와 유인물 제작을 함께했던 재학생인 신중섭과 이동렬은 두레 간첩단의 학생 부문 구성원으로 몰려 고문을 당했다.

대공분실 들어오자마자 두들겨 맞고. 그동안 했던 일 적어라 해서 적어줬어요. "나는 아니다"라고 적으면, 다른 사람이 얘기한 걸 듣고 와서 또 두들겨 패고 다른 내용으로 새로 적어내라고 해요. 그렇게 며칠 계속했어요. 저를 상용이 형님하고 자꾸 연결해서, "네가 학생들한테 전달해서 그걸 하려고 했던 거 아니냐?"라는 식으로 추궁했어요. 그래서 저는 "내가 그런 일을 할 수준도 아니고. 그런 거까지는 나는 모른다"라고 했어요. 사실 저는 그 사람들이 제게 원하는 게 정확하게 뭔지 잘 몰랐어요. 그래서 "그거는 잘 모른다" 하면, 또 상용이 형을 막 괴롭히고 그랬던 거 같더라고요. (신중섭 구술, 2023년 6월 5일)

계속 사정없이 때리지요. 조그마한 방에서 경찰관 한 사람은 말하는 걸 받아쓰고. 한 사람은 때리고. "같이 일했던 사람은 다 말했는데, 너는 왜 시인을 안 하느냐? 자, 봐라. ○○○이가 쓴 거 다 있다. 〈오적〉도 보고, 《조선 경제사》도 보고. 너는 간첩 아니냐?" 하고 무조건 간첩으로 몰고 가는 거예요. 저는 다른 사람 조사가 끝나고 난 뒤에 늦게 들어간 편에 해당하지만, 매일 고초를 겪었어요. 매달고 때리는 거는 기본이었죠. 발을 위로 묶어 올려놓고 발바닥 때리고, 엉덩이를 때리고 욕조에 대가리 처박고. 그리고 앞에 진술했던 분 조서를 내가 읽어볼 수 있도록 주더라고요. "인마. 이거 네 친구들이 쓴 거다. 네 친구들이 다 시인했는데 왜 너만 시인 안 하냐?" 그래서 "알겠습니다. 그 내용이 맞으니까 그대로 하십시오" 하고 말아버렸죠. (이동렬 구술, 2023년 8월 21일)

청송 진성중학교 교사인 김병일과 정동진은 후배들의 5·18 투쟁 상황을 자세히 알지 못한 채, 두레양서조합 조합원이라는 이유로 끌려왔고 주로 가톨릭농민회에서 자료를 받아 두레서점에 전달한 문제로 취조를 당했다. 제대 복학생이던 황병윤도 김지하의 시 〈오적〉을 배포했다는 혐의로 고문을 당했다. 그들은 대공분실에 갇혀 있는 동안 다른 사람들이 고문당하는 모습을 목격하거나 고문당하는 소리를 계속 들어야 했다.

정동진, 김병일 씨는 이 사건에 대해 모릅니다. 두 분 다 대구에서 멀리 떨어진 청송에서 학교 교사 하고 있다가 두레양서협동조합의 조합원이라는 것 때문에 갑자기 끌려왔어요. 제가 청송 진성중학교에 몇 달 근무한 적 있으니까 정동진, 김병일 씨와 굉장한 커넥션이 있지 않나 생각했겠죠. 나중에 김병일 씨는 유치장에서, "상국아, 나는 왜 여기 와 있노?"라고 하더라고요. (이상국 구술, 2023년 6월 6일)

조사실에 들어가니 전구가 안 켜져서 침침해요. "어, 형광등 전기 안 오네" 하는 거를, 제가 명색이 과학 선생 아닙니까? "내가 불 켜줄까요?" 하니 수사관이 드라이버를 하나 주더라고. 그래서 책상 위에 의자를 올려놓고 내가 그 위에 올라가서 딱 켜니까 불이 왔어요. 그걸 고쳐놓고 의자에서 내려서는데, 다른 수사관이 "인마가 김병일이야?" 이러면서 얼굴을 사정없이 때리더라고. 그대로 의자하고 같이 우당탕 넘어지니까 쌍욕을 하면서 일어나라 하더니 옷 벗으라고 하더라고요. 밑에 속옷 하나만 입고 옷 다 벗고 난 뒤에는 앉자마자 또 허벅지를 때리고. 두 대 맞고 나니 정신이 하나 없어 넘어졌지. 그 뒤로도 별거 아닌 거 갖고 묻고 또 묻고. 도대체 뭘 묻는지도 모르겠어요.

(…) 처음에는 김지하의 〈오적〉 등의 자료를 보여주며 취조했어요. 그 뒤에는 대학 생활부터 지금까지 한 서클 활동과 친한 친구 이름 등을 적으라며 갱지를 주고는 몇 번을 반복해서 적으라고 했어요. 2~3일 지난 뒤에는 "이석태가 김대중이로부터 서점 개설 자금과 운영 자금을 받았지?" 하면서 때리더라고요. (…) 며칠 뒤에 또 불려나가 신문받고 들어오는데, 마주 보는 방에 서원배가 얼굴에 완전히 허연 붕대를 감고 팬티 바람으로 꿇어앉아 있는 걸 봤어요. (김병일 구술, 2023년 4월 25일)

저는 5·18보다는 〈오적〉 시 전달 루트를 찾으면서 김병일 선생과 제가 불온 문서 보급한 게 되어 같이 엮여버렸죠. 조사받을 때, 정재돈이 나보다 먼저 구금돼 있었는데 저는 정재돈이 잡혀와 있는 줄 몰랐어요. 그래서 정재돈이 이름 안 불려고 하다가 고생했죠. 그 사람들이 취조하면서 간첩 사건으로 몰아간다는 걸 알도록 만들어줘요. "너, 김대중 선생 알지?" 만나지도 못한 사람 밑에 도표 그려서, "너, 두레조합 간부네. 중간책으로 만나서 저거 받고 한 거 아니라?" 그래도 저는 애먹을 때는 애먹었지만, 그냥 몇 차례 맞고 치아가 상한 정도예요. 고문도 다른 사람에 비하면 덜 받았죠. 내가 친구들한테 미안한 게 그거예요. 거기 있으면 다른 취조실에서 친구들 고문당하는 소리가 다 들렸어요. 내 후배 상용이가 소리 지르고 우는 소리, 원배의 비명 소리… 그거 듣는 건 내가 맞는 것과 비교가 안 되게 힘들어요. 정말 옆에서 맞는 거 못 듣겠더라고요. 평생 그 기억이 가슴에 남아 있어요. 지금도 그때 얘기를 하면 손이 떨리고 기분 나쁘고 피하고 싶어요. (정동진 구술, 2023년 4월 24일)

많이 맞았죠. 군대에서 기합받은 것보다 더 많이 맞았어요. 그냥 패는 거예요. "엎드려, 발바닥 들어." 발바닥 패다가, 말 하나 안 맞으면 몽둥이로 패는 거예요. 잠 안 재우고 욕조 물에 담그고. 발바닥을 제일 많이 맞았어요. 그리고 옆방에서 고문당하는 소리도 들리고. "옆방에 누구누구 있는데, 어떻게 됐다"고 공갈·협박하는 거지요. 제가 그때 허리를 다쳐 지금도 일하면서 애먹고 있습니다. (황병윤 구술, 2023년 6월 5일)

학생 김진덕도 참고인 자격으로 끌려와 조사를 받았다. 김진덕은 1978년 11·7 시위에 앞장섰다가 긴급조치 9호 위반 혐의로 실형을 산 전력이 있었기 때문에 5월에는 도피 생활을 하면서 두레 모임에 참여하지 않았다. 두레양서조합 구성원들도 5·18투쟁을 기획할 때 김진덕과 정동남 등에게는 일부러 연락하지 않았다. 그런데 9월에 김진덕이 갑자기 연행되어서 이유조차 모른 채 취조를 당했다. 김진덕은 주로 정상용이 반공법을 위반했다는 증거를 조작하기 위해 조사받았다.

저는 5·18 모임에 참가하지 않았는데, 백남운의 《조선 민족의 진로》에 대해 집중적으로 조사받았어요. 그런데 그 조사가 끝나고 형사가 정상용 선배님에 관한 글을 하나 가져왔어요. 거기에 "정상용이는 사회주의, 공산주의를 지지하고 있다"라는 내용이 있었는데, 그 순간 그것에 대해서 내가 "아니다"라고 명확하게 대처를 못했어요. 그런데 나중에 두레사건 판결문을 보니까 첨부 자료에 상용이 형을 반공법으로 엮기 위해서 여러 사람의 진술을 참고로 넣었더라고요. 거기에 내 진술도 첨부돼 있더라고요. 결국은 내가 잘못한 거잖아요. 내가 의지가, 정신력이 부족해서 그런 거지요. 상용이 형이 살아

계시면 술 한잔 하면서 미안하다고 하면 되는데, 돌아가시고 안 계시니까 내내 부끄러움과 죄책감이 남고 가슴이 너무 아픕니다. (김진덕 구술, 2023년 8월 7일)

사건과 무관한 사람들도 상당수 끌려와서 고문을 당했다. 두레양서조합 조합원이 아닌데도 유인물을 뿌렸거나 벽서를 썼던 학생들이 고문을 당했다. 노동운동가 김병구 등은 이석태와 함께 포항 지역에서 활동했다는 이유로 끌려와 조사를 받았다. 대학교수까지 엮어서 간첩단의 구색을 갖추기 위해 경북대학교 이호철 교수와 모 전문대학의 서정식 교수도 연행되어 고문을 당했다. 이호철 교수는 금서인 《조선 경제사》 복사본을 두레서점에서 구입했다는 이유로 잡혀왔다. 이상국과 서원배는 수사관들이 이호철 교수를 "벽에 물구나무 세워놓고 곤봉으로 배를 마구 구타하는 모습"을 목격했고, 이호철 교수가 옆방에서 고문당하는 소리도 들었다고 했다. 서정식은 전문대 교수가 된 지 얼마 되지 않은 시점에 집에서 돌잔치를 열었다가 두레양서조합 조합원들에게 회의 장소를 제공했다는 이유로 연행되어 고초를 겪었다.

연행된 사람 중에는 여성도 상당수 있었다. 경북대 농촌문제연구회 회원과 졸업생들, 효성여대 대학4-H연구회 회원과 졸업생들, 또는 서점에 드나들던 학생들, 야학 교사나 〈오적〉 문건을 전달받은 사람 가운데도 여성들이 있었다. 또한 당시 대구 지역 학생운동 관계자들이 자주 드나들던 주점인 곡주사의 주인 할머니와 조카딸도 연행되어 고초를 겪었다. 여성 중 일부는 대공분실까지 끌려오지는 않았으나, 수사관이 직장이나 집으로 찾아가 취조한 경우도 있었다. 한 구술자는 당시 수사당국이 연행한 여학생을 속옷만 입힌 채 취조했다는 이야기를 피해 당사자로부터 들었다고 구술했다.

이 새끼들, 이 죽일 놈들이 여학생을 구타하다가 눈 가리고 옷을 벗으라고 하고 팬티, 브래지어 바람으로 앉혀서 조사했다니까. 끌려와서 나흘 동안 갇혀 있으면서 그렇게 고문당했다고 이야기한 친구가 있어요. 그런 상황은 당사자가 피해를 당해도 상세하게 이야기 안 하잖아. "너, 어떻게 조사받았노?" 하니까 속옷만 입힌 채 옷 다 벗기더라는 이야기를 들었으니까 아는 거지. (서원배 구술, 2023년 8월 7일)

구금된 사람들은 목숨을 위협하는 고문을 당하며 매일 죽음의 공포에 시달리는 지옥 같은 생활을 하는 와중에도 사건 규모를 최대한 축소하고 동료를 보호하기 위해 노력했다. 이상국은 민청학련 사건 관련으로 구속 전력이 있는 정재돈을 이 사건에서 제외하기 위해 애썼다. 그는 자신이 혼자서 광주 학살 진상을 전달하고 유인물 배포와 시위 등 모든 일을 계획하고 주도했다고 하면서 조사에 응했다. 다른 구금자들도 두레양서조합과 농촌문제연구회 구성원 중 긴급조치 9호 위반으로 수감된 전력이 있는 김진덕과 정동남이 이 사건으로 재판을 받으면 중형을 받을 것을 우려하여 그들을 제외하기 위해 애썼다.

고문 가해자는 누구인가

그러면 두레양서조합 구성원들에게 국가 폭력을 행사한 가해자는 누구였을까?

구술자들은 두레사건은 경상북도경찰국, 보안사, 중앙정보부가 합동수사본부를 만들어서 수사했다고 했다. 민청학련 사건 관련자로 이 사건 전에도 경상북도경찰국 대공분실에서 조사를 받은 적이 있던 정재돈은 "그 전해에도 안동가톨릭농민회 탄압 사건으로 대공분실에 간 적이 있었기 때문에 대공분실 사람들을 아는데, 보안사, 중정, 합동수사본부더구먼. 그 사람들이 나를 보더니 '어이, 정재돈이. 작년하고는 달라, 아주' 이러더라"고 했다. 당시 보안사와 중앙정보부는 상부 기관으로서 담당자들이 와서 수사를 참관하고 경상북도경찰국 대공분실 소속 수사관들이 직접 고문하고 취조하는 일을 담당했다. 이상국은 경상북도경찰국 대공분실의 경찰들이 물고문을 하다가 "옆방에 보안사 사람이 왔으니까 소리 좀 크게 질러라"라고 한 적이 있다고 했다.

경상북도경찰국 대공분실 소속 수사관들이 사건 관련자 한 사람마다 여러 명이 취조를 담당했고 보통 두세 명이 돌아가면서 했으며, 담당 주 수사관이 있었으나, 옆방에서 다른 사람을 수사하던 수사관도 수시로 왔다 갔다 하면서 진술서를 대조하면서 취조했다. 구술자들은 그중 박○명, 곽○홍의 이름이 기억난다고 했다.

박○명은 인혁당 사건 고문 가해자이다. 1932년 경북 청도에서 태어났으며, 1956년 순경에 임용되어 주로 대구 지역 경찰서, 경상북도경찰국에서 대공 수사·공작 업무에 종사했다. 1972년 11월 경상북도경찰국 정보과 대공분실에 근무하면서 경북대학교 제적생 여정남, 재학생 임규영, 임구호 등이 유신 비판 유인물을 살포해 잡혀오자 밤새도록 경찰봉으로 전신을 구타하고 고문한 전력이 있었다. 1974년 4월에는 경상북도경찰국 대공분실 근무 중 서울 중앙정보부 제6국에 파견되어 인혁당재건위 사건 관련자들을 불법 감금하여 폭행하고 전기고문, 물고문 등을 가해 허위자백을 받아냈다. 이 허위자백에 기초한 판결로 인혁당재건위 사건 관련자 8명이 사법살인을 당했으며, 8명이 무기징역을 선고받는 등 중형을 선고받았다. 박○명은 이수병, 김용원, 여정남, 우홍선, 황현승, 전재권, 도예종을 직접 조사하여 진술서와 신문조서를 받았다. 의문사위원회 보고서에는 박○명이 피의자를 심문하면서 전기고문 기계 손잡이를 돌리고 나서 원하는 이야기가 나오지 않으면 다시 손잡이를 돌렸다는 목격자의 진술이 있다. 또한 1976년 5월부터 경상북도경찰국 정보2과(대공) 대공분실에 근무하면서 남민전 사건 피의자들을 고문했는데, 인혁당재건위 사건으로 사형된 하재완의 처이영교를 조사하면서 연필로 손가락 비틀기, 오금에 몽둥이 넣고 짓밟기, 팔다리 근육 뒤틀기, 몽둥이 구타, 구둣발로 머리 차기, 고춧가루 물을 얼굴에 붓기 등의 고문을 가해 이영교는 고문 현장에서 두부 출혈 등의 부상을 당했다는 기록도 있다.[51]

두레사건 수사에서 박○명은 이상국, 정재돈, 권영조, 황병윤 등을 담당했고, 서원배를 취조할 때도 들어갔다. 구술자들은 박○명이 수사관 중에서 나이도 꽤 많고 직위도 높은 편이었으며, 관료풍의 외모에 글씨를 잘 써서 경찰 송치 의견서 등 각종 문서 작성도 했다고 한다.

내 담당이 박○명이었어. 배 뿡양한(볼록하고 빵빵한 – 필자) 사람. 인혁당 사건 관련자도 고문한 사람이야. 그때 내가 미워서 팬다고 했는데…. 죽었어. (정재돈 구술, 2015년 11월 6일)

박○명 씨는 키는 그다지 크지 않았으나 운동을 했는지 통통하다 그럴까, 몸이 빵빵하면서 덩치가 좀 있는 스타일이었어요. 안경 끼고 얼굴도 크고 얼핏 보면 학자풍으로 보이면서도 정보과 특유의 분위기를 풍기는 사람이었고. 글씨도 반듯반듯하게 쓰고 한자도 잘 썼어요. 나중에 도장 찍으라고 할 때 보니 경찰 송치 의견서도 전부 박○명 씨가 쓴 거라. 송치 의견서 보면 전부 한문이잖아. 송치 의견서를 저렇게 쓸 정도로 능력이 되는 사람이라니까. 나는 주로 곽○홍이가 담당하다시피 했는데 돌아가면서 대질 심문할 때 박○명 씨가 와서 나를 회유하기도 하고 패기도 많이 팼지. 악랄했죠. (서원배 구술, 2023년 8월 7일)

내 담당이 계장이었는데, 저승사자처럼 생겼어요. 대공분실에서 조서 꾸미는데 최고라 하더라고요. (이상국 구술, 2023년 6월 6일)

담당 대공분실장. 완전 전형적인 관료, 개구리 배같이 배 뿅양하이 나와서. (김병일 구술, 2023년 4월 25일)

내가 박○명이라는 형사 이름은 압니다. 박○명이 얘는 많이 못됐는데 그냥 사람을 마구 팼습니다. (황병윤 구술, 2023년 6월 5일)

한편 이석태, 김영석, 서원배는 자신을 담당하고 고문한 수사관이 곽○홍이었다고 했다. 서원배는 곽○홍에게 제일 많이 맞았다고 하면서, "곽○홍은 나이가 박○명보다는 다섯 살에서 일곱 살 정도 아래로 보였다. 키가 작고 운동을 한 듯 날렵하고 마른 스타일이었다. 눈이 못

되게 생겼으며, 전형적인 형사 타입으로 성질이 말도 못할 정도로 무식했다. 곽○홍하고 이름 모르는 다른 한 사람이 내 몸을 완전히 작살을 내놓았다"라고 이야기했다.

이석태는 석방되고 2년 뒤, 자신을 고문했던 경찰 곽○홍이 포항경찰서 정보과장으로 승진해왔을 때 마주친 적이 있었다. 이석태는 당시 상황에 대해 다음과 같이 이야기했다.

나는 곽○홍이 포항경찰서 정보과장으로 온 줄 몰랐어요. 그때는 경찰서가 군청 옆에 있었어요. 어느 날 군청 담당자와 만날 일이 있어 군청 맞은편 다방에 갔는데, 곽○홍이 들어오는 거야. 키가 아주 조그마했어요. 딱 보니까 그 사람이야. 내가 카운터에서 계산하고 있는데, 그 사람이 먼저 "이석태 씨" 하고 부르는 거예요. 나이는 나보다 한참 많았지. 내가 딱 받아서, "당신 누군데? 아는 척하지 마라. 인마." 그랬어요. 며칠 뒤에 내 담당 형사 이훈이 좀 만나자는 거예요. "뭐 할라 카노? 곽○홍이 와서 내 보자 카나?" 이러니까, "형님, 그라지 말고 내 형편 봐서 좀 봐주소. 내가 과장 때문에 못 사니더." 그래서 곽○홍을 만나서 "당신, 사람 두드려 패고 사니 편하나? 그거 다 니한테로 돌아간데이" 그랬어요. 그런 일도 있었어요. (이석태 구술, 2023년 4월 23일)

다른 구술자들은 당시 가혹행위를 했던 고문 가해자들의 이름을 알지만, 지역사회에서 함께 살면서 마주치기도 한다며 실명을 밝히기를 꺼렸다.

고문 가해자, 나도 한 사람은 이름을 알아요. 아이, 말 안 할래요. 그 사람을 지인의 결혼식장에서 우연히 마주친 적 있어요. 다시 마주치니까 섬뜩했어요. "니, 그렇게 해서 승진했나?" 한번 물어보고 싶었어요. (정동진 구술, 2023년 4월 24일)

고문 가해자 중에 한 사람은 이름을 알거든. 내가 두들겨 맞고 나오면 회유하는 일을 담당한 사람인데, 그 사람 처남이 농민운동을 같이 하던 사람이더라고. 나중에 그 사람 처남에게 물어보니까, 그 사람은 우리 사건 끝내고 진급했다 카더라고. (이상국 구술, 2023년 6월 6일)

고문 가해자들의 가해 행위는 형법 제124조, 제125조 직무에 관한 죄 가운데 불법감금죄, 폭행 가혹행위죄에 해당한다. 그러나 박○명을 비롯한 고문 가해자들은 처벌을 받은 적이 없다. 구술자들은 두레사건이 마무리된 후 고문 가해자와 호송, 체포조 경찰 등 5~6명이 특진했다고 했다. 박○명의 경우 1982년 4월 대공 업무 유공으로 안전기획부장 표창을 받았고 1990년 6월에 정년퇴직하면서 경위로 명예 승진한 채 경찰 생활을 마감했다는 기록이 있다. 곽○홍은 사건 후 포항경찰서 정보과장으로 특진한 것을 구술자들이 목격했다.

경찰서 이송 구금

수사당국은 연행한 사람의 수가 많다 보니 정동진과 김진덕을 제외한 대부분은 처음 며칠 동안 대공분실 안가에 재우면서 기본적인 조사를 한 뒤 북부경찰서와 서부경찰서 유치장에 분산 수용하여 조사했다.

두레서점이 북부경찰서 관할이라 초기에 연행된 정상용, 김영석, 이석태, 이상국, 이동렬, 황병윤 등 6명은 중부경찰서와 북부경찰서에 수용했다. 그러나 연행 인원이 늘어나자 곽길영, 서원배, 정재돈, 신중섭, 김병일, 권영조 등 6명은 서부경찰서에 수용했다. 경찰서에 수용된 사람들은 잠은 경찰서 유치장에서 자고 아침에는 경상북도경찰국 대공분실 안가로 가서 조사를 받은 뒤 밤늦게 경찰서 유치장으로 돌아오곤 했다.

북부경찰서에 수용됐던 이석태는 고문 부상으로 척추에 금이 가서 일어나지도 못하고 누운 채로 경찰서 유치장에서 생활했으며, 유치장에 사회정화 조치라는 명목으로 대거 잡혀 들어온 고등학생들을 목격하기도 했다.

처음에는 대공분실에서 재우다가 북부경찰서 유치장으로 보내서 재우더라고요. 거기서 영석이를 만났죠. 북부경찰서는 일제시대 때 지은 건물이라 유치장 화장실도 바깥에 있었어요. 나는 그놈들이 고문하고 뒤틀면서 척추가 두 군데 금이 갔는데, 그때는 금이 간 줄도 모르고 축 늘어져서 누워서 생활했어요. 그때 유치장에 고등학생들이 '사회정화'라고 하면서 엄청나게 들어오는 거야. 학교마다 할당한 것 같았어요. 10명쯤 잘 자리에 30명씩 넣어서 애들이 칼잠을 자야 해. 이틀씩 자고 나가고, 이틀씩 자고 나가고 하더라고. 거기서 선별해서 심한 놈들은 삼청교육대 간 놈도 있고. 그래서 내가 "이거는 범죄다. 고등학생을 유치장에 보내는 놈들이 어디 있노?" 항의했지요. 유치장 방 입구 흑판에는 구금자들 이름을 써놨는데, 제 이름 위에는 선을 그어서 빨간 글씨로 '정보'라고 써놓았어요. 그리고 다른 수감자들이 나하고 대화하지 못하게 하더라고요. 왜 그러느냐고 경찰에게 물으니까 그

사람들이 나한테 '오염'되기 때문이라고 하더라고요. (이석태 구술, 2023년
4월 23일)

조사가 어느 정도 마무리되면서 중부경찰서와 북부경찰서 유치장
에 수용됐던 6명도 서부경찰서로 이송됐다. 이제 서부경찰서에는 정동
진과 김진덕을 제외한 사건 관련자 12명이 수용됐다. 당시 서부경찰서
유치장은 감방이 여러 층으로 된 신축 건물로 경찰이 중간에 앉아 수
감자들을 감시할 수 있도록 반원형으로 되어 있었다. 사건 관련자들은
유치장의 각 방에 분산 수용됐다. 그들은 대공분실에서 잘 때보다는
경찰서 유치장에 수용되어 조사받을 때가 그나마 나았다고 회상했다.
유치장에서는 사건 관련자들이 서로 대화하는 것을 감시하던 경찰이
심하게 막지는 않았으므로 간단한 의사소통을 할 수 있었다. 서원배는
조사받으러 나갈 때 호송차에서 서로 얼굴을 보며 안부를 알 수 있었
고 바깥 풍경도 볼 수 있었는데, 그것이 지옥 같은 고문의 일상에서 그
나마 작은 위안이 됐다고 회상했다. 신중섭은 유치장 청소를 하고 감
시하던 경찰에게 담배도 한 대 얻을 수 있었는데, 그조차도 그때는 무
척 고맙게 느꼈다고 회상했다. 김병일은 며칠 동안 조사를 받으면서도
사건의 심각성을 인식하지 못하고 포고령 위반이라는 죄목이 있는지
도 모르고 있다가, 유치장에서 와서야 자신이 포고령 위반이라는 심각
한 죄명으로 입건됐다는 것을 알았다고 했다. 이처럼 수감자들은 고문
의 폭력적 환경 속에서 서로의 안위를 걱정하고 정보를 교환하며 사소
하고 작은 것에서 위안을 얻었다.

저는 3일째부터 서부경찰서에서 대공분실로 출퇴근하면서 조사를 받았어요. 제가 수화를 기역, 니은, 디귿 정도는 아니까 경찰서 유치장에서는 간단하게나마 그걸로 의사소통했지요. 차를 타고 대공분실에 오갈 때 호송하는 경찰관들은 수사관들보다는 좀 덜 악랄한 친구들이라서 우리끼리 살짝살짝 이야기하는 것은 제지하지 않았어요. "살아 있나?" "야, 누구 빼라." 그런 이야기도 나눴어요. 대공분실에 조사받으러 갈 때 서부경찰서에서 우리 실어서 중부경찰서 들러서 가니까, 가면서 서로 살아 있는가도 보고. 바깥세상 계절 바뀌는 것도 보니 좋더라고요. (서원배 구술, 2023년 8월 7일)

저는 붙잡히고 4일 정도 있다가 서부경찰서로 수감됐어요. 경찰서 유치장에서 중학교 동기인 경찰관 친구도 만났어요. 그 친구가 보더니, "어? 포고령 위반이네" 그러더라고요. 저는 '포고령 위반'이라는 죄목도 있는지도 몰랐고, 무슨 죄목으로 잡혔는지도 모르다가 그때야 알았어요. 며칠 있으니 석태 형, 길영이 형, 권영조도 오고 여러 명이 서부경찰서 유치장으로 왔어요. 권영조는 2층에 수감됐는데 몸이 안 좋아 약 타 먹는 것도 봤고요. 제 옆방에는 서원배가 있었는데, 원배가 "우리 지금 책 몇 권이 문제가 아니고, 잘못하면 5관구 헌병대 갑니다" 이러더라고. 저는 상황이 그 정도로 심각한 줄 몰랐다가 그때야 심각하다는 걸 알았지요. (김병일 구술, 2023년 4월 25일)

정동진과 김진덕은 경찰서 유치장에 수용되지 않고 대공분실에서 계속 밤을 보냈다. 수사관들은 두 사람에게 반공 만화책을 주기도 하고, 석방되기 전날에는 대공분실 안가 정원의 풀을 뽑으라고 노역을 시키기도 했다. 정동진은 정원에서 풀을 뽑고 전지를 하고 있을 때, 후배들이 고문·취조를 받기 위해 분실 건물 안으로 들어가는 모습을 보았던 아픈 기억을 회고했다.

> 저는 대공분실 안가에만 있었어요. 저보다 늦게 잡혀온 김진덕이와 같이 분실 독방에서 몇 밤을 잤어요. 처음에는 시멘트 바닥으로 된 조사실 테이블 위에서 둘이 자라고 하는데, 추워서 견딜 수 없어 우리가 독방에 넣어달라고 했더니 독방에 넣어줬어요. 그리고 만화같이 쉽게 돼 있는 반공 서적을 한 짐 갖다 주면서 "너, 책 보는 데는 도사잖아. 불온서적 보지 말고 이런 거 보고 정신 차려라" 그러더라고요. 수사관들이 풀 뽑고 나무 전지하라고 정원에 내보내기도 했어요. 전지가위를 주면서 "너, 농대 나왔지? 이런 거 잘하지?" 라면서 옆에 지키고 서서 일을 시켰어요. 그때 경찰서 유치장에 감금됐던 후배들이 분실로 조사받으러 오는데, 옆으로 지나가도 인사도 못하고 말도 못하고 아는 척도 할 수 없었어요. (정동진 구술, 2023년 4월 24일)

3. 천주교의 구명활동과 이후의 사건 경과

천주교의 구명활동

관련자들이 취조를 받는 동안, 가톨릭농민회 본부에서는 실무자들이 실종되자 그들의 행방을 수소문했고, 뒤늦게 가톨릭신문사 기자를 통해 이들의 소재를 알게 됐다. 그리고 가톨릭농민회 홍보부장 이상국은 인척이 밖에서 손을 써서 갈아입을 옷을 경찰서로 몰래 반입할 수 있었다. 그는 아내가 갈아입을 옷을 싸서 보낸 신문지의 글자 중 "반·

공·법·간·첩·변·호·사"라는 글자에 동그라미를 쳐서 '우리를 간첩으로 몬다. 변호사 준비해야 한다'라는 상황을 가톨릭농민회 본부로 전했다. 이후 가톨릭농민회 측은 이들을 구명하기 위해 노력했다.

두레사건은 가톨릭농민회 회원과 천주교 신자 다수를 반국가단체 구성원으로 보고, 가톨릭농민회를 반국가단체의 연관 단체로 몰았던 사건이므로 천주교를 탄압하는 것이나 마찬가지였다. 그런데 당시 제11대 대통령으로 취임한 전두환은 정권 초기라 통치 기반이 안정되지 않은 상태였기 때문에 천주교 교회를 회유하려고 했다. 조만간 미국을 방문해 미국의 지지를 얻기를 원했고, 이를 위해서도 쿠데타 정권에 대한 국제 여론의 변화와 천주교와의 관계 개선이 필요했다.

구술자들은 전두환이 미국 방문을 앞두고 천주교와의 관계 개선을 서둘렀을 것으로 추정했다. 또 당시 천주교전국평신도사도직협의회 회장으로서 체신부 장관으로 막 임명된 김기철*을 가톨릭농민회의 이길재 등의 간부들이 만나 구명운동을 했을 것이라고 추정했다. 이처럼 천주교 쪽의 노력으로 이 사건을 확대하지 않기로 정권과 합의가 이뤄지면서, 두레사건 관련자들은 반국가단체 결성 혐의를 벗게 된 것으로 보인다.

• 김기철(1917~1986)은 충북 음성 출신으로 일제강점기 임시정부에 가입해 활동했으며, 해방 후에는 제1대(대동청년단), 제3대(자유당), 제5대(민주당) 국회의원으로 당선됐다. 이후 제16대 농림부 정무차관(1960년 8월 23일~1961년 5월 3일)을 지냈으며, 1960~1970년대에는 줄곧 야당 인사로 머물면서 1974년부터 1980년까지 천주교전국평신도협의회 회장을 지냈다. 그러나 1980년 9월 전두환 정권이 출범하면서 제30대 체신부 장관(1980년 9월 2일~1981년 3월 8일)으로 임명되면서 여당 인사로 변신했다. 당시 전두환 정권이 김기철을 장관으로 임명한 것은 천주교 측에 대한 회유책으로 해석된다. 1981년 제11대 국회의원 선거에서 민주정의당 전국구 국회의원에 당선됐고, 1986년에 세상을 떠났다.

국제적으로 '전두환 살인마' 소리가 들리던 시기였어요. 전두환이 미국 방문을 요청하니까 그때 카터 미국 대통령이 "너를 부르면 우리가 욕먹는다"며 요청을 들어주지 않았어요. 그러다가 전두환이 자꾸 미국에 인정해달라고 하니, 미국 측에서 가톨릭 쪽과 화해해야 한다는 쪽으로 담판을 진행하게 하고 자메이카 대통령의 미국 방문을 승인하고 나서 전두환의 방문 요청을 들어줬던 것으로 알고 있어요. 그래서 가톨릭농민회 탄압 문제는 완전히 빼겠다고 천주교 측과 합의하고 난 뒤, 전두환이 10월 11일에 미국 방문을 했지. 10월 초부터 정동진 씨와 김진덕이 풀려나고 우리가 조사받던 기류도 그 무렵부터 바뀌었어요. (서원배 구술, 2023년 8월 7일)

전두환 정권이 천주교에 회유적으로 하고 있을 때, 천주교전국평신도사도직협의회 회장 하던 김기철 씨를 체신부 장관으로 임명했어요. 그런데 우리 사건이 터지니까 가톨릭농민회 이길재 사무국장이 김기철 장관을 만나서 얘기하고, 천주교 쪽으로 문제를 확대하지 말라고 정권과 이면 합의를 하지 않았나 추측합니다. 가톨릭농민회 실무자와 핵심 관계자들이 먼저 석방된 걸 보면 그렇죠. 전두환도 정권을 쥐려면 천주교와 합의 안 보면 안 되거든. (이상국 구술, 2023년 6월 6일)

10월 초부터 조사의 기류도 바뀌기 시작했다. 수사당국은 초기에는 두레사건을 간첩단, 반국가단체 사건으로 조작하기 위해 연행한 사람들을 혹독하게 고문했으나, 천주교에서 구명운동을 벌이고 외압이 들어오니 조사 수위를 낮췄다. 거의 마지막에 연행된 김진덕과 황병윤의 경우 간첩단 관련 조사는 받지 않았다. 고문 폭력의 수위도 10월 초에 들어서자 낮아졌다. 더구나 수사당국은 구금자들을 취조할 때 이 사건을 소위 '김대중 내란 음모'와 엮기 위해 김대중과 두레양서조합의 연결 여부나 자금 수수 여부를 추궁하며 몰고 갔으나 아무리 고문하고 취조해도 김대중 측과의 접점을 찾을 수 없었다. 결국 천주교 측의 구명활동 후 수사당국은 사건 관련자들에 대한 반국가단체 결성 혐의를 삭제하고 구속자의 범위도 가톨릭농민회 실무자 및 주요 회원을 제외한 채 사건을 만들었다. 이러한 분위기는 갇혀 있던 사람들 사이에서도 감지됐다.

어느 시기가 되니까 분위기가 달라진 것 같아요. 이석태 선배, 정동진 선배가 빠져나가면서부터는 살겠다 싶더라고요. (김영석 구술, 2023년 6월 4일)

간첩단 조사가 줄었어요. 9월 중순에 대공분실에 잡혀온 중섭이는 경북대 담당 조직책, 저는 학생운동 총괄 조직책이라면서 거기에 맞추려고 많이 두드려 팼어요. 그런데 9월 말에 잡혀온 동열이는 간첩단 혐의 조사를 받은 게 좀 적었단 말이에요. 그러다가 고문도 줄고 언제 어디서 무얼 했는지 사건 일지만 맞췄어요. 정상용 씨가 머리가 좋아서 그렇게 고문을 당해도 처음부터 끝까지 진술서가 토씨 하나 안 바뀔 정도로 똑같은 자술서를 여러 차례 쓸 정도로 정확했고, 그다음에 제가 쓴 게 제일 정확하다고 해서 수사관들이 두 사람 자술서에 맞춰 다른 사람 것도 다 정리했어요. (서원배 구술, 2023년 8월 7일)

어느 날부터 이상하게 린치가 안 들어오는 거예요. 그러더니 갑자기 형사한 놈이 조사실로 찾아와 자기가 내 종친이고 우리 삼촌 중구청장 할 때 출입 형사였다면서 "당신은 잘 하면 나갈 수도 있겠다" 이러더라고요. (이석태 구술, 2023년 4월 23일)

10월 4일 진성중학교 교사 정동진이 훈방됐고, 10월 5일 경북대학교 학생 김진덕이 훈방됐다. 10월 7일에는 진성중학교 교사 김병일이 훈방됐다. 정동진은 훈방될 때 경찰이 "가톨릭 신부들에게는 (불법 구금됐던 사실을) 말하지 말라"고 하면서 "정동진 당신은 직장에서는 인정받았더군. 학교 이사장과 교장이 찾아와서 정동진과 김병일 두 사람 석방해달라고 하더군. 나가서 열심히 해라"라고 말했던 것이 기억에 남는다고 했다. 같은 날 이석태, 이상국, 정재돈 등 가톨릭농민회 관계자들도 전원 석방됐다. 특히 이상국은 〈전두환의 살육 작전〉 문서를 전달하면서 유인물 살포와 시위를 제안하고 소위 '오더'를 내렸던 주요 인물이었는데도 불구속 기소 상태로 석방됐다.

상국이하고 재돈이는 광주에서 직접 소식을 전해준 사람인데, 특히 상국이는 재돈이를 빼고 자기 혼자 다 한 걸로 조사에 응했으니 객관적으로 보면 빠져나올 수가 없는 상황이었어요. 그런데도 불구속 기소로 내보냈어요. (이석태 구술, 2023년 4월 23일)

천주교에서 압력을 넣으니까, 가톨릭농민회 실무자 및 핵심 멤버들은 무조건 다 풀어주는 조건이라 이상국 선배가 불구속으로 석방됐어요. 그런데 웃기는 게 불구속됐던 이상국 씨가 나중에 재판받을 때는 구형을 더 많이 받았

어요. 이게 말이 안 되잖아요. (서원배 구술, 2023년 8월 7일)

"자네는 정치적으로 뭘 할지도 모르잖아." 취조하다가 수사관들이 이런 얘기를 툭 던지더라고요. '이게 뭔 소리인가? 나를 김대중 선생하고 정치적으로 더 엮을라 카나?' 의아했는데, 이상태라는 형사가 들어오더니 같은 경주 이씨 일가라고 하며 저와 친한 듯이 얘기를 하더라고요. 그러더니 반공법과 관련된 조사가 확 빠지면서 갑자기 가톨릭농민회 실무자 및 핵심 멤버들을 전부 다 풀어줬습니다. (이상국 구술, 2023년 6월 6일)

안동가톨릭농민회 총무였던 정재돈은 민청학련 관련자라는 전력이 있고 광주 학살의 진상을 두레서점으로 와서 직접 전달한 장본인인데도 아예 기소도 되지 않고 훈방됐다. 두레양서조합 초대 이사장이자 가톨릭농민회 경북지구 총무였던 이석태도 여러 차례 경찰에 연행됐던 경력이 있음에도 훈방됐다.

훈방된 사람들은 석방되기 3일 전부터 풀려나면 사건 관련자나 운동권 인사들과 접촉하지 않고 금서를 읽지 않겠다는 내용의 반성문을 쓰도록 종용받았다. 특히 이석태는 허벅지에 고문 흉터가 새카맣게 남아 있었으므로 고문 사실을 외부에 발설하지 않겠다는 보안 각서를 이중 삼중으로 써야 했다. 그 뒤 훈방으로 결정된 사람들은 대공분실에서 가족에게 신병이 인도되어 풀려났다. 그러나 곽길영, 정상용, 김영석, 권영조, 서원배, 황병윤, 이동렬, 신중섭 등 두레양서조합 조합원 8명은 석방되지 못하고 10월 8일에 반공법 및 포고령 위반 혐의로 구속영장이 발부됐다.

구속자들의 수감 생활

사건 관련자들은 1980년 10월 17일 원대동 경상북도경찰국 대공분실 안가에서의 조사를 마무리하고 제5관구 합동수사본부를 거쳐 제5관구사령부에 있는 군검찰부로 넘겨졌다. 계엄체제에서 경상북도경찰국의 상위 기관인 제5관구 합동수사본부는 대구시 중구 옛 동아백화점 건너편에 있던 보안사 대구분실(일명 '태백공사')에 있었고, 경북지구계엄분소인 제5관구사령부는 대구시 동구 만촌동에 있었다. 군검찰부는 구속된 8명과 불구속된 이상국까지 총 9명을 기소했다. 즉 이 9명이 유인물을 제작해 "광주 학살 관련 유언비어를 날조해 유포하려 했다"는 이유로 계엄법 위반 혐의로, 《조선 경제사》, 《조선 민족의 진로》, 〈오적〉, 〈비어(蜚語)〉(김지하의 시) 등 금서를 소지·배포했다는 이유로 반공법 위반 혐의로 기소했다. 이후 정상용에게만 반공법·계엄법 위반 혐의를 적용하고, 나머지 8명은 계엄법 위반으로 기소했다.

구속기소된 사람들은 달성군 화원면 천내리에 있던 대구교도소에 수용됐다. 교도소로 넘어간 사람 중 일부는 미결수 사동의 독방에 수용됐으나, 독방이 부족하다 보니 일반 재소자와 함께 생활하는 혼거방에 배정된 사람도 있었다. 당시 대구교도소 남사의 미결수 사동 혼거방에는 감방마다 사형수나 무기수가 한 명씩 방장으로 배정되어 있었다. 그리고 신입 재소자가 들어가면, 방장의 지시로 재소자들이 신입을 괴롭히는 관행이 있었다. 교정 당국은 1970년대에 비전향 양심수에게 '사상전향 공작'을 할 때 일반 재소자를 동원해 비전향 양심수를 폭행하고 괴롭히는 수법을 썼다. 1980년대에도 여전히 그런 방식을 활용했다. 즉 반공법 위반자의 경우, 입소할 때부터 기세를 꺾기 위해 혼거방에서 일반 재소자들이 집단적으로 괴롭히는 것을 교정 당국이 방조, 묵인, 장려했다. 두레사건 구속자 중에도 수감 초기에 이러한 피해를 당한 사람들이 있었다.

혼거방에 들어간 사람들은 사형수 방 아니면 무기수 방에 배정해서 걔들이 구타해서 기를 못 펴게 만들라는 오더가 떨어졌어요. 그래서 사형수들에게 괴롭힘을 당한 친구들도 있었습니다. (서원배 구술, 2023년 8월 7일)

제가 간 방은 운전 과실치사, 치상으로 구속된 사람들이 수용된 방이었어요. 거기서 한 2~3일 적응하는 데 어려움이 있었습니다. 처음 감방에 들어설 때 제가 모르고 입구의 문지방을 밟았어요. 그러자 같은 방 재소자들이 "이 새끼, 뭐 이런 놈이 있냐? 문지방을 밟다니 너는 평생 교도소에서 못 나간다" 이러면서 몇 시간 저를 두들겨 팼어요. 그리고 방장인 사형수는 제가 반공법 위반으로 들어왔다는 이유로 무조건 대놓고 "이 새끼야, 공부하는 놈이 뭐 한다고, 그런 걸 해서 잡혀 들어오냐?" 이러면서 같은 방 재소자들에게 저를 구타하라고 지시했어요. 그래서 그 사람들에게 이틀 정도 계속 두들겨 맞았어요. (이동렬 구술, 2023년 8월 21일)

구속된 사람들은 반공법 위반 혐의가 삭제된 상태에서 수감됐음에도 불구하고 교도소 안에서 반공법 위반자에 해당하는 처우를 받았다. 교도소에서는 반공법, 국가보안법 위반 혐의로 구속된 양심수들에게 재소자 번호를 3×××로 부여하고 빨간색 명찰을 지급해 일반 재소자와 구분했다. 양심수들은 교도소 안에서 서로 마주치거나 접촉하지 못하도록 이격된 감방에 수감하고 면회나 운동도 서로 다른 시간대에 교도관의 감시 속에 일대일로 진행했다. 두레사건 구속자들도 이러한 처우를 받았다.

양심수로 대우받았기 때문에 편리한 점도 있었다. 당시 계엄 당국은 1980년 9월부터 사회악 일소라는 명분으로 〈계엄포고령〉 제19호 삼청 5호 계획을 선포하고 삼청교육대를 설치했다. 그리고 삼청교육대를 대상으로 한 '순화 교육'을 전국 교정시설의 재소자들에게도 했다. 순화 교육은 모든 재소자를 대상으로 하며 하루 6시간 30분의 집체 훈련과 1시간의 정신 교육을 4주간 진행하는 것인데, 그 내용은 목봉 훈련, PT 체조와 같은 훈련을 통해 육체적 고통을 주는 것이었다. 그런데 이러한 교육은 미결수도 교육 대상에 포함하는 등 행형법 제32조를 위배한 것이었고, 양심수에게 적용한 것은 정치 보복의 성격을 띠었다. 또한 내용도 정신 교육 강화라는 미명 아래 순종적 인간 양성이라는 군사적 파시즘의 성격을 지니고 있었다.[52] 교정시설의 순화 교육은 제식 훈련과 봉체조, 포복, 얼차려, 단체 기합 등으로 구성됐으나 계엄 초기에는 삼청교육대에 준할 정도로 훈련 강도가 높았다. 교도소 측에서는 수감된 양심수의 수가 적을 때는 양심수들을 대상으로 순화 교육을 실시하기도 했다. 그러나 양심수들은 서로 접촉하지 못하게 하고 감방 밖에서는 교도관이 동행하며 일대일로 감시하는 것이 원칙이었으므로, 수감된 양심수가 많으면 모아서 교육해야 하므로 관리하기가 어려웠다. 그래서 이런 경우 양심수에게는 순화 교육을 면제했다. 두레사건 구속자도 함께 수감된 인원이 많았으므로 순화 교육이 면제됐다.

몇몇 수감자들은 가혹행위를 당하면서 매 순간 가시방석에 앉은 것처럼 긴장해야 했던 경상북도경찰국 대공분실이나 경찰서 유치장보다는 교도소가 상대적으로 생활하기 편했다고 회상했다. 특히 독방에 수용된 일부 수감자는 마음껏 공부할 시간이 주어져 좋았다고 회상했다.

대공분실에서 워낙 고생했더니 교도소가 천국 같더라고요. 더구나 독방에 넣어주니까 혼자서 공부할 수 있어서 좋았어요. 교도소 독방에 있던 그 시절에 책을 가장 많이 봤던 것 같아요. (김영석 구술, 2023년 6월 4일)

경찰서에 있을 때는 면회가 안 돼서 아무도 못 만났는데, 교도소로 넘어오니 부모님이 면회 오고 친구들이 책도 넣어주더라고요. 미결수니까 밥 먹을 때 밥 먹고, 운동하라고 하면 운동하러 가고, 면회 오는 분들이 간식 넣어주면 나눠 먹고. 그 생활을 할 동안에는 아무 생각이 없었습니다. (이동렬 구술, 2023년 8월 21일)

그러나 대공분실에서 고문과 가혹행위를 당하고 바로 교도소로 옮겨갔기 때문에 부상자가 많았다. 당시 교도소는 의료 환경이 열악한 데다, 고문 피해자들을 별도로 치료해주지 않았기에 부상자들은 계속 고통을 겪었다. 일례로 김영석은 수사관들이 물고문하면서 욕조 모서리에 얼굴을 누르고 가격하는 바람에 앞니가 2개 부러진 상태에서 교도소로 넘어왔다. 그렇지만 무법천지의 대공분실에서 고통을 겪고 공포감으로 위축된 상태에서 교도소에 수감된 고문 피해자들은 교도소 측의 이러한 불법 행위에 대해 항의하거나 처우 개선을 요구할 엄두를 내지 못했다.

재판과 그 후의 과정

1980년 11월 5일 곽길영, 권영조가 대구교도소에서 '혐의 없음'으로 불기소 처분을 받고 석방됐다. 황병윤도 〈오적〉 배포 관련으로 기소됐다가 '공소권 없음'으로 역시 불기소 처분을 받고 석방됐다. 세 사람이 대구교도소에 수감된 지 19일 만의 일이었다.

교도소에는 이제 5명만 남았다. 그들과 불구속기소된 이상국은 경북지구 계엄분소인 제5관구사령부의 군검찰관(중위 이인재)에게 몇 차례 취조를 받은 뒤 계엄보통군법회의에서 재판받았다. 당시 정상용은 변호사(권혁주)를 별도로 선임했으나, 다른 사람은 변호사를 선임하지 않아 국선 변호인(중위 송진현)이 변호를 맡았다. 이상국은 "국선 변호인이 변론을 참 잘하더라고요. '지금 언론이 통제된 상태에서 이런 사실을 알리고자 하는 (…) 특히 천주교 신앙인으로서 행동한 이 사람은 징역을 안 살아야 한다' 이런 말도 하고. 저 사람 저렇게 해서 군대 생활을 해내겠나 싶을 정도로 잘하더라고요"라고 회상했다.

12월 4일에 열린 경북지구 계엄보통군법회의 1심 재판 선고 공판(재판장 대령 진만구)에서 서원배, 신중섭, 이동렬은 징역 10개월 집행유예 2년을 선고받아 석방됐다. 이상국도 구형은 징역 5년 집행유예 3년이었으나, 선고 공판에서 징역 1년 집행유예 1년을 선고받았다. 정상용은 징역 2년, 김영석은 징역 1년의 실형을 선고받았다. 그리고 이틀 뒤인 12월 6일에 계엄사 사령관의 직권으로 정상용은 징역 1년, 김영석은 징역 10개월로 감형됐다. 10월 5일에 훈방되어 먼저 풀려난 김진덕은 이 재판을 방청했으며, 당시 두레사건뿐 아니라 다른 반공법 위반 혐의자들도 여러 명이 함께 군법회의 재판을 받았다고 기억했다. 불구속 상태로 재판받았던 이상국은 자신이 주모자라는 이유로 정상용보다 형량이 높은 징역 5년을 구형받았으나 가톨릭농민회 실무자라서 집행유예를 선고받았고, 자신보다 구형을 적게 받은 정상용은 가톨릭농민회 실무자가 아니었기 때문에 실형을 선고받은 것은 불공정하다고 지적했다.

1심 재판 후 정상용과 김영석은 수감 생활을 계속했다. 정상용은 이미 작고하여 증언을 들을 수 없으므로 여기서는 김영석의 증언을 통해 당시의 상황을 살펴보겠다. 1981년 2월 13일, 1심에서 실형을 선고받은 정상용과 김영석은 곧바로 항소했고, 2심 재판을 위해 대구교도소에서 서울 영등포구치소로 이감됐다. 당시 민간 재판의 항소심은 대구고등법원에서 관할했지만, 군법회의 재판의 항소심은 서울고등법원에서 관할했기 때문이다.

정상용과 김영석은 영등포구치소로 이감될 때 교도소 측이 호송 차량을 별도로 제공하지 않아 일반 열차로 이송됐다. 김영석은 재소자복에 수갑을 차고 포승줄에 묶인 채 열차를 타고 갔는데, 승객들이 자신을 흉악범으로 여기며 시선을 피하던 일이 기억에 남는다고 했다. 그러나 막상 영등포구치소에 도착해보니 영등포구치소에는 독방이 많고 양심수가 많아 대구교도소에 있을 때보다 생활하기가 훨씬 수월했다고 회고했다.

이감될 때 일반 열차를 타고 갔습니다. 회색 무명으로 된 재소자복 입고, 빨간 명찰 달고 수갑 차고 포승줄에 묶인 채 열차에 탔습니다. 교정 경찰들이 양옆에서 호송하고 있었죠. 열차 안의 다른 승객들은 시선을 피하면서 저를 완전히 흉악범, 중범죄자 보듯이 보았습니다. 영등포구치소에서는 오히려 생활하기가 수월했습니다. 대구교도소는 한 사동에 독방이 몇 개 안 되니까, 독방에 있다가 독방에 수감할 사람 숫자가 많아지면 일반 혼거방으로 배정되어 갔다가, 사정이 바뀌면 또다시 독방으로 갔다가 그렇게 보냈습니다. 영등포에는 독방이 많아서 한번 수용됐던 방에 계속 있을 수 있어 좋았습니다. 다른 독방에도 대부분 양심수가 있으니, 분위기도 편했습니다. 책을 많이 읽고 공부도 할 수 있었고요. 겨울이었는데, 여동생이 면회 와서 "교도소 안은 춥지 않으냐?"고 묻기에 동생을 안심시키기 위해 "바닥에 군불을 뜨뜻하게 넣어줘서 안 춥다"고 거짓말을 했더니 면회실을 감시하던 교도관이 웃던 기억도 납니다. (김영석 구술, 2023년 6월 4일)

김영석의 여동생들은 부모님에게는 오빠가 모처에 공부하러 갔다고 하며 수감 사실을 숨겼다. 그리고 여동생 김영희가 주로 옥바라지했다. 당시 김영석의 고향인 거창에는 남민전 사건으로 구속된 적이 있던 서혜란(이계천의 아내)이 와 있었는데, 김영희에게 옥바라지하는 법을 알려주고 조언해주었다. 그래서 김영석은 여동생으로부터 바깥소식을 전해 듣고 책과 편지를 받으며 상대적으로 수월하게 교도소 생활을 할 수 있었다.

1981년 4월 3일 서울고등법원 제2형사부(판사 배만운, 가재환, 김오섭)는 정상용과 김영석의 항소심 재판에서 정상용의 항소는 기각해 원심의 형량을 확정하고, 김영석의 항소는 인용해 징역 8개월 집행유예 2년을 선고했다. 그러나 영등포구치소 측은 집행유예를 선고받은 김영석의 신병을 인수할 관할 경찰서 경찰과 가족이 오지 않았다는 이유로 바로 석방하지 않았다. 김영석은 군검찰부에서 기소할 때 반공법 위반 혐의를 삭제했는데도, 교정 당국과 경찰은 반공법 위반자에 준해 사회 안전법 적용 대상으로 보았던 것이다. 이에 따라 김영석은 석방되어야 할 날짜에 제때 석방되지 못하고 영등포구치소에서 구로경찰서로 이송·수감됐고 유치장에 배정됐다. 김영석이 강력하게 항의하자, 경찰은 김영석이 경찰관 2명과 함께 구로경찰서 인근 여관에서 숙박하도록 했다. 그는 4월 4일 거창경찰서 정보과 형사와 가족이 도착한 후에야 그들에게 신병 인도된 상태로 석방됐다.

> 서울고법에서 집행유예를 받았는데 집에 안 보내주는 거예요. 신병 인도할 사람이 없다고 구로경찰서 유치장에 다시 집어넣으려고 하더라고요. 억울하잖아요. 옥살이한 것도 억울한데, 재판장이 석방하라고 했는데도 또 감방에 가두니까요. 다시 감금하는 근거를 대라고 항의하니까 결국 유치장에 안 넣고 경찰서 옆 여관에서 경찰관 2명과 한 방에 재우더라고요. 이튿날 거창에서 여동생하고 거창경찰서 정보과 형사가 오니까 풀어줬어요. (김영석 구술, 2023년 6월 4일)

한편 정상용은 2심에서 항소가 기각되어 징역 1년이 확정되자 영등포구치소에서 전주교도소로 이감됐다. 1980년 9월 11일에 체포됐던 정상용은 1981년 10월 15일, 구금된 지 400일 만에 출소했다. 계엄법에 의한 재판 과정의 불법성 여부를 차치하더라도, 징역 1년에 불법 구금일 35일을 더해 수감 생활을 한 것이다. 서원배의 회고에 따르면 정상용이 출소할 때 선후배들이 전주교도소로 마중 갔는데, 교도소 측에서 정상용이 전향서를 쓰지 않는다는 이유로 내보내주지 않아 교도소 측에 항의했다고 했다. 결국 정상용도 원래 출소해야 할 날짜보다 며칠 늦게 출소한 것으로 보인다.

경북대학교 학생 팀의 불법 구금과 취조

1980년 6월 14일에 유인물을 배포했던 경북대학교 김종길 등 학생 7명도 두레사건 관련자들과 같은 시기에 연행되어 경상북도경찰국 대공분실 안가와 중부경찰서에서 조사받았다. 이 학생들이 뿌린 유인물이 두레서점에서 발견되면서, 공안당국은 두레양서조합과 포항의 연합노조를 함께 묶어서 대형 간첩단 사건으로 조작하려고 했다. 이 팀의 김종길, 유수근, 장대수는 경상북도경찰국 대공분실 안가에 불법 구금되어 고문당했고, 정대호는 중부경찰서 인근에 '삼성물산'이라는 간판이 있는 안가에서 고문당했다. 그들은 자신들이 뿌린 유인물 1건 이외에도 5·18 이후 대구 지역에 뿌려진 광주 학살 폭로 유인물 2건의 배포자로 지목되어 취조를 당했다. 학생들은 고문에 못 이겨 3건 다 자신들이 했다고 허위자백했으나, 공안당국은 기소 단계에서 이들이 실제로 행한 1건만 기소했다. 이후 이들은 두레사건과 별도의 사건으로 처리되어 모두 구속됐다. 정대호와 김종길은 당시 상황을 다음과 같이 구술했다.

우리가 6월에 유인물 뿌린 뒤로 수사기관에서 눈치를 못 채고 있다가 9월에 두레사건 터지고 난 다음에 잡혔어요. 우리는 두레서점을 많이 이용했지만, 서점과 그다지 관계가 긴밀하지는 않았어요. 그런데 우리 유인물이 두레서점 책갈피 속에 있었어요. 그래서 처음에 김종길, 유수근, 장대수, 이 3명이 먼저 9월 15일 전후에 잡혀가고 9월 20일에 저와 다른 3명이 잡혀갔어요. 학교 건물에 페인트로 광주 학살을 폭로하는 구호를 썼던 김동국과 신창일도 우리보다 조금 뒤에 잡혀 들어왔어요. 그때 두레서점에 잠복해서 사건을 터뜨린 경찰 이름이 원○갑이에요. 그 사람은 북부경찰서 정보과 형사고 키가 조그마하고 땅따무리한 놈인데 나중에 대봉파출소 소장도 했어요.

저는 체포돼서는 원대동 경북도경 대공분실 안가에서 하룻밤 잤어요. 그 뒤 중부경찰서로 끌려가서 혼자 보름 동안 조사받았어요. 중부경찰서 뒤 지금 주차장 자리에 예전에 삼성물산이라고 나무 간판이 걸린 한옥 건물이 있었어요. 거기가 취조실이었죠. 저를 밤에 경찰서에서 따로 불러낸 뒤 거기서 고문했어요. 저를 취조한 사람이 누군지는 모르지만, 경찰서 직원은 아닌 것 같고 다른 기관에서 온 것 같은데 2명이 한 조가 돼서 왔어요. 우리는 우리가 뿌린 유인물에 대한 조사는 쉽게 끝나버려서 당시에 대신동, 내당동과 서부정류장에 뿌려진 유인물 미제사건에 관해 조사받았어요. 우리 팀이 그걸로 취조받으면서 고문을 많이 당했지요. 우리가 갔을 때 처음에는 두레 팀, 우리 팀, 포항의 연합노조를 같이 묶어서 대형 간첩단 사건으로 조작하려고 했어요. 그러다가 안 되니까 별건으로 처리했죠. 저는 10월 4일에 취조가 끝나고 북부경찰서로 이송됐어요. 북부경찰서에 가니까 다른 사람이 있더라고요. 그리고 정상용 선배가 대공분실과 경찰서를 오가며 계속 고문당하고 있더라고요. (정대호 구술, 2024년 2월 26일)

그 당시에 배포 출처를 알 수 없는 유인물 사건이 2건인가 있었거든요. 그것 때문에 수사기관에서 두레서점을 표적으로 삼고 들어온 거라. 저는 잡혀가

서 구속영장 떨어지기 전까지 한 20일 넘게 조사받았어요. 좀 늦게 잡힌 정
대호는 중부경찰서에서 조사받았지만, 저와 유수근, 장대수는 원대동 경북
도경 대공분실 안가에서 자면서 두레 팀과 같이 조사받았어요. 대공분실 안
가에서 나와 서부경찰서로 이송될 때 제가 서성교(서원배의 개명 전 이름 –
필자)와 같이 나왔어요. 호송차를 타니까 서성교가 먼저 타고 있더라고요.
(김종길 구술, 2024년 5월 25일)

이 팀의 학생 7명은 1980년 10월 10일에 계엄포고령 위반 혐의로
구속영장이 발부되어 대구교도소에서 수감 생활을 했다. 그리고 12월
4일 경북지구 계엄보통군법회의 1심 재판에서 정대호, 권용호, 이용
학, 박정서는 징역 1년 집행유예 2년형을 선고받아 석방됐다(구금 일수
80일). 김종길, 유수근, 장대수는 1심에서 징역 6개월을 선고받고 항소
해 서울 영등포구치소로 이감됐으며, 2심 재판 들어가기 전에 180일의
형기가 만료돼서 1981년 4월 11일에 석방됐다(구금 일수 210일).[53]

두레양서조합의 해산

1981년 2월 6일, 두레양서조합 구성원들은 조합 해산 회의를 하기
위해 모였다. 1980년 9월에 정상용과 다른 조합원들이 체포되고 대대
적인 압수수색의 회오리바람이 지나간 뒤로 서점은 제대로 운영되지
못했다. 끌려간 사람들은 만신창이가 된 채 하나둘 석방됐으나, 실형
을 선고받은 정상용과 김영석은 아직 석방되지 못했고 당국의 사찰과
감시도 여전했다. 먼저 석방된 사람도, 감옥에 남은 사람도 몸과 마음
에 새겨진 고문 후유증을 추스를 여유도 없이 힘겹고 시리기만 한 겨

울을 보내야 했다. 풀려난 사람들은 정상용과 김영석 두 사람이 항소심 재판 때문에 영등포구치소로 이감되기 전에 서점을 정리하기로 가닥을 잡았다. 그래서 이 문제를 옥중에 있는 정상용과 의논한 뒤, 2월 6일 회의에서 출자금을 결산하고 조합 해산 결의를 했다. 뒷정리 업무는 서원배가 담당하기로 했다. 이후 두레서점은 영리 서점인 경대서점(대표 양정운)에 인수됐다. 경대서점은 44년이 지난 지금도 존속하고 있으며 옛 두레서점 자리에서 몇 년 동안 운영하다가 매장을 이전한 뒤 지금은 경북대학교 쪽문 근처에 자리잡고 있다.

> 사건 직후에 서점 결산 때문에 만났어요. "서점 빚이 엄청나게 많으니까 조합 출자금은 계산할 것도 없이 빚 갚는 데 몽땅 들어간다"라고 했는데, 모두 이의 없다고 하면서 두레양서조합을 정리했지요. (김병일 구술, 2023년 4월 25일)

> 제가 12월 4일 석방되어 나온 뒤, 먼저 풀려나온 사람들이 모여 두레서점을 어떻게 할 거냐 하고 회의했습니다. 정상용 선배의 형이 재판으로 확정되면 징역 살 동안 관리할 사람도 없고, 영석이 형도 그때 감옥에 있었으니, 서점을 정리하기로 했어요. 제가 서점에서 살다시피 했으니까 한길이고 뭐고 거래처들을 불러서 빚잔치하고 책 회수시키고, 돈을 일부 변제하고 뒷정리를 했어요. 우리 서점은 경대서점이 인수했어요. (서원배 구술, 2023년 8월 7일)

이 사건으로 두레양서조합만이 아니라 각 대학의 대학4-H연구회(농촌문제연구회)도 타격을 받았다. 서클 명부와 두레서점 외상 장부를 경찰이 입수한 뒤, 재학생들은 단순 참고인으로 연행됐다고 해도 수사기관에서 협박성의 각서를 쓰고 풀려났으며, 풀려난 뒤에는 학교 당국의 '문제 학생' 명부에 올라가 관리를 받았다.

특히 경북대학교 농촌문제연구회가 큰 타격을 받았다. 사건이 일어나자 정동남 등은 체포된 사람들의 가족을 만나고 대책을 찾느라 동분서주했던 기억이 난다고 했다. 그러나 서클룸이 수색당하고 일부 학생들이 연행되면서, 충격을 받은 학생들은 연락을 끊고 뿔뿔이 흩어졌다. 지도교수도 사퇴했다. 지도교수를 구하지 못하고 회원도 얼마 남지 않게 되자, 농촌문제연구회는 학교에 '등록 자격 미달'의 서클이 됐다. 1983년, 학교 당국은 '불온 서클'로 낙인이 찍힌 이 서클의 서클룸을 폐쇄했다. 회원들은 2년이 지난 1985년에 '농촌문제연구회'가 아닌 '대학4-H연구회'라는 명칭으로 등록해 서클룸을 되찾을 수 있었고, 1987년이 되어서야 '농촌문제연구회'라는 이름을 되찾았다. 《대학4-H 50년사》에는 "1985. 4. 19. 농대 2호관 5층 서클룸 완성 개원식, 1989. 8. 서클룸 신학생회관 307호로 이전"이라는 기록이 있다.[54] 당시 재학생이었던 경북대학교 농촌문제연구회 회원 장계영은 다음과 같이 증언했다.[55]

두레사건이 일어났을 때 우리 동기 남학생들은 경찰서에 가서 조사받았어요. 열심히 했던 친구들은 가서 조사받고 다시는 동아리 활동을 하지 않고 오로지 학업에만 충실하겠다는 각서 쓰고 풀려났고, 지도교수도 동아리 활동을 그만두라고 압력을 받았다고 합니다. 그러면서 서클 회원들이 뿔뿔이 흩어지고 서클이 와해되다시피 했어요. 저는 1980년 5월에 민주화의 봄이 왔다고 서울까지 시위하러 갔을 때 엄청난 기대가 있었어요. 정말 우리 역사에서 그때만큼 큰 변혁기는 없다고 느꼈거든요. 어린 마음이었지만, 뭔가 사회가 바뀌면 행복할 수 있으리라는 꿈이 있었어요. 그런데 군부가 들어서고 사회가 더 퇴행하고 사람들이 약해지는 모습을 보면서 사회만 바뀌어서는 내가 행복해지는 건 아니라는 것을 처절하게 깨달았어요. 저는 그 와중에 길을 잃고 깊은 혼란에 빠졌어요. (장계영 구술, 2024년 5월 2일)

영남대학교 농촌연구회는 서클에서 핵심적으로 일했던 김상철이 1980년 1월에 강제 징집됐고, 박희찬도 1980년 5월 말에 계엄사에 체포됐다. 정작 두레사건이 일어났을 때는 타격이 상대적으로 적어서 서클을 유지할 수 있었다. 그러나 서클룸의 자료들을 다 파기해야 했고,[56] 재학생 박효열이 경산경찰서로 끌려가 며칠 동안 조사를 받았으며, 졸업한 선배들이 다수 대공분실로 잡혀 들어갔던 상황에 영향을 받지 않을 수가 없었다. 결국 많은 회원이 빠져나가면서 서클 분위기가 위축됐다. 더구나 제5공화국 초기에 정권은 대학4-H연구회를 관변 서클로 만들려고 했으며, 서클 간부들에게는 졸업 후에 국가공무원 농촌지도직 5급 공무원으로 특채되는 혜택을 주었다. 그래서 여러 대학의 4-H연구회가 정권에 순응하며 동아리 활동을 취업 수단으로 삼는 것으로 분위기가 바뀌었다. 몇몇 회원들은 자신이 속한 서클이 경북대학교 농촌문제연구회보다 편하게 그 시절을 보냈던 것 때문에 지금도 마음의 짐을 느낀다고 했다.

두레사건으로 경북대학교 농촌문제연구회는 치명타를 맞았죠. 그때 영남대학교 농촌연구회는 경북대에 비하면 포시랍게(포실하게, 편하고 여유롭게 -

필자) 살았죠. 영남대학교 농촌연구회는 졸업한 선배들이 적극적으로 활동하셨지만, 후배들은 그렇지 못했어요. 그래서 저는 동문 행사가 있을 때 경북대 동문을 만나면 항상 마음의 짐이 있습니다. 더욱이 지금 광주 망월동 묘지에 계시는 몇 분을 생각하면 더 그렇죠. (김재환 구술, 2024년 5월 2일)

효성여자대학 대학4-H연구회도 졸업생 이상윤과 메아리야학 활동을 했던 재학생 김난경이 경찰 조사를 받았고, 특히 김난경은 합동수사본부로 끌려가 고문을 심하게 당했다.

이처럼 두레사건에 대한 국가 폭력은 고문을 당하고 구속된 사람만이 아니라 두레양서조합과 거리가 멀든 가깝든 관련된 모두에게 큰 트라우마를 남겼다.

제5장

두레사건 후의 국가 폭력과
관련자들의 생애

두레양서조합이 해산된 뒤 사건 당사자들은 전국 각지(대구, 문경, 상주, 안동, 영양, 영천, 의성, 포항, 거창, 통영, 대전, 서울)로 흩어졌다. 그들은 1980년대 말까지 10년 동안 경찰의 감시와 사찰을 받았다. 또한 보수적인 농촌 지역사회에서 반공법 위반자로 알려지고 '빨갱이'로 낙인이 찍혀 사회적 배제를 당했고 가족들도 피해를 입었다. 사건 당사자들은 대부분 고문 후유증을 겪었다. 그들은 수십 년 동안 이러한 후유증을 국가나 다른 기관의 지원 없이 개인적인 자원과 노력으로 치유해야 했다. 사건 당사자들은 이러한 어려움을 견디면서도, 각자 속한 지역에서 농민운동, 생협운동, 전교조운동과 같은 사회운동을 꾸준히 전개하며 성실하게 살아갔다. 일부는 남들보다 어려운 조건에서도 생활인으로서의 삶을 성실하게 꾸려 자신의 분야에서 지도자가 됐다. 그러나 일부는 국가 폭력의 고통과 생활고에 시달리다 일찍 세상을 떠났다. 1980년 두레사건이 일어난 뒤 40여 년 동안 당사자와 가족이 겪었던 국가 폭력 피해 실태와 고문 후유증, 이를 극복하고자 치열하게 노력했던 과정은 개인마다 차이가 있어 하나로 묶어서 서술하기 어렵다. 그러므로 아래에서는 사건 당사자들의 사건 후 생애사와 피해 실태 및 극복 과정을 개인별로 살펴보겠다.

곽길영

곽길영은 대구시 달성군 현풍면 출신으로, 1941년 6월 일본 오이타현에서 태어나 해방 후 고향으로 돌아왔다. 대구상고를 거쳐 1966년에 국민대학교 농업경영과에 입학해 국민대학 대학4-H연구회에서 활동했으며, 경북대학교 신오규 등과 함께 전국대학4-H연구회연합회 활동도 했다. 전국대학4-H연구회연합회 부회장(1967), 전국대학4-H연구회연합회 회장(1968~1969), 한미재단 4-H동문회 회장(1970)을 맡았다. 아내인 이강유(68학번)도 이 무렵 함께 활동한 서울여자대학 4-H연구회 회원이다. 곽길영은 대학을 졸업한 뒤에 중앙대학교 사회개발대학원 지역사회개발학과에 진학해 1972년에 졸업했다. 그는 학부 시절부터 진보적 지식인의 연구단체인 한국농업근대화연구회 회원으로 활동했다.

1970년대에는 현풍면의 현풍농협 조합장으로 근무했다. 당시는 이동(里洞) 조합 형태였던 농협을 면 단위 조합으로 조직하던 시기였다. 곽길영의 자서전《천국까지 이어갈 크로바의 향연》(2015)에는 "실무 경험도 농협 이론도 거의 백지상태인데 72년 말에 친구 이길영과 곽도가 나를 급히 오라고 했다. 내용은 고향에 단위농협 조합장으로 임용되도록 협의할 테니 의향이 있느냐였다. (…) 1973년 3월 31일 나는 군 조합에서 임명장을 수여했다"라는 기록이 있다. 달성농협 홈페이지에는 1970년 10월 21일에 이동 조합을 합병해 현풍농협을 설립했고 초대 조합장에 이춘득이 취임했으며, 곽길

곽길영 © 이강유

영이 1974년 3월 5일부터 현풍농협의 2대, 3대 조합장을 맡았다고 기록되어 있다. 한편 이석태는 곽길영이 1972년에 이미 현풍으로 와서 자신과 함께 이동 조합을 면 단위 조합으로 만드는 작업을 했다고 했다. 전국 최연소 단위 조합장으로 조합 일을 시작했던 곽길영은 "지역의 기관장이 되어 새벽부터 밤늦게까지 각 마을을 돌며 진심으로 조합원들을 모셨다"라고 이 시기의 생활에 관해 인터뷰한 적이 있다(《인천신문》, 2005년 1월 4일). 곽길영은 그 뒤 7년 동안 현풍농협 조합장으로 근무했으며, 이 기간에 후배들과 교류하면서 영남지구 대학4-H연구회 연합회가 개최한 여러 행사에서 농협에 관해 강의했고, 금요강좌에서도 강의했다. 또한 크리스챤아카데미 등에서도 강의했다.

　곽길영은 1980년 봄에 전두환 정권의 공직자 숙정 조치 때 크리스챤 아카데미에서 강의를 했던 것이 빌미가 되어 현풍농협 조합장에서 해고됐다. 그 뒤 동생이 경영하는 삼우공업(비닐 제작 판매업) 이사로 재직

했으며, 두레양서조합 2대 이사장을 맡고 있는 상태에서 1980년 5·18
을 맞았다. 그는 5월 22일 서정식 교수의 집에서 열린 돌잔치에 참석
해 광주 항쟁 소식을 들었을 뿐 다른 활동을 한 것은 아니었다. 그러나
9월 15일 경북 달성군 현풍면 대동리 615번지 자택에서 경찰에 의해
영장 없이 체포됐고, 10월 8일에 구속영장이 발부될 때까지 경상북도
경찰국 대공분실 안가에서 불법 구금된 상태로 고문 등 가혹행위를 당
하고 허위자백을 강요받았다. 이후 합동수사본부, 5관구 검찰부를 거
쳐 10월 17일 대구교도소에 수감됐다가 11월 5일에 불기소(혐의 없음)
로 석방됐다.

곽길영은 1981년 4월에 서울의 새마을본부(현 새마을운동중앙협의회)
에 말단 직원으로 입사했다. 그 뒤 새마을본부 청소년국 지도과장과
홍보과장을 거쳐 인천지부 사무처장, 새마을중앙연수원 교수를 역임
했다. 이 시기에 그는 새마을청소년중앙연합회(현 한국4-H중앙연합회)
를 창립하고 활성화하는 데 심혈을 기울였다. 1994년부터 2001년까
지는 한국4-H연맹 사무총장으로 일하면서 《한국4-H운동 50년사》를
발간하고 농촌청소년문화연구소를 운영해 4-H회원 활동 프로그램을
개발하고 보급하기 위해 노력했다. 그 뒤에는 한국4-H본부 자문위원
(2001~2009), 한국농정신문 인천지사장(2002~2007)을 역임했다. 퇴직
후에는 인천 남동농협 조합원으로서 남동농협 정보화 교육장에서 자
원봉사를 했고, 2005년에는 한국4-H국제교류협회 이사를 맡았다.

곽길영은 성격이 다정다감하고 언행이 부드러웠으며, 후배 지도를
열심히 했다는 증언이 있다. 1980년 두레사건 당시 초기에 연행되어
간첩단 조작 관련으로 고문을 많이 당한 편이었으며, 수사당국은 두레

양서협동조합 이사장인 곽길영을 반국가단체의 총책으로 조작한 도표를 그려놓고 고문했다. 곽길영은 당시 마흔 살로 연행된 다른 사람들보다 나이가 훨씬 많았는데, 경찰은 동갑인 김정일의 사주를 받아 간첩단을 만들려 했다고 몰아붙였다. 경찰이 검찰에 제출한 송치 의견서에는 곽길영이 후배들에게 "나는 김정일과 동갑이므로 김정일과 동갑계를 만들었으면 좋겠다"라고 말한 것으로 조작하여 기록한 대목이 있다.

1980년 9월에 곽길영이 체포될 때 임신 3개월이었던 아내 이강유는 경찰의 가택수색 등 국가 폭력을 겪고 큰 충격을 받았으며, 그 여파로 막내아들이 장애를 안고 태어났다. 또한 곽길영은 석방 후 치아 손상, 당뇨, 우울증, 외상 후 스트레스 장애 등을 앓았고, 퇴직 후에 우울증과 당뇨병으로 고생하다가 만년에는 요양병원에서 투병 생활을 했다. 2015년 9월 3일에 당뇨 합병증으로 세상을 떠났다.

요시찰 인물이라고 거처를 옮길 적마다 형사들이 와서 확인하는 거예요. 인구조사, 호구조사 하는 것처럼 맨날 와서 하고 가더라고요. 그 억울함을 어디다 대놓고 얘기할 형편도 못 됐고, 죄를 안 짓고도 죄인처럼 기가 죽어서 젊은 시절을 다 보낸 거지요. 우리 막내가 또 장애로 태어나니까 힘들었어요. 경제적으로 형편이 어려웠고요. 막내 낳고 나서는 자기는 정치적인 꿈이고 뭐고 다 내려놨다고 했어요. 밑에서만 생활하다가 일생을 마친 거지요. 그러다가 신장병에 당뇨 합병증이 왔는데, 내가 장애가 있는 막내를 돌봐야 하니까 더 힘들어질까 봐 자기 의지로 투석을 거부했어요. 그래서 갑자기 빨리 가셨어요. 투석했으면 아직도 살아 있었을 텐데 자기가 선택을 한 거지요. (이강유 구술, 2024년 4월 23일)

곽길영은 2002년에 5·18민주유공자로 선정됐으며, 유가족이 2024년 국가를 상대로 제기한 정신적 손해배상 청구 소송에서 일부 승소 판결을 받았다.

권영조

권영조는 1955년 2월에 경남 합천군에서 출생했고, 성장기에는 대구에서 거주했다. 어린 시절에 아버지를 여의고 홀어머니 밑에서 자랐다. 딸이 많은 집의 외아들이었고, 어머니, 큰누나, 작은누나가 대구 서문시장에서 포목상을 크게 운영하고 있어 경제적으로는 부유한 편이었다. 1973년에 경북대학교 원예학과에 입학하여 1학년 때부터 경북대학교 농촌문제연구회와 영남지구 대학4-H연구회연합회에서 화요강좌 발표와 특강 등 여러 가지 활동을 했다.

대학교 2학년 때 대건고등학교 선배의 소개로 경북대학교 학생운동 서클인 한국풍토연구회(한풍회)에 들어가 활동했다. 시위 날짜가 잡히면, 농촌문제연구회 회원들은 권영조를 통해 점조직식으로 연락을 받아 시위에 참여했다. 권영조는 성격이 적극적이고 다혈질적인 편이어서 서클 활동을 열정적으로 했고 후배들 뒷바라지도 열심히 했다. 농촌문제연구회에는 경북 농촌 출신으로 대구에서 자취하는 회원이 많았다. 그에 비해 권영조는 집이 대구에 있었고 경제적으로도 넉넉했으며, 어머니와 누나들도 권영조의 친구들을 반겼기에, 그의 집에는 농촌문제연구회 회원들이 자주 드나들었다. 권영조는 재학 중에 정상용,

김영석 등과 함께 가톨릭농민회에도 입회했다. 그들은 대구가톨릭농민회 농촌문제연구분회를 만들어 활동했으며, 가톨릭농민회의 회원 행사에도 열심히 참여했다.

권영조의 활동은 졸업 후에도 이어졌다. 권영조는 외아들인 데다, 대학 재학 중에 심장판막염

권영조 ⓒ 정명숙

수술을 한 적이 있어 병역을 면제받았다. 그래서 1970년대 후반에 농촌문제연구회의 동료들이 입대를 했을 때도 계속 학교 주위에 남아서 서클 후배들을 지원했다.

대학교 졸업 후에는 당시 시행 초창기라 쉽지 않았던 조경기술사 자격증을 취득했고, 고향인 합천군 대병면의 선산을 개간해 농장과 양돈장을 만들었다. 1979년 여름 효성여대 대학4-H연구회의 농촌활동을 권영조의 고향에서 진행한 일도 있었다. 경남에서 활동했으므로 1980년 1월에는 군에서 제대한 김영석과 함께 가톨릭농민회 경남연합회 창립을 위해 동분서주하기도 했다. 그러나 1979년 말에 일어난 '돼지 파동'의 여파로 농장 경영이 어려워지자, 결국 농촌 생활을 정리하고 대구로 가서 조경회사에 근무하다가 두레사건을 겪게 됐다.

권영조는 1980년 5월 18일 광주에서 열리는 농정대회에 참여하려다 광주 항쟁의 발발로 광주로 출발하지 못했으며, 5월 22일 오후 두레서점에서 다른 회원들과 함께 이상국으로부터 문건을 전달받고 광주

의 참상을 전해 들었다. 5월 23일에는 동산동에 있는 자기 집에서 선후배들과 모여 유인물 초안을 작성하기 위해 회의를 했다. 5월 27일, 유인물 배포를 중지하기로 한 뒤 권영조는 김영석과 함께 서클 동료인 김종현의 팔달교 주변 비닐하우스에서 며칠 동안 은신했다. 사건이 일단락되고 나서는 경북 능금협동조합 의성지소에 근무했다.

권영조는 1980년 9월 26일경 대구 중구 소재 자택에서 영장 없이 체포되어 경상북도경찰국 대공분실 안가로 연행됐다. 권영조도 다른 사건 관련자들과 마찬가지로 서부경찰서 유치장에 불법 구금된 상태로 대공분실을 오가며 고문 등 가혹행위를 당하고 허위자백을 강요받았다. 10월 10일에 구속영장이 발부됐고, 10월 17일 대구 서부경찰서, 합동수사본부, 5관구 검찰부를 거쳐 대구교도소에 수감됐다가, 11월 5일에 '혐의 없음'으로 곽길영, 황병윤과 함께 불기소 처분을 받고 석방됐다.

권영조는 석방된 후에도 계속 조경회사에서 실무 책임자로 근무했다. 우방랜드, 팔공산 가로수 조경 작업 등이 그가 했던 주요한 실적으로 알려져 있다. (구)청구주택의 조경 담당자로 몇 년 동안 근무한 적도 있었다. 그러나 권영조 역시 10년 동안 공안 당국의 사찰 관리를 당했고, 보수적인 지역사회에서 반공법 위반자라는 낙인 때문에 자신의 신념대로 뜻을 펼치며 살 수 없었다는 점에서 고통을 겪었다고 구술자들은 증언했다. 그리고 고문의 후유증과 함께 더 심한 고문 피해를 입은 선후배에 대한 죄책감으로 늘 괴로워했다고 한다. 이 역시 심각한 국가 폭력에 의한 트라우마라고 할 수 있다.

한 10년 동안은 감시 대상자였으니까 자신이 하고 싶은 것도 제대로 못해보고, 그 사건 이후로 계속 기를 못 펴고 힘들게 살았습니다. 또 자신은 불기소로 먼저 빠져나왔고 대공분실에서 맞아도 다른 사람보다 덜 두들겨 맞았다고 생각했기 때문에 우리한테 늘 미안해했습니다. 평생 그렇게 생각하면서 살았습니다. 어쨌든 조경회사에 실무팀장으로 있으면서 나름대로 월급이라도 받고 대구에서 유일하게 돈을 좀 버니까, 후배들 술 사주고 이러느라고 집에 생활비도 좀 덜 갖다 줘서 가족들도 고생했습니다. 그래서 나중에 형수가 좀 서운하게 생각하기도 했지요. (서원배 구술, 2023년 8월 7일)

가족들은 당사자가 세상을 떠나고 난 뒤에 사건 진상규명을 하면서 영조가 민주화운동과 농민운동에 참여한 것과 국가 폭력을 당한 사실을 알게 됐습니다. 세상 떠나기 전에는 가족에게 두레사건과 고문 후유증에 대한 이야기를 전혀 하지 않고 내색하지도 않았기에, 가족들은 영조가 평생 어떤 고통을 겪었는지 전혀 몰랐다고 합니다. 혼자서 그렇게 계속 마음에 안고 가다 보니까 부담이 더 컸지 않았나 생각이 듭니다. (김영석 구술, 2023년 6월 4일)

권영조는 국가 폭력으로 인한 트라우마를 겪으며 기관지·안구·치아 손상, 강박장애, 외상 후 스트레스 장애 등을 앓으면서 알코올에 의존했고, 말년에는 알코올성 치매가 와서 스스로 비상 연락처를 차 뒤에 붙여놓고 다닐 정도로 정상적인 생활을 하지 못했다. 2003년 9월에는 뇌동맥류 수술을 받았으나 호전되지 않아 장기간 치료를 받았다. 아내 정명숙과 큰아들이 직장까지 그만두고 간호했음에도 불구하고 권영조는 2016년 4월 30일에 간경화증으로 세상을 떠났다. 광주 망월동의 국립5·18민주묘지에 안장되었다.

2002년에 5·18민주유공자로 선정됐으며, 유가족이 2024년 국가를 상대로 제기한 정신적 손해배상 청구 소송에서 일부 승소 판결을 받았다.

김병일

김병일은 1951년 10월 대구에서 출생했다. 1971년 영남대학교 축산대학 식품가공학과에 입학하여 1학년 때부터 대학4-H연구회에서 활동했다. 1973년 7월에 입대하여 군 복무를 하고 제대 후 복학해 1976년에 영남대학교를 졸업했다. 1978년에는 청송 진성중학교 교사로 임용됐다. 1980년 5월에 두레양서조합 5·18 사건에 참여했다는 이유로 같은 해 9월 19일에 재직 중이던 중학교에서 경찰에 의해 영장 없이 체포됐다. 그 뒤 경상북도경찰국 대공분실과 대구 서부경찰서에서 19일간 불법 구금된 상태로 고문 등 가혹행위를 당하고 허위자백을 강요받았으며, 10월 7일 훈방 조치로 석방됐다.

이후 보수적인 농촌 사회에서 교직 생활을 하면서 당국의 사찰 관리를 계속 받았으며, 초등학교 교사였던 아내 임명자도 마찬가지로 고충을 겪었다. 특히 1980년대 후반부터 청송 지역에서 민주교육추진전국교사협의회가 조직되고, 이어서 전국교직원노동조합 청송지회가 조직될 때도 같은 학교 교사이자 두레사건 관련자인 정동진과 함께 학교로부터 압력을 받았다. 결국 두 사람은 전교조 활동을 할 수 없었는데, 김병일은 이와 관련해 후배 교사들에게 미안했던 심정을 다음과 같이 표현했다.

김병일 © 국사편찬위원회

저도 10년 동안 사찰 관리를 당했지요. 사건이 일어나고 8년 뒤에 교장 선생님이 저와 정동진 형, 두 사람을 부르더라고요. 가니까 "당신들 그때 대구 끌려간 게 무슨 사건이고 어떻게 된 건지 상세히 이야기해봐라" 하는 거라. 그래서 우리는 "제 후배들이 5·18 관련 유인물을 만들었는데, 우리는 같은 조합원이다 보니 연루됐습니다"라고 말하니까 "별거 아니네" 하시면서 "당신들 때문에 골치 아파 죽겠다"라고 하셨어요. 사회적으로 무슨 일만 생기면 경찰서에서 전화가 오니까 미치겠다는 거예요. 8년이 지나고도 이러니까 교장 선생님은 우리가 매우 큰 사건과 관련된 것으로 알았던 거예요. 우리가 화가 딱 나더라고요. 나중에 경찰 쪽의 지인에게 알아봤더니, 이게 10년은 가야 요시찰 인물에서 풀린다는 거라. 아내도 초등학교 교사인데, 제가 10년 가까이 요시찰 인물이다 보니 학교에서 항상 예의주시당하고 꼼짝 못했지요.
청송군에 민주교육추진전국교사협의회가 결성될 때도 우리가 가입하려고 했어요. 주위에서는 정동진과 김병일이 청송군에서 제일 먼저 교사협의회에 가입할 것이라고 소문이 났어요. 그런데 교장 선생님이 교장 회의 갔다 오자마자 우리 둘을 부르더니 "당신들은 예전에 그런 사건이 있었는데도 학교가 계속 끌어안고 있는데, 교사협의회 활동에 나서면 내 체면이 말이 아니다.

두 사람이 그 활동을 해서 무슨 일이 생기면 학교 교사인 집사람들도 다 피해를 겪을 것이 아니냐?"라고 하셨어요. 그러는 사이에 청송군에 교사협의회가 만들어졌는데, 우리는 협의회에 가입한다는 소문만 나고 가입 못했어요. 결국 전교조 활동도 직접 나서지 못하고, 성당 공소에 회의 장소 빌려주고 후원하는 정도의 역할만 했죠.

1989년경에 전교조 문제로 청송에서도 교사들이 많이 해직됐지요. 지역사회가 전교조 문제로 들썩거렸지요. 그때 제가 청송에서 공소 회장을 하면서 전교조 회합 장소를 빌려줬어요. 성당 앞에 있는 방에 자취하던 여선생이 신자인데, 전교조 회합한다고 그 옆에 있던 '만남의 집' 회합실을 빌려주고 어떨 때는 성당도 빌려줬어요. 그래서 전교조 해직 교사들이 성당에서 회합을 몇 번 했어요. 그런데 그때 같이 회합했던 것으로 보이는 청송 진보종합고등학교 배주영 선생이 연탄가스로 세상 떠나는 일도 있었어요.

전교조 후원회 결성할 때도 제가 우리 직원들한테 "만 원씩이라도 좋으니까 후원하자" 하니까 처음에 몇 명이 후원금을 냈는데, 나중에 다 빠졌어요. 우리 집사람도 학교에서 다른 선생님에게 후원금 이야기하다가 교장한테 된통 당해서 빠지고 저와 다른 한 사람만 남았어요. 어떻게 보면 변명이지만, 이런 압력 때문에 전교조 활동을 할 수 없었지요.

그래서 정동진 선배와 저는 오히려 전교조 활동하던 후배들에게 욕을 좀 먹었어요. 그 무렵 전교조 경북지부장을 했던 후배 고 장성녕 선생과 같이 밥을 몇 번 먹는데, 그 후배가 원망조로 말하더라고요. "형님들이 학교 다닐 때 우리를 교육해서 의식화시켜놓고 형님들은 싹 빠지고 이거 뭐냐?"고. 할 말이 없더라고요. 김대중 대통령 선거할 때는 장성녕 선생이 "선배님, 이번에 김대중이 대통령 돼야 우리가 복직됩니다. 주위 사람들한테 이야기 좀 해주

세요"라고 부탁해서 선거운동을 했어요. 그런데 경북에서는 정부에서 악의
적인 선전을 하고 친척들을 다 동원하는 바람에 가는 데마다 김대중 대통령
후보에 관해 이야기하면 "빨갱이를 뽑아서 어떻게 하느냐?" 그런 소리만 들
었지요. 나중에는 주위 사람에게 더 이상 부탁하지도 못하겠더라고요. (김병일
구술, 2023년 4월 25일)

김병일은 석방 후 심장질환, 강박장애, 외상 후 스트레스 장애 등을
앓았으며, 최근에 급성 담석증 수술을 했다. 그는 보수적인 지역사회
에서 살면서 겪었던 신체적·심리적 후유증과 가족이 입은 피해에 대
해 다음과 같이 말했다.

사건이 일어났을 때 가족이 정신적인 피해를 많이 겪었죠. 제가 구금됐을 때
아버지와 큰형님이 충격으로 누워서 지내셨습니다. 저는 지금도 가끔 악몽
을 꿉니다. 그리고 경찰서 앞은 지나가기도 싫습니다. 대구에서 예전 원대동
대공분실 안가가 있던 곳에 버스를 타고 지나갈 일이 있으면, 그쪽은 쳐다보
지도 않습니다. (김병일 구술, 2023년 4월 25일)

김병일은 자신의 성격이 낙천적이라 그나마 이러한 어려움을 이길
수 있었다고 했다. 김병일은 1998년에 진성중학교 교감으로 승진한 데
이어 2008년부터 진성중학교 교장으로 근무했다. 36년간 교직에서 근
무한 뒤 2013년에 명예퇴직했다.
　2002년에 5·18민주유공자로 선정됐으며, 2024년 국가를 상대로 제
기한 정신적 손해배상 청구 소송에서 일부 승소 판결을 받았다.

김영석

김영석은 1953년 4월 경남 거창군에서 출생했다. 어릴 때부터 농사를 짓고 4-H 활동을 한 경험이 있으며, 거창고등학교에 재학하면서 학교의 진보적 교육 기풍에 영향을 받았다. 1973년 3월 경북대학교 농과대학 수의학과에 입학하고 대학 1학년 때 경북대학교 농촌문제연구회에 입회해 이후 농촌문제연구회 부회장을 맡는 등의 활동을 했다. 1973년에 가톨릭농민회에 가입해 활동했으며, 대구가톨릭농민회 농촌문제연구분회에서 활동했다. 1977년 2월 대학교를 졸업하고 3월에 입대했으며, 군 복무 중 두레양서조합이 설립되자 조합원으로 활동했다. 제대 후에는 고향인 거창에서 지역 농민운동 단체인 아림농민회 창립의 기틀을 닦았다.

1980년 5월 대학원 입시 준비 중에 두레 5·18 사건에 참여했다. 김영석은 주로 광주 학살의 진상을 다른 지역에 알리고 연락하는 일을 담당했다. 같은 해 9월 11일에 경상북도경찰국 대공분실에 불법 연행·구금되어 고문·취조를 당했으며, 10월 8일 반공법 위반 및 계엄포고령 위반 혐의로 구속되었다. 12월 4일 경북지구계엄보통군법회의 재판에서 징역 1년을 선고받았고, 12월 6일에 계엄사 사령관 직권으로 징역 10개월로 감형됐다. 1981년 4월 3일 서울고등법원 2심 재판에서 징역 8개월 집행유예 2년을 선고받아 구금 후 약 7개월 만에 석방됐다.

김영석은 고문 후유증으로 치아 손실, 목 디스크, 고혈압, 당뇨, 고지혈증 등의 증상으로 고통을 받아왔다. 사건 당시에 물고문을 당하면서 앞니가 2개 부러졌는데, 교도소 수감 생활을 하는 동안 치료를 전

혀 받지 못하다 보니 식사를 제
대로 할 수 없었고, 나중에는 후
유증으로 치아 전체가 손실됐다.
또한 고문 가해자들이 물고문할
때 목을 수조에 강압적으로 눌러
목 디스크 3번, 4번, 5번이 손상
돼서 평생 후유증에 시달리고 있
다. 심리적인 후유증도 있다.

김영석 ⓒ 국사편찬위원회

5·18을 겪고 수형 생활을 했더니, 마음속에 원망과 분노가 가득 찼었죠. 그
울분을 삭이는 데 15년, 20년 걸린 것 같아요. 고문당했던 일은 잊고 있다가
도 갑자기 불쑥불쑥 기억났어요. 몸이 기억하다 보니 세수할 때 코에 물 들
어가는 게 싫고, 목욕탕이나 수영장에 가면 잠수를 못해요. 몸이 안 받아주
더라고요. 해마다 5월만 되면 몸살을 하고 신경이 굉장히 날카로워져요. 저
는 몰랐는데, 아내(곽정란)가 5월이 되면 제 신경을 안 거스르려고 조심했대
요. 주위 사람들에게서도 "요즘에는 5월을 무난히 넘기시네요" 하는 소리를
들어요. 그전에는 무난히 못 넘겼다는 이야기죠. 그리고 예전엔 무엇이든 메
모하고 일기도 열심히 썼는데, 그 사건을 겪은 후론 일기도 안 쓰고 메모도
안 하고 무엇이든 증거를 안 남기려고 하게 됐습니다. 그러다 보니 일상생활
을 할 때 한계가 있더라고요. (김영석 구술, 2023년 6월 4일)

김영석은 당국의 사찰 관리를 받았을 뿐만 아니라 주거 이동 제한까
지 받았다. 군검찰부가 처음에는 반공법 위반과 계엄법 위반으로 기소

했다가 나중에는 반공법 위반 혐의를 삭제했는데도, 당국에서는 반공법 위반자로, 즉 사회안전법 적용 대상으로 보았다. 출소 직후에는 축산협동조합장, 농업기술센터 소장, 거창경찰서 정보과장이 그의 동향을 감시했다. 그리고 김영석은 수의사 자격증이 있었으나 출소 직후 동물병원을 개업할 준비가 되지 않은 상태였는데도, 당국에서 주거 이동을 제한하고 동향 감시를 쉽게 하기 위해 1981년 7월 17일자로 동물병원 개설 허가를 내고 개업하도록 했다.

이에 따라 김영석은 출소 후 3개월 뒤부터 거창군 가조면에서 동물병원을 개업해 42년간 수의사로 일하면서 지역운동을 했다. 동물병원 개업 초기에는 양돈을 병행하면서 지역 청년들에게 축산을 지도하고 안내했다. 그 뒤 지역 청년 20여 명을 모아 농우회(農友會)를 만들었는데, 이 모임이 발전해 가조축산기가 되고 축협 작목반이 됐다. 그러나 보수적인 경상도 지역에서 당국의 방해 속에 조직 활동을 하는 게 쉽지는 않았다. 농민 후계자 신청도 했으나 번번이 거부되다가 우여곡절 끝에 선정된 뒤에 가조면 농업경영인협의회, 거창군 농업경영인협의회를 조직했다.

1980년대 초반에는 감시가 심해 활동을 거의 못했죠. 농우회를 만들고 당국의 와해 공작이 너무 심해서, 결국 농우회에서 자진 탈퇴했습니다. 또 가조면에 라이온스클럽을 만들자고 해서 만들고 나니까, 저 때문에 단체 허가가 안 난다고 해서 빠졌던 일도 있습니다. 그리고 농민 후계자를 신청해도 선발이 안 되는 거예요. 억울해서 1984년에 거창군 농업기술센터에 가서 한번 엎어버린 적도 있습니다. 1985년이 되어서야 대학 추천을 통해 농민 후계자로 겨우 선정됐습니다. 그 뒤에는 우리는 농민 후계자가 아니라 농업경영인이라는 것을 강조하며 가조면 농업경영인협의회와 거창군 농업경영인협의회를 만들었는데, 단체를 만들고 나니까 제가 회장을 하면 절대 안 된대요. 그래서 제 친구를 회장으로 하고 저는 계속 부회장을 맡았습니다. 1991년 들어서야 시국이 바뀌면서 거창 농업경영인협의회 정관을 바꿔서 제가 회장으로 선출됐어요. (김영석 구술, 2023년 6월 4일)

1990년대 초반 거창 농업경영인협의회는 거창농민회와 함께 지역의 대표적인 농민운동 단체로 발돋움하게 됐다. 김영석은 1991년 지방선거가 부활하면서 민주당 후보로 경상남도 도의원 선거에 출마했으나 차점으로 낙선했고, 1997년 대통령 선거 때는 김대중 후보의 운동단체인 연청회 거창군 지부장을 맡아 선거운동에 참여해 김대중 후보 당선에 기여하기도 했다.

김영석은 1997년부터 한국4-H연맹 부설 청소년문화연구소에 적을 두고 《한국 4-H운동 50년사》 발간 작업을 했고, 2000년에는 농촌청소년 선도 유공으로 대통령 표창을 수상했다. 2006년부터는 거창3·1정신계승발전위원회에서 활동했으며 2010년에 위원장을 맡았다. 그 뒤 거창문화원 부설 향토사연구소 연구위원(2012)을 맡았고, 거창역사문화연구소를 창립(2019)하면서 향토사 연구에 주력해왔다. 〈거창지역 민중운동사 1〉 등의 논문을 저술했고, 《거창지역 항일독립운동 자료집》(2019)을 간행했으며, 《가조면지》(2016) 등 여러 면지를 집필하고 발간하는 집필위원으로도 활동했다. 현재 거창문화원 이사, 거창문화재단 이사, 거창24문중회 회장을 맡고 있다.

김영석은 2002년에 5·18민주유공자로 선정됐고, 2022년 두레사건 재심에서 무죄를 선고받았다. 2024년 국가를 상대로 제기한 정신적 손해배상 청구 소송에서 일부 승소 판결을 받았다.

김진덕

김진덕은 1957년 8월 경북 울진에서 태어났다. 1969년에 온 가족이 부산으로 이주해 그곳에서 초·중·고등학교를 졸업했으며, 1976년 경북대학교 사범대학 인문사회 계열로 입학해 역사교육과에서 공부했다. 김진덕은 농과대학 학생은 아니었지만, 졸업 후 농촌에서 교사 생활을 하려면 농민 문제에 관해 공부해야겠다는 생각으로 대학 3학년 때부터 경북대학교 농촌문제연구회에서 활동했다.

1978년 11월에는 경북대학교 11·7시위에 앞장섰다는 이유로 긴급조치 9호 위반 혐의로 구속되어 대구교도소에서 수감 생활을 했다. 1심에서 징역 1년 자격정지 1년을 선고받았고 2심에서 징역 8개월, 자격정지 8개월로 감형되어 1979년 7월 19일 대구교도소에서 만기 출소했다. 1980년 3월에 경북대학교에 복교한 뒤, 같은 해 9월 22일에 두레사건으로 경북대학교 후문 소재 자취방에서 경찰에 의해 영장 없이 체포됐다. 경상북도경찰국 대공분실에서 14일간 불법 구금된 상태로 신체적·정신적 가혹행위를 당하고 허위자백을 강요받았으며, 10월 5일에 훈방 조치로 석방됐다.

김진덕은 두레사건으로는 학사 징계를 받지 않았고 1982년 2월에

경북대학교를 졸업했다. 병역은
긴급조치 9호 위반 사건으로 면
제됐으므로, 졸업 후 바로 교사
로 임용되어 경남 통영군 한산중
학교로 발령받았다. 한산중학교
에서는 학교장이 인사권과 재정
권을 쥐고 전횡을 휘두르고 있었
다. 또한 학교장이 한국교원단체
총연합회(당시 대한교육연합회, 약
칭 '교총') 분회장과 친목회 회장

김진덕 © 국사편찬위원회

을 겸임했으며, 교사들은 발령과 동시에 본인 의사와 관계없이 교총에
자동 가입되어 월급에서 회비가 납부됐다. 김진덕은 이러한 조치에 항
의해 교총 탈퇴 운동을 했다. 그 뒤 교육 민주화운동에 투신하여 충무
중학교를 거쳐 통영여중에 근무하던 때인 1986년 2월에 부산YMCA충
무중등교육자협의회를 결성했다. 1986년 3월부터는 김해군 가락중학
교에서 근무했는데, 1987년 6월 항쟁 후 가락중학교 교장은 학교 민주
화운동에 앞장섰던 김진덕을 직권으로 강제 전출하려고 했고, 김진덕
은 이에 맞서 강제 전보 철회 투쟁을 벌였다.[57]

　1988년 12월에는 김해교사협의회를 창립해 초대 회장으로 선출됐
고, 전국교직원노동조합이 결성되자 1989년 6월에 전교조 경남지부
김해지회를 창립하고 초대 지회장으로 선출됐다. 1989년 7월에는 전
교조를 결성했다는 이유로 부산시교육청(당시 부산시교육위원회, 가락중학
교가 있던 김해군 가락면이 1989년 1월 1일자로 부산시 강서구 가락동으로 편입됨)

에 의해 해직됐으며, 해직 후 전교조 경남지부와 김해지회에서 약 5년 동안 상근 활동을 했다. 1993년 6월에는 전교조 김해지회 상근 총무부장으로서 김해여중의 학교 비리에 대한 조합원들의 민원을 해결하기 위해 학교장 면담을 요구했다가 학교장의 고발로 경찰에 연행돼 공무집행방해로 구류 3일 처분을 받기도 했다.

1994년 3월 김영삼 정부의 전교조 해직교사 특별 채용 방침과 전교조 본부의 복직 방침에 따라 부산 동래중학교에 복직한 뒤, 학장여자중학교, 낙동중학교, 구남중학교, 모라중학교 등에서 근무했으며, 여러 차례 전교조 지회장을 맡았다. 2002년 12월에는 전교조 부산지부장(임기 2003~2004)으로 당선돼 근무했다. 2010년, 모라중학교에 근무할 때는 민주노동당에 월 1만 원씩 후원금을 냈다는 이유로 정치자금법 위반으로 불구속 입건되어 정직 3개월의 징계를 받고 학장중학교로 강제 전보됐다. 그러나 이러한 조치가 부당하다고 행정 소송을 제기해 승소했으며, 2015년 3월에는 가람중학교로 전보됐다. 또한 여러 학교에 전근 다니면서도 2001년부터 2018년까지 교내에서 4-H 동아리 담당 지도교사를 맡아 학생들에게 농민 문제에 대한 인식을 심어주고 학창 시절에 했던 농촌문제연구회 활동의 정신을 이어갔다.

이처럼 김진덕은 37년 동안(해직 기간 5년 포함) 교사로서 교육 민주화운동을 하다가 2019년 8월 말 가람중학교에서 정년퇴임했다. 이외에도 김해민주화운동협의회를 창립해 활동했고, 부산 사상구민주단체협의회 상임대표, 부산생활협동조합 초대 대표 등을 맡아서 활동했다. 교직에서 퇴임한 후에는 진보당에 가입해 진보당 경남도당 김해시 지역위원회에서 현재까지 활동하고 있다.

김진덕은 두레사건 직후 아버지가 충격으로 일찍 세상을 떠나는 아픔을 겪었다.

아버님께서 저를 공부시키려고 1968년에 온 가족을 데리고 고향을 떠나 부산으로 이사 왔습니다. 아버님은 제가 경북대학교에 입학하니 기대를 많이 하셨는데, 1978년에 긴급조치 위반으로 감옥에 가자 실망하셨죠. 그래도 그때는 '저놈이 감옥에서 나오면 뭔가 하지 않겠나?' 생각하셨다고 하더라고요. 그런데 제가 1980년에 두레사건으로 대공분실에 잡혀가니 충격을 너무 많이 받아 일시적으로 눈이 캄캄해 앞을 못 볼 정도로 낙담했다고 하셨습니다. 거리에서 신호등이 보이지 않아 빨간불에도 횡단보도를 건너는 바람에 경찰에게 잡힌 일도 있었답니다. 그 뒤로 불면증이 더욱 악화되어 1984년 8월에 간암으로 돌아가셨어요. (김진덕 구술, 2023년 8월 7일)

당시 김진덕은 두레양서조합의 5·18 투쟁에 참여하지 않았는데도 1980년 9월에 경상북도경찰국 대공분실 안가로 끌려가서 취조를 당했으며, 상황을 제대로 파악하지 못한 상태에서 진술한 내용이 정상용을 반공법 위반의 주범으로 모는 증거 자료로 이용된 것에 대해 평생 아픔을 간직하며 살고 있다.

김진덕은 오랫동안 전교조 활동을 포함한 교육 민주화운동을 했으며, 이로 인해 정권과 학교 행정당국의 탄압을 일상적으로 받으며 살아왔다. 그러나 투쟁 현장에서 많은 동지를 만나고 한평생 운동의 일선에서 활동한 것이 삶의 건강성을 유지하는 동력이 됐다고 했다. 아내 전진숙도 김해 여성의전화 초대 회장, 민주노동당 경남도당 권한대행, 교육희망 경남연대 상임대표를 역임했으며, 시의원·국회의원 후보로 출마한 적이 있는 사회운동가이다.

김진덕은 두레사건과 관련해서는 2002년에 5·18민주유공자로 선정됐으며, 2024년 국가를 상대로 제기한 정신적 손해배상 청구 소송에서 일부 승소 판결을 받았다.

서원배

서원배는 1956년 2월 대구에서 출생했다. 개명 전 이름은 서성교이다. 1974년 3월 경북대학교 농과대학 농학과에 입학했다. 1학년 때 경북대학교 농촌문제연구회에 가입해 회장을 맡았으며, 가톨릭농민회에서도 활동했다.

대학 3학년을 마치고 1977년 5월에 육군에 입대하여 복무했고, 1980년 2월 제대 후 복학하여 두레서점 운영에 참여했다. 5월에 두레사건에 참여했으며, 유인물을 제작·배포하고 시위 인원을 동원하는 역할을 맡았다. 9월 19일에 경상북도경찰국 대공분실에 불법 연행되어 고문·취조를 당한 후 계엄법 위반 혐의로 구속되어 12월 4일 경북지구계엄보통군법회의 재판에서 징역 8개월 집행유예 2년을 선고받고 석방됐다.

서원배는 출소 후 두레양서조합이 해산될 때 두레서점을 정리하는 역할을 맡았다. 1981년 봄부터는 농업과 상업에 종사하면서 대구 지역 사회 민주화운동의 재정을 지원하는 활동을 오랫동안 했다. 1981년부

터 1986년까지 가톨릭농민회 이
사로도 활동했다. 1980년대 중
반에는 공동체 운동에 뜻을 두고
경기도 화성에 있는 산안(山岸)
농장에 들어가 공동체 생활을 하
기도 했다. 학창 시절에 농촌서
클 운동을 했던 처형 부부와 아
내 유영희도 함께 공동체 운동을
했다.

서원배 © 국사편찬위원회

　　서원배는 두레사건 이후 당국
의 사찰 감시와 사회적 배제를 당했던 피해에 관해 다음과 같이 이야
기했다.

　　정보과 형사가 10년 정도 따라다녔습니다. 제가 청송에서 양계할 때 부모
　　님께서는 대구에 계셨습니다. 그런데 대구에 볼일이 있어 나오면 대구 거주
　　지 관할 경찰서의 정보과 형사가 어머니에게 "애가 대구 왔는데 집에 안 왔
　　더냐?"라고 전화하면서 물어보곤 했습니다. 제가 어머니께 따로 연락드리지
　　않고 대구에 나와서 곡주사에서 후배들하고 밤새 술 먹고 집에 다음날 들어
　　가면, 어머니께서 "야, 너는 어제 몇 시에 대구 도착했다던데 이제 오냐?"라
　　고 하실 정도로 저의 동선을 훤하게 꿰뚫고 계셨죠.
　　신동(칠곡군 지천면 신리)에서 양봉할 때도 정보과 형사가 이웃에 사는 젊은
　　친구에게 제 동향에 관해 물어보곤 했습니다. 나중에 마을 이장이 그 이야기
　　를 제게 해주더라고요. 경찰이 저를 사찰할 때 정보를 제공했던 두 사람, 누

군지 압니다. 그런데 최근에 정신적 손해배상 청구 소송을 하니 법원에서 사찰당했던 증거를 제출하라고 하는데, 그 친구들에게 가서 "너, 예전에 정보과 형사한테 정보 제공했던 것 증빙자료 좀 써달라"고 하면 써주겠습니까? 결국 소송을 할 때 사찰 부분은 증빙자료를 제출하지 않았다고 기각됐습니다. 그리고 1980년대에 영농 후계자 모임에 가면 다른 사람들이 제가 반공법 위반자라고 왕따시켰지요. 제가 워낙 사람들과 어울리길 좋아하니까 그들과 어울리긴 했는데, 그래도 분위기가 그렇게 흘러가서 가톨릭농민회 활동도 제대로 못했습니다. (서원배 구술, 2023년 4월 24일)

서원배는 물고문의 영향으로 기관지와 폐 기능이 나빠져서 폐 용량이 정상인의 64퍼센트밖에 되지 않아 호흡곤란 증상을 자주 겪고 있다. 또한 고문의 후유증으로 골반이 틀어져 오른쪽 다리가 2.8센티미터 짧아졌으며, 양쪽 다리 길이의 불균형 때문에 다리를 절게 되었고 농사일을 할 때도 늘 허리 통증에 시달렸다. 또한 심리적인 후유증도 심했다. 2002년에 5·18민주유공자로 선정되면서, 5·18보상심의위원회로부터 상이자(장해 14등급)로 인정받았다.

우울증을 굉장히 오래 앓았습니다. 해마다 4월 말부터 5월 말까지는 늘 우울증 증상이 나타나서 저도 모르게 울고, 뉴스에 5·18과 관련된 장면이 나오면 눈물이 쏟아져 제대로 보지 못했어요. 지금도 5월에 대한 영화는 보지 못하고 있습니다. 두레사건은 제 삶을 90퍼센트 이상 바꿔버린 사건이지요. 제가 그 일을 후회한 적은 없고 똑같은 상황이 닥친다면 똑같이 그렇게 대응할 것입니다. 그렇지만 삶이 고달팠습니다. 친구들은 대학교 졸업 후에 교사가 되거나 직장에 들어갔지만, 저는 농사일을 하거나 장사를 했습니다. 그런데 고문 후유증으로 골반이 틀어져 허리 통증이 심해 농사일도 제대로 못했어요. 그러다 보니 사업이 제대로 안 되고 실패를 거듭해 경제적으로 힘들었고 자살하는 사람이 이해될 정도로 어려웠습니다. 아들이 대학교 졸업하고 축산업을 거들면서부터 그런 어려움은 많이 극복됐습니다만, 지금도 외상후 스트레스 장애를 앓고 있습니다. (서원배 구술, 2023년 8월 7일)

서원배는 1980년대 중반에 무소유 공동체의 삶을 추구하는 야마기시즘을 접하면서 사상의 전환을 경험했고, 2001년부터는 석문호흡 수련을 통해 국가 폭력에 의한 후유증을 극복하려고 노력해왔다.

1980년대 중반에 선후배들과 뜻을 모아 산안(山岸)농장에 들어가 공동체 생활을 하다가 나온 적이 있습니다. 그때 접하게 된 야마기시즘 사상이 그 후의 제 삶에 결정적으로 영향을 미쳐서 '인간의 문제는 싸워서 해결되는 것이 아니다'라는 걸 깨닫게 됐습니다. 저는 "존재는 본질에 선행한다"는 명제를 인식하고자 애썼습니다. 저는 선천적으로 허약하게 태어났고, 두레사건으로 붙잡혀 고문당한 뒤로 죽음에 대한 공포가 늘 마음속에 있었습니다. 그런데 2001년에 석문호흡을 만나, 수련을 계속하고 단계가 올라가면서 그런 문제가 조금씩 나아지기 시작했고, 지금은 죽음에 대한 공포가 거의 사라졌습니다.
그리고 석문호흡 수련을 통해 무엇이 맞고 틀렸다는 이분법적인 자기중심적 사고와 인식의 한계에서 벗어나 함께 더불어 사는 삶을 추구하게 됐고, 입체 통합적 혜안 차원으로 의식을 전환하게 됐습니다. 그러면서 세상 만물을 대하는 태도가 달라졌고 생활 속의 수련을 체화하면서 실천 의지를 내게 됐고요. 저 자신이 변화·발전하게 된 만큼의 빛과 힘, 가치를 자연스럽게 발휘하게 되어 사회로의 상승·확장·발전을 위해 노력하고 있습니다. 그래서 두레사건 때문에 삶이 고달프기도 했지만, 이 사건이 제 삶의 궁극적인 목적, 목표, 방향성을 찾게 해준 계기가 됐다는 점에서 긍정적으로 생각합니다. (서원배 구술, 2023년 8월 7일)

서원배는 현재 상주에서 축산업에 종사하면서 23년째 석문호흡 수련과 지도 활동을 삶의 중심에 놓고 생활하고 있다. 2022년 두레사건 재심에서 무죄선고를 받았다. 2024년 국가를 상대로 제기한 정신적 손해배상 청구 소송에서 일부 승소 판결을 받았다.

신중섭

신중섭은 1959년 2월 경북 문경군에서 출생했다. 1977년 3월 경북대학교 농과대학 원예과에 입학하여 1학년 때부터 경북대학교 농촌문제연구회에서 활동했다. 가톨릭농민회 행사와 안동가톨릭농민회 사건 현장에도 참여했으며, 서클 활동과는 별개로 1979년 9월 4일 대구지역 3개 대학 연합시위가 일어났을 때는 유인물을 제작하는 동료들에게 자취방을 빌려주기도 했다. 그는 평소 내성적이고 조용한 편이지만, 같은 학과 선배이자 서클 선배인 정상용과 깊은 정으로 맺어진 것이 이러한 일에 참여한 계기가 됐다고 말했다.

정상용 선배님이 농대 원예학과예요. 선배님이 서점 할 때 제가 자주 놀러 갔어요. 가서 일 도와주고, 형님과 얘기를 나누다 보니 인간적으로 정이 들었어요. 그래서 형님이 "중섭아, 이런 게 있다"라고 말씀하시면 공감이 되고 이런 부분에 대해 지식이 자꾸 습득되면서 이쪽 분야로 온 거 같아요. (신중섭 구술, 2023년 6월 5일)

신중섭 © 국사편찬위원회

신중섭은 1980년 5월에 휴학하고 입대를 위해 대기하던 중에 두레양서조합 5·18 투쟁에 참여해 서원배, 이동렬과 함께 유인물을 제작하고 등사하는 일을 맡았다. 같은 해 9월에는 경상북도경찰국 대공분실에 불법 연행되어 고문·취조를 당한 후 계엄법 위반 혐의로 구속됐고, 12월 4일 경북지구계엄보통군법회의 재판에서 징역 8개월에 집행유예 2년을 선고받고 석방됐다. 신중섭은 이 사건으로 학교에서 제적되고 병역도 면제됐다.

신중섭도 사건 후 10년 동안 사찰 관리 대상자로 살았다. 그리고 다른 사건 관련자들과 마찬가지로 사찰 감시를 위해 문경경찰서의 추천에 의해 1983년부터 문경 점촌농협 말단 기능직으로 근무하기 시작했다.

출소하고 학교는 제적되어서 계속 농사지었어요. 농사짓고 있으니까, 집에 정보과 형사들이 주기적으로 와서 동향을 파악하고 서명을 받아가곤 했습니다. 그렇게 생활하다가 어느 날 형사들이 취직시켜준다고 왔어요. 아버지께로 연락했는지 자기들이 이력서 써서 농협에 제출했더라고요. 그래서 1983년 4월경에 점촌농협에 들어갔어요. 사무직은 아니고 기술직 비슷한 기능직 생활을 했습니다. (신중섭 구술, 2023년 6월 5일)

1984년 3월에 경북대학교에 복교했으며, 1985년 3월에 경북대학교 농과대학 원예학과를 졸업했다. 이후 영농지도사(4급)로 채용되어 문경 산양농협에서 근무하며 지역 농가의 농업 경영을 지도하는 일을 했다. 1997년에는 승진 고시를 쳐서 승진했고, 농협에서 계속 진급하여 상무로 근무하다가 퇴직했다. 이 사건으로 신중섭의 가족도 큰 피해를 입었다.

제가 끌려가고 난 뒤에 시골집에서는 난리가 났죠. 형사들이 가택을 수색했는데요. 옛날 시골 형사들은 무식하잖아요. 새벽에 와서 인정사정 봐주지도 않고 집 안을 다 뒤집어놓고 책과 가톨릭농민회 유인물, 페넌트 같은 것들을 가져갔어요. 가족들의 충격이 컸어요. 제가 연행된 뒤에 할아버지, 할머니, 아버지, 어머니께서 마음고생하신 것은 나이 먹으니까, 이해하겠더라고요. 그때 제 동생은 읍사무소에 근무하다가 저 때문에 직장에서 쫓겨났어요. 그러다 보니 아버님께서 그 충격으로 자식을 대학 보내면 데모하고 감옥 가게 된다고 생각하셔서 동생들은 모두 대학에 보내지 않으셨어요. 결국 저 때문에 동생들이 대학을 못 가게 됐어요. (신중섭 구술, 2023년 6월 5일)

신중섭도 보수적인 지역사회에서 생활하면서 어려움을 겪었다. 그리고 고문으로 인한 트라우마가 있었는데, 사건에 대한 기억을 회피하는 형태로 이러한 고통을 견디려고 애썼다.

저는 농협에서 근무하면서 두레사건 관련자라는 이유로 특별하게 불이익을 당하지는 않았습니다. 그러나 주변 사람들이 말은 하죠. 어떤 때는 자기네들끼리 모여서 이야기 나누면서 제게 빨갱이라는 소리를 하기도 했고, 제가 가면 대화가 끊기는 것도 한두 번 느꼈지요. 처음에는 그랬어요. 저는 계속 참고 지냈지요.

과거를 잊으려고 술을 많이 먹었습니다. 트라우마에서 벗어나고 싶고 자꾸 떠오르는 생각을 지우려고요. 개인적으로 일탈하면서 술을 자꾸 먹고 그랬죠. 자신감이나 의식이 부족했어요. 뭐가 옳은지를 잘 모르니까 복잡하게 생각해도 뭘 할 수도 없고. 계속 그래서 단순하게 생각하고 편안하게 지내려고 생각을 많이 바꿨지요. 뭐든지 그렇게, 그렇게, 견디며 살았어요.

두레사건 때문에 농협이라는 직장에서 한평생 살았는데 그게 잘된 건지 안된 건지는 잘 모르겠습니다. 그 사건은 제 인생의 반전이 된 사건이고 제가 다른 걸 포기했기 때문에 이렇게 살아온 건데, 어떤 면에서는 오히려 제가 그 어려움을 잘 극복하지 않았나 하고 긍정적으로 받아들이고 싶습니다. 저는 늘 적극적이지 못해서 선배님들이 앞에서 끌어주면 따라가는 입장이었습니다. 5·18민주유공자 신청할 때도, 소송을 할 때도 앞서주는 선배님이 있어서, "형님 마음대로 알아서 하세요" 하면서 그렇게 따라서 해왔지요. 그렇지만 두레사건에 참여한 것은 지금까지도 후회는 하지 않습니다. 그때와 같은 일을 또다시 해야 한다면 또 할 생각은 있거든요. (신중섭 구술, 2023년 6월 5일)

신중섭은 33년 동안 농협에서 근속한 뒤 2017년 1월에 퇴직하여 현재 문경에서 아내 김혜숙과 함께 농산물 매장을 운영하고 있다. 2002년에 5·18민주유공자로 선정됐고, 2022년 두레사건 재심에서 무죄를 선고받았다. 2024년 국가를 상대로 제기한 정신적 손해배상 청구 소송에서 일부 승소 판결을 받았다.

이동렬

이동렬은 1957년 7월 경북 영천에서 출생했다. 1977년 3월 경북대학교 농과대학 농화학과에 입학하여 1학년 때부터 농촌문제연구회에서 활동했다. 대학 1학년을 마치고 1978년 3월에 보충역으로 소집되어 근무했으며, 1979년 5월에 제대하여 1980년 3월에 복학했다. 1980년 5월에는 두레양서조합 5·18 투쟁에 참여해 유인물을 제작하고 등사하는 일을 맡았다. 같은 해 9월에 경상북도경찰국 대공분실에 불법 연행되어 고문·취조를 당한 후 반공법 및 계엄법 위반 혐의로 구속됐고, 12월 4일 경북지구계엄보통군법회의 재판에서 징역 8개월에 집행유예 2년을 선고받고 석방됐다.

이동렬은 장남이라 사건 후 부모의 심리적 충격이 컸으며, 아버지는 나중에 뇌출혈로 일찍 세상을 떠났다. 신체적 후유증으로는 척추질환이 심해진 것을 들 수 있다. 이동렬은 어릴 때 척추 수술을 한 적이 있었는데, 두레사건 당시 수사관들이 거꾸로 매달아 마구 구타하는 등의 고문을 했기 때문에 지병인 척추질환이 심해졌다. 그 뒤 척추 통증으로 계속 병원에 다녀야 했으며, 나중에 서울에서 직장생활을 하면서 또다시 허리를 다쳐서 여러 병원을 전전했다. 경찰의 감시도 심했다. 이동렬도 두레사건과 관련된 다른 재학생들처럼 출소 후 학교에서 제적됐다. 그 뒤 경찰의 감시가 너무 심해 잠시 고향을 떠나, 서원배가 일하는 경북 청송군 부남면에 있는 양계

이동렬 © 국사편찬위원회

장에서 일하기도 했고, 서원배가 칠곡군 지천면 신리에서 양봉업을 하는 곳에 가서 일하기도 했다. 그러나 어느 곳을 가더라도 영천경찰서 담당 형사가 따라다니며 정기적으로 방문하니 일을 제대로 할 수 없었다. 그래서 다시 영천 고향 집에 왔더니 담당 형사가 매일 집으로 찾아왔다. 이처럼 경찰의 감시에 시달리다 보니, 반공법 위반자는 어디에도 취직하기 어렵고 사회에서 아무것도 할 수 없다는 생각에 낙담하기도 했다. 1981년, 영천경찰서 경찰은 이동렬에 대한 사찰 관리를 쉽게 할 수 있도록 영천시청에 10급 고용직으로 취업시키기도 했다.

담당 형사가 매일 오는 거예요. 야, 이거는 도저히 안 되겠다. 그러던 차에 영천군이 1981년에 영천시로 승격됐는데, 형사가 저를 관리하기 좋게 하기 위해서인지 영천시 공무원으로 넣어주겠다고 제안했습니다. 그래서 저는 농업계를 전공했으니까 영천시청 산업과 농산계 10급 고용직으로 채용됐습

니다. 농산계가 농업과 관련된 업무라서 저는 계장님을 도와 열심히 일했습니다. 거기서 근무할 때 1982년에 한해(旱害)가 닥쳐서 상황실에서 먹고 자며 열심히 일을 했더니, 영천시청에서는 제가 고생했다고 도지사상과 시장상도 주었습니다. 그런데 그 뒤에도 계속 경찰의 감시에 시달렸습니다. 조금만 어디로 이동해도 경찰이 "어디 갔다 오셨습니까?" 하고 묻죠. 그래서 "당신이 알아서 뭐 하느냐?" 이렇게 대꾸하곤 했지만, 매일 기분이 더럽고 부담스러웠죠. (이동렬 구술, 2023년 8월 21일)

그러다가 이동렬은 영천시청에 고용직으로 계속 근무할 수 없다고 판단해, 1983년에 퇴사하고 고향 집에서 양돈업을 시작했다. 1984년 3월에 복교 조치가 된 뒤에는 양돈업을 하면서 학교에 다녔다.

영천 고경면 창하리 우리 집 대문 입구 사과밭에 제가 직접 돼지우리를 설계하고 지었죠. 그리고 대구의 원종 종축장에서 당시에 13만 원 하는 돼지 세 마리를 샀어요. 암놈 두 마리, 수놈 한 마리를 구입해서 아무것도 모르면서 양돈업을 시작한 거예요. 축산이 쉬운 일은 아니었습니다. 그러던 중에 아내 이춘승과 혼담이 오갔고, 1984년 1월에 결혼했습니다. 신혼 방은 영천 우리 집에 차려서 살았습니다. 신혼 초에 새끼 돼지 한 마리가 애를 먹여서 밤에도 우유를 먹이고 돌봐야 하니 신혼 방에서 같이 자며 살았습니다. 그래서 아내가 돼지하고 살지 왜 나하고 사냐고도 했습니다. 1984년도 복권, 복교 조치가 된 뒤에 교수님이 학교로 돌아오라고 세 번이나 찾아오셔서 어쩔수 없이 복교했습니다. 복교한 다음에는 영천에서 양돈업을 하면서 2년 반동안 학교에 다녔습니다. 아침에 돼지 사료 주고 학교에 다녔으니 제 몸에서 냄새가 얼마나 많이 났겠습니까? 같이 공부하는 후배들이 냄새난다고 욕을 많이 했을 텐데 지금 돌이켜보면, 나도 참 무식한 놈이었구나 하는 생각이 듭니다. (이동렬 구술, 2023년 8월 21일)

이동렬은 1986년 3월, 대학교를 졸업하기 몇 달 전에 비료를 생산하는 K비료화학기업에 입사했다. 이 회사에서 몇 달 근무한 뒤 1987년 2월에 동종 기업인 P기업에 말단 평사원으로 들어갔다. 당국의 사찰 감시로 고통을 겪으면서도 37년 동안 근속해 현재 기업 대표이사로 근무하고 있다. 이동렬은 당국의 사찰 관리와 사회적 낙인의 부담 때문에 직장에서도 자신의 전력을 드러내지 않고 생활해왔다.

직장에서는 제가 5·18 두레사건 관련자라는 것을 37년 동안 극비로 했습니다. 제가 5·18민주유공자라고 하면, '저놈 빨갱이다'라고 생각하는 사람이 직장에도 있기 때문에 함구하며 살아온 거죠. 2006년에 5·18보상심의위원회에서 보상금 받고 난 뒤에 친한 동료가 이상하게 여기며 물어보기에 그 친구에게만 사정을 이야기한 적은 있습니다만, 지금도 직원들은 이 일을 모르는 게 낫다고 생각해서 이야기하지 않고 있습니다. 고향에 있는 친구들, 초·중·고등학교 동기들에게도 마찬가지입니다. 아내에게도 이 부분에 대해서는 상세하게 말을 안 했습니다. 그래서 제가 살아오면서 젊을 때 어려운 시절을 지나온 것을 아는 사람은 아무도 없습니다. (이동렬 구술, 2023년 8월 21일)

이처럼 이동렬은 직장 동료와 가족에게도 두레사건 관련자라는 것을 공개하지 못했고, 자신이 겪은 국가 폭력에 의한 피해의 고통을 수십 년 동안 감추고 사는 외로움을 견뎌왔다. 그러나 젊은 시절에 두레 사건으로 갖가지 어려움을 겪었던 것이 그만큼 자신을 단단하게 만들었고 치열하게 살게 한 원동력이 됐다고도 했다.

이동렬은 2002년에 5·18민주유공자로 선정됐고, 2022년 두레사건 재심에서 무죄를 선고받았다. 2024년 국가를 상대로 제기한 정신적 손해배상 청구 소송에서 일부 승소 판결을 받았다.

이상국

이상국은 1953년 5월 경북 영양군에서 출생했다. 1971년 영남대학교 농축산대학 식품가공학과에 입학했다. 1학년 때부터 영남대학교 대학4-H연구회(농촌연구회)에 가입하여 금요강좌를 주도하며 여러 가지 활동을 했고, 1973년부터 가톨릭농민회 회원으로 활동했다. 1975년 2월에 영남대학교를 졸업하고 보충역으로 소집되어 1976년 2월까지 복무했다. 1976년 4월부터 청송 진성중학교에서 영어 교사로 근무하다가 8월에 가톨릭농민회의 권유를 받고 가톨릭농민회 전국본부 홍보부장으로 들어가 1987년 2월까지 근무했다.

이상국은 1980년 5월에 두레양서조합에 광주 항쟁 소식을 전달하고 두레 5·18 사건을 주도적으로 제안했다. 같은 해 9월에 경상북도경찰국 대공분실에 불법 연행되어 고문·취조를 당한 후 계엄법 위반 혐의로 불구속 입건되어, 12월 4일 경북지구계엄보통군법회의 재판에서 징역 10개월에 집행유예 2년을 선고받았다. 이상국 역시 두레사건 이후 당국으로부터 사찰 관리를 받았다.

이상국 ⓒ 국사편찬위원회

명절 때 영양 버스터미널에 내리면 지프차가 딱 서 있다가 따라옵니다. 뒤를 돌아보면요, 제가 탄 버스가 출발하면 버스 뒤를 따라옵니다. 결국 저의 본가가 있는 영양군 청기면 당리의 지서에서 명절을 보내게 돼요. 그게 무슨 짓입니까? 참, 코미디 같은 세월 보냈습니다. 시골에서는 요시찰인이 몇 명 안 되니까 완전히 달라붙어서 감시하는 거예요. 물론 저희 아버지가 마을에서 인심을 잃지 않았고, 저도 법 없이 살아도 될 사람이라고 마을 사람들이 봤기 때문에 제가 나쁜 짓을 해서 경찰이 따라오는 게 아니라는 건 알고 있었지요. (이상국 구술, 2023년 6월 6일)

이상국도 가족의 피해가 컸다. 영양군은 한국전쟁 전에 남로당 유격대와 군경의 대립이 심했고 "낮에는 경찰이 지배하고 밤에는 빨치산이 지배하던" 이중권력 지역이었다. 이상국의 아버지는 이 시기에 군경 토벌을 피해 인근의 봉화군 청량산에서 6개월 동안 숨어서 지냈고, 한국전쟁이 일어난 뒤에는 대구로 피신하여 지냈던 전력이 있었다. 이상국의 고모도 이 무렵 국가보안법 위반 혐의로 구속됐다가 풀려난 전력이 있었다. 전시에 가족들이 이런 경험을 겪다 보니 이상국의 아버지는 국가 폭력이 남긴 트라우마로 인한 외상 후 스트레스 장애 증세가 있었다. 그런데 두레사건이 일어나고 이상국이 대공분실로 끌려간 뒤 가족들은 몇 주 동안 이상국의 소재를 알지 못해 피가 마르는 듯 노심초사했고 사건 후에도 공안기관으로부터 친가와 처가의 식구들이 사찰 감시를 당하는 고통을 겪었다. 이상국의 아버지는 이러한 상황을 괴로워하다가 사건 발생 1년 뒤 세상을 떠나고 말았다. 이상국에게는 고문 후유증에 더해 아버지의 죽음으로 인한 트라우마가 크게 남았다.

제가 11남매의 장남입니다. 아버님께서는 장남을 대학 보내면서 그만큼 기대가 있었습니다. 그런데 제가 두레사건으로 잡혀가자, 식사를 전혀 안 하고 술만 드시며 속을 끓이다가 사건 1년 뒤에 돌아가셨습니다. 그래서 저도 충격을 받아 아버님 돌아가신 뒤에 6개월 정도 정신병 약을 먹은 적이 있습니다. (이상국 구술, 2023년 6월 6일)

초등학교 교사였던 이상국의 아내 전정애도 사찰 관리 대상이 됐다. 이상국이 대전 가톨릭농민회 본부에서 근무할 때부터 그와 그의 가족들은 동장, 통장, 반장으로부터 감시를 당했다. 1980년 두레사건이 일어난 뒤 전정애는 임신한 상태에서 학교 교장으로부터 직장 괴롭힘을 당하다가 결국 사직했다. 그 뒤 농민회 활동가인 이상국의 수입으로는 가족의 생계를 유지할 수 없었기에 전정애가 서적 판매 일을 해서 생계를 유지한 적도 있었다.

이상국은 가톨릭농민회에서 11년 가까이 근무하다가 1987년 2월에 새로 출범한 한살림에 합류했다. 한살림은 무위당 장일순의 생명사상을 기초로 한 생명운동 단체로서 '생산자는 소비자의 생명을, 소비자는 생산자의 생활을 책임진다'는 구호를 내걸었다. 그리고 건강하고 안전한 먹을거리를 매개로 물질적 가치 중심의 세계관에서 벗어나 생명 중심의 가치를 실현하고, 사회적 관계 회복과 연대를 통해 새로운 공동체 운동을 하고자 했다. 한살림은 1985년 6월 원주한살림(소비자협동조합)으로 태동하여 1986년 12월에 한살림농산으로 성장했다. 1988년 2월에 가입 소비자가 1천 세대를 넘으면서 '한살림공동체 소비자협동조합'을 창립했고, 1994년 2월에 사단법인 한살림을 설립해 생산자, 소비자, 실무자가 함께하는 종합적인 협동조합으로 거듭났다. 그리고 지역사회에서도 다양한 사회운동을 전개해왔다. 한살림이 발전하는 동안 이상국은 한살림 안에서 여러 직책을 두루 거치며 28년 동안 생협운동을 해왔다.

학창 시절 우리 서클의 지향점이 현장에서 민중과 같은 삶을 살아야 한다는 것인데, 가톨릭농민회 활동을 10년 가까이 하다 보니 농촌 현장에서 살아야겠다는 생각이 들었습니다. 그때 가톨릭농민회에서도 생명운동 흐름이 생기기 시작했습니다. 본래 사람이 사람답게 사는 세상이라는 게 경제적이고 물질적인 분배 정의를 실현하는 것만으로는 되지 않습니다. 생명세계 전체가 공존 공생할 수 있도록 생산양식과 생활양식이 생명의 가치관으로 전환되지 않으면 생태계 파괴와 같은 문제를 막을 수 없습니다. 한살림에서는 생명의 가치를 중심으로 새로운 문명 전환을 이뤄야 한다고 봅니다. 생명의 기본인 밥을 만드는 농업 기초가 튼튼하게 자리잡는 사회 경제체제가 돼야 한다고 봅니다. 그래서 저는 한살림운동에 결합했습니다. 한살림에서 일하면서 안 해본 게 없습니다. 생산부장, 교육부장, 홍보부장을 하다가 상임이사, 상무, 전무, 상임대표까지 한살림에서 새로운 직책이 생길 때마다 제가 처음으로 거친 셈입니다. (이상국 구술, 2023년 6월 6일)

이상국은 2011년에는 한살림연합(한살림소비자생활협동조합연합회)이 한살림 회원조직의 연합체로 새롭게 출범할 때 상임대표로 취임했다. 또한 환경농업단체연합회 의장(2012~2015)으로도 활동했으며, 현재 한살림연합 고문을 맡고 있다.

이상국은 2002년에 5·18민주유공자로 선정됐고, 2022년 두레사건 재심에서 무죄를 선고받았다. 2024년 국가를 상대로 제기한 정신적 손해배상 청구 소송에서 일부 승소 판결을 받았다.

이석태

이석태는 1949년 1월 경북 포항에서 출생했다. 1969년 3월 영남대학교 축산대학 축산과에 입학하여 1학년 때부터 영남대학교 대학4-H연구회에서 활동했다. 영남대학교 대학4-H연구회 회장, 영남지구 대학4-H연구회연합회 회장, 전국대학4-H연구회연합회 부회장 등을 맡았다.

1969년에는 전국대학4-H연구회의 김준기(초대 회장), 황민영(제3대 회장), 곽길영(제7대 회장), 김경하, 최일우 등 선배들의 영향으로 서울

퇴계로에 사무실이 있던 한국농업근대화연구회(대표 이우재)에서 운영하는 금요강좌에 정기적으로 참여했다. 이석태는 여기서 농촌, 농민, 농업 문제에 관한 정치·경제학적 분석과 사회구조적 해결 방향에 대해 공부했고, 1971년 대구에서 정동진과 함께 금요강좌를 주도적으로 개설했다. 대구에서 열린 금요강좌를

이석태 © 국사편찬위원회

통해 경북대학교, 영남대학교, 한국사회사업대학, 효성여자대학, 대구교육대학 등 대구·경북 지역의 대학4-H연구회 회원을 대상으로 의식화 교육을 했다. 아내 정순임도 이 무렵 함께 활동한 대구교육대학 4-H연구회 회원이었다.

이석태는 1972년 2월에 영남대학교를 졸업하고 달성군 현풍농협에 근무했으며, 같은 해 8월에 군에 입대한 뒤 창립 초기의 가톨릭농민회에 가입했다. 제대 후 1976년부터 가톨릭농민회 경북지구 총무로 근무하면서 농협 민주화와 강제농정 철폐 운동, 농산물 제값 받기 운동, 수세 폐지 운동, 쌀 생산자 대회 투쟁 등 농민의 권익을 확보하기 위한 운동을 주도하고 지역 민주화운동에도 적극적으로 참여했다. 특히 함평 고구마 사건, 안동가톨릭농민회 탄압 사건(세칭 '오원춘 사건') 투쟁에 앞장서서 참여했다. 이 무렵 포항에서 축산(한우·양돈)업을 시작했고, 포항한우협회(초대 회장), 포항양돈협회(초대 협회장)를 조직해 포항

지역에서 축산업을 발전시키고 농민들이 민주적 협동조합을 만드는 과정을 주도했다.

한편 1972년부터 대구에서 영남지구 대학4-H연구회연합회 후배들과 함께 영남지구 대학4-H연구회연합회 신용협동조합을 만들었으며, 1978년 9월에 두레양서조합을 설립해 초대 조합장으로서 양서 보급 운동에 앞장섰다. 1980년 5월에 두레양서조합 5·18 투쟁에 참여했고, 같은 해 9월에 경상북도경찰국 대공분실에 연행되어 불법 구금·고문·취조를 당한 뒤 훈방됐다. 이 사건과 관련한 정신적 손해배상 청구 소송의 판결문(2024)에 "이석태는 두레조합의 초대 이사장으로 1980년 9월 15일경 포항시 남구 연일읍 유강리 자택에서 경찰에 의하여 영장 없이 체포됐고, 경상북도경찰국 대공분실에서 23일간 불법 구금된 상태로 고문 등 가혹행위를 당하고 허위자백을 강요받았다. 1980년 10월 7일 훈방 조치로 석방됐다"라고 적혀 있다.

이석태는 두레사건 전에도 가톨릭농민회에서 활동했기 때문에 1970년 중반부터 공안당국의 사찰 관리를 받았다. 두레사건 이후에는 공안당국에서 이석태를 불온 분자로 분류해 검찰, 경찰 정보과와 행정관서에서 광범위하게 사찰했고 정기적으로 동향을 관리하며 일상생활을 감시했다. 이러한 감시는 1990년대에 김영삼 정부가 들어서기 전까지 계속됐다. 초등학교 교사인 이석태의 아내 정순임과 고위 공무원이었던 이석태의 형도 연좌제 적용 대상이 되어 지속적으로 피해를 입었다.

아내는 초등학교 교사인데 한 번도 편한 데로 오지 못하고 계속 변두리 학교로 쫓겨 다녔어요. 진급은 생각지도 못하고 가는 데마다 내내 5년씩 만기를 채우며 근무하다가 정년퇴직했어요. 제가 계속 요주의 인물로 찍혀 있으니, 아내도 일상적으로 감시를 당했고 승진을 시켜주지 않는 등 인사상 불이익을 당했지요. (이석태 구술, 2023년 4월 23일)

이석태는 사찰을 당하면서도 현장에서 농민운동을 계속했다. 1980년부터는 포항 농업경영인협의회 초대 회장, 경북연합회 감사, 전국연합회 감사를 역임했다. 또한 영남대학교 대학원 경영학과 석사과정에 진학해 1986년에 졸업했고, 포항농민회를 조직해 전국 농민운동에 참여하면서 포항에서 노동운동을 하던 김병구와 함께 포항 지역 민주화운동을 주도했다.

1990년부터 1998년까지는 포항 축산업협동조합에서 민선 1대와 2대 조합장을 역임하면서 농협 민주화를 위해 조합조직 전반의 비민주적 측면을 개선하고, 지역 축산물의 유통·가공·저장에 이르는 행정 정책을 시정하는 일을 했으며, 생우 수입 반대 운동을 주도했다. 소고기 상표를 국내산 소고기, 수입산 소고기로 분류하던 체계를 한우 고기, 육우 고기, 수입 소고기로 분류하도록 해 한우의 가치를 알리는 데 중요한 역할을 했으며, 품질이 다른 고기를 둔갑 판매하는 것을 막는 일에도 적극적으로 나섰다.

이석태는 2000년부터는 농업 신자유주의화에 맞서 재래돼지 연구에 앞장섰다. 즉 영남대학교 축산대학 여정수 교수와 연계하여 잡종화된 한국 재래돼지를 유전적으로 복원하고 품종을 고정하여 우리 고유의 재래돼지 맛을 살리는 일을 해, 그 공로로 2003년 정부로부터 철탑산업훈장을 받았다. 지금도 한국재래돼지연구소를 운영하며 우리 고유 재래돼지의 품종을 보존하는 일을 하고 있다. 또한 현재 송학농원 대표, 버들농원 대표, 학전지구개발준비위원장, 전주 이씨 대동종약원 경북지원 지원장을 맡으며 지역사회에서 왕성하게 활동하고 있다.

앞서 언급한 두레사건 정신적 손해배상 청구 소송의 판결문(2024)에 따르면, 이석태는 1980년에 계엄사에서 석방된 후 치아 손상, 척추 통증, 불안장애, 외상 후 스트레스 장애 등을 앓았다. 특히 척추 두 군데에 금이 갔는데, 그는 고문 후유증을 치유하기 위해 요가, 태극권, 기계체조에 몰두했고, 몸을 치유하는 과정에서 우리 전통의 선도(仙道)를 만나 영적인 면에서도 수련에 정진하게 됐다. 그 뒤 30년간 환인선원을 운영하면서 수련을 통해 천지인 음양오행을 바탕으로 하는 우리 조상들의 삼신사상과 칠성사상을 알리고 실천하는 생활을 해왔다. 현재 (사)동대해문화연구소 이사장을 맡아 한반도를 왕조시대에서 국민시대로 열어 나간 해월 최시형 선생의 기념사업을 하면서, 최시형의 삶에 관한 자료를 발굴하고 조사해 세상에 알리는 일에 전념하고 있다.

이석태는 2002년에 5·18민주유공자로 선정됐으며, 2024년 국가를 상대로 제기한 정신적 손해배상 청구 소송에서 일부 승소 판결을 받았다.

정동진

정동진은 1950년 7월 경북 영양군에서 출생했다. 1969년 3월에 경북대학교 농과대학에 입학해 1학년 때부터 경북대학교 대학4-H연구회에서 활동했다. 경북대학교 대학4-H연구회 회장, 영남지구 대학4-H연구회연합회 회장을 맡았으며, 1971년에 이석태와 함께 대구 지역의 금요강좌를 주도적으로 개설했다. 1972년부터 가톨릭농민회에도 입회하여 활동했으며, 나중에 가톨릭농민회 안동교구연합회가 결성됐을 때 1번 회원으로 가입하기도 했다.

정동진 © 국사편찬위원회

정동진은 1973년 2월에 대학교를 졸업했으며, 외아들이라 병역이 면제되어 졸업 직후인 1973년 3월에 청송 진성중학교 교사로 임용됐다. 1978년 9월에 두레양서조합이 설립됐을 때는 감사로 참여했다.

두레양서조합의 5·18 투쟁에 참여한 혐의로, 1980년 9월 20일에 경상북도경찰국 대공분실에 불법 연행되어 고문·취조를 당했으며 10월 4일에 훈방됐다. 정동진은 후배들의 5·18 투쟁 상황을 자세히 알지 못한 채, 두레양서조합 조합원이라는 이유로 끌려갔는데 주로 안동가톨릭농민회에서 비합법적으로 유통되던 자료를 받아 두레서점에 전달한 일 때문에 취조를 당했다.

정동진은 아버지가 좌익 활동을 하다가 한국전쟁 때 실종되어 사망신고조차 되지 않은 상태였기 때문에 두레사건 이전에도 공안당국으로부터 요시찰 인물로 분류되어 사찰 관리를 받고 있었다. 정동진의 어머니는 젊었을 때부터 남편 때문에 공안당국으로부터 시달림을 당했던 데다 3대 독자인 정동진이 두레사건으로 갑자기 연행되자 충격을 받고 쓰러져서 대소변을 받아내야 할 정도의 중환을 앓았다.

더구나 정동진은 둘째 아이(장남)가 생후 일주일 되는 날 연행됐으므로 아내 역시 큰 충격을 받았다. 4장에서 서술한 장계순의 〈진술서〉에서도 보았듯이, 당시 경찰은 정동진을 체포한 뒤 가택수색을 하여 수십 권의 책을 압수했고, 출산한 지 8일밖에 안 된 그의 아내를 붙잡고 남편이 북한을 찬양하는 발언을 하지 않았는지 유도 신문을 하고 협박했다. 가족들은 20여 일 동안 정동진이 구금된 장소는 물론이고 그의 생사조차 알 수 없었다. 이 때문에 장계순은 공포와 충격에 휩싸였고, 모유가 나오지 않아 신생아인 아들에게 젖도 주지 못했다. 정보 계통의 고위 당국자와 절친하다는 사람이 장계순의 친정아버지와 오빠를 찾아가서 "정동진이 간첩 혐의를 받고 있어 쉽게 풀려나지 못한다"라고 협박하면서 돈을 요구하기도 했다. 장계순은 "당시에는 살아갈 의미를 잃을 정도로 하늘이 무너지는 아픔을 겪으면서 생활했습니다. 그때를 생각하면 지금도 치가 떨리고 집을 수색했던 경찰과 친정 가족에게 사기를 쳤던 사람을 만나면 저희와 똑같은 고통을 겪도록 해주고 싶은 생각이 들 때도 있습니다"라고 진술했다(장계순의 〈진술서〉, 2021년 10월 16일).

정동진은 경상북도경찰국 대공분실에서 풀려난 뒤에도 10여 년 동안 경찰의 사찰 감시를 받았다. 청송경찰서 정보과 형사가 일주일에 한 번 정도 학교로 찾아와 수업 중인 교실의 복도를 지나가면서 정동진의 동향을 살폈고, 때로는 교장에게 정동진의 동향을 묻기도 했다. 또한 보수적인 지역사회와 일가친척 사이에 반공법 위반자로 낙인이 찍혀 사회적으로도 여러 가지 어려움을 겪어야 했다.

청송 지역은 지금도 5·18을 폭동이라고 생각하니까요. 제가 우리 집안에서 7대 봉사(奉祀)를 하는 주손(胄孫)이고 학교 교장이라는 사회적 지위가 있으니까, 집안사람이나 주위의 지인들이 저를 직접적으로 따돌리지는 않는데, 그런 일을 안 했으면 좋겠다고 말하지요. 요즘도 직접적으로 대놓고 말하진 않지만, 그래도 제게 말할 때마다 단서를 달아서 이야기하네요. 그런 일이 있으면 저도 이젠 그걸 개의치 않고 "그러지 말고 나중에 뭐가 옳은지 한번 보소" 그러면서 지내고 있어요. (정동진 구술, 2023년 4월 24일)

정동진은 고문 후유증으로 치아가 손상됐고 외상 후 스트레스 장애 증상의 하나로 평생 손 떨림으로 고생해야 했다. 또한 순간 저혈압과 부정맥으로도 고통을 받고 있다.

저는 긴장하면 숟가락 들기도 힘들 정도로 손 떨림이 심해요. 나이 먹으니까 더 심해지고요. 그 증상 때문에 2012년에 5·18보상심의위원회에 추가 신청을 하면서, 조선대학교 신경과에 가서 진단받았습니다. 처음에는 파킨슨병인가 진찰했는데 그건 아니었고, 의사들이 봐도 손을 많이 떨어서 병원에서는 고문 후유증이 아니라고 할 수 없다고 소견서를 써줬어요. 그리고 저는 몇 년 전부터 순간 저혈압과 부정맥도 있어서 며칠 전에는 쓰러졌어요. 그건 아마 두레사건 영향도 있지 싶어요. 그런데 쓰러지고 나니까 기억력이 없어지고 금방 했던 일도 자꾸 잊어버려서 이젠 다른 일은 못하고 쉬어야겠구나, 정리해야 되겠다, 그러는 중이에요. (정동진 구술, 2023년 4월 24일)

정동진은 당국의 사찰 관리를 받으면서도 보수적인 농촌사회에서 교직 생활을 계속해 35년간 청송 진성중학교에서 근무했다. 1996년에 교감으로 승진했고, 1998년에 교장으로 승진해 근무하다가 2008년 2월에 명예퇴직을 했다. 1977년부터 천주교 신자로서 신앙생활을 열심히 했으며, 천주교의 부부 일치 운동(Marriage Encounter, ME)에도 참여해 30년 동안 열정적으로 봉사해왔다. 2011~2012년에는 천주교 안동교구 평신도사도직협의회 회장을 맡았고, 2013~2016년에는 안동신용협동조합 이사장을 맡기도 했다. 2008년부터 현재까지 한국국학진흥원 자문위원을 맡고 있으며,《천주교 안동교구 50년사》편집위원회 위원으로도 일하고 있다.

정동진은 2002년에 5·18민주유공자로 선정됐으며, 2012년 6차 신청 후 2013년에 심사를 통해 5·18보상심의위원회에서 손 떨림 증상을 상이자(장해 14등급)로 인정받았다. 2024년 국가를 상대로 제기한 정신적 손해배상 청구 소송에서 일부 승소 판결을 받았다.

정상용

정상용은 1952년 9월 경북 영천에서 출생했다. 1972년 3월 경북대학교 농과대학 원예학과에 입학하여 1학년 때부터 경북대학교 4-H연구회에서 활동했다. 2학년 때부터 경북대학교 4-H연구회 회장, 3학년 때부터 영남지구 대학4-H연구회연합회 회장을 맡았다. 경북대학교 4-H연구회는 정상용이 회장으로 있을 때인 1973년 10월에 경북대학교 농촌문제연구회로 서클 명칭을 변경했다. 정상용은 가톨릭농민회에도 초기부터 가입해 활동했으며, 대구가톨릭농민회 농촌문제연구분회 활동도 했다.

정상용 ⓒ 윤금숙

정상용은 연일 정씨 집안의 종손으로 집안 환경은 부유한 편이었다. 고향인 영천 임고면 선원리에 본가가 있었고, 대구 대봉동에도 집을 소유하고 있었기에 정상용의 집은 농촌문제연구회 회원들이 부담 없이 오가며 모이는 아지트나 마찬가지였다. 《대학4-H 50년사》에는 1973년 9월에 정상용의 대봉동 집에서 영남지구 대학4-H연구회연합회 회의와 좌담회를 매주 열기로 했다는 기록이 있다. 1974년 8월에 영남지구 대학4-H연구회연합회 하계수련대회를 정상용의 모교인 임고초등학교와 고향 마을의 과수원에서 했다는 기록도 있다. 정상용은 1974년 4월에는 〈영남지구연합회 월보〉 발간에 앞장서기도 했다.

정상용은 1975년 1월에 입대했고 1977년 11월에 제대한 뒤 복학해 1979년 2월에 졸업했다. 졸업하기 몇 달 전인 1978년 9월부터 두레양서조합 전무로서 서점 운영 자금의 3분의 2 정도(120만 원)를 투자했으며, 서점에 상주하면서 경영을 총괄했다. 구술자들은 이구동성으로 정상용이 기억력이 비상하고 글을 잘 썼으며, 마음이 곱고 여렸으며 선후배들에게 정이 깊었다고 했다.

마음이 착하고 고운 분이었어요. 화내는 걸 못 봤어요. 후배들한테 더없이 자상하고 따뜻한 선배였어요. 입대했을 때는 휴가 나와서 여러모로 바쁘셨을 텐데 거창에 있는 저의 집까지 다녀갈 정도로 후배들을 일일이 챙겨주고 잘해주셨어요. 기억력이 좋았고 문장력이 좋아서 상황극 시나리오 쓰는 일은 도맡아서 하셨어요. (김영석 구술, 2023년 6월 4일)

정상용은 1980년 5월에 두레서점을 운영하면서 광주를 다녀온 정재돈과 이상국으로부터 광주 학살의 참상을 가장 먼저 전해 들었고 두레양서조합의 5·18 투쟁을 주도했다. 같은 해 9월 11일 두레양서조합 구성원 중 가장 먼저 경상북도경찰국 대공분실에 불법 연행됐다. 그는 사건 관련자 중 가장 오랫동안 구금된 상태로, '반국가단체'의 자금책으로 몰려 전기고문, 성기고문, 물고문 등을 당했다. 1980년 10월 8일 반공법 위반, 계엄법 위반 혐의로 구속되어 대구교도소에 수감되었다. 12월 4일 경북지구계엄보통군법회의 재판에서 징역 2년 자격정지 2년을 선고받았고, 이틀 뒤인 12월 6일에 계엄사 사령관의 직권으로 징역 1년으로 감형됐다. 1981년 4월 3일 서울고등법원에서 열린 2심 재판에서 항소가 기각되어 복역하다가 같은 해 10월 15일에 전주교도소에서 출소했다. 정상용이 구금된 일수는 총 400일이다. 사건 당사자이자 후배인 김진덕은 정상용에게 가해진 국가 폭력이 부당하고 가혹했다고 재삼 강조했다.

두레사건으로 정상용 선배님이 엄청난 고문을 받았고 전석담의 《조선 경제사》, 백남운의 《조선 민족의 진로》가 반공법 위반의 증거자료로 엮여 수감 생활하시고 돌아가신 것은 분단의 비극이라고 생각합니다. 《조선 민족의 진로》의 저자 백남운은 그 당시에 남조선노동당하고 노선도 달랐는데, 그의 저서를 소지했다는 이유로 정상용 선배를 공산주의자라고 조작한 것은 엄청난 국가 폭력에 해당하므로 국가가 이에 대해 잘못을 인정하면서 사과하고 배상해야 한다고 생각합니다. (김진덕 구술, 2023년 8월 7일)

정상용은 출소 후 고문 후유증으로 건강이 안 좋았고, 반공법 위반 전과 때문에 취업도 할 수 없었다. 또한 당국의 사찰 감시가 심해서 가톨릭농민회 활동도 계속할 수 없었다. 그래서 고향 영천으로 돌아가 농민 후계자 신청을 해 농사를 지었으며, 농업경영인 경상북도연합회 감사를 맡아 사회 활동을 했다. 그러나 이러한 생활도 쉽지 않았다.

하는 일도 제대로 잘 안 되고. 어디 취직이 되나? 뭐가 되나? 아무것도 안 되고 갈 데도 없으니까, 시골집에 들어가서 영농 후계자 자금을 받아서 농사지었어요. 그런데 어릴 때부터 농업에 종사했던 사람이 아니니까, 일이 익숙하지 않아 농사짓는 것마다 실패하고. 그래서 장사라도 해보니 제대로 되나? 여러 가지로 힘들었지요. (서원배 구술, 2023년 8월 7일)

특히 정상용은 보수적인 경북 지역에서 반공법 위반자로 낙인찍힌 상태에서 집안의 종손이었음에도 불구하고 평생 가족 공동체, 친족 공동체로부터 소외되는 고통을 겪었다.

정상용 선배는 연안 정씨 문중 13대 종손이고 어릴 때부터 집안에서 똑똑하다고 소문이 나 있었어요. 그런데 반공법 위반으로 징역 갔다가 왔으니까, 문중에서는 집안에 빨갱이가 나왔다고 난리가 났지요. 종손으로서 1년에 제사를 열두 번 지내야 하는데, 제사 때마다 친척들이 너 때문에 집안을 말아먹었다는 소리를 하니까 그 스트레스가 심했어요. 동생들도 주위 사람들이 다들 "너희 형 빨갱이 아니냐?"라고 하니까 힘들었어요. 그래서 지역에서도 인정 못 받고 집안에서 종손 역할을 못하니까 부모님과 동생들에게 원망하는 말을 많이 들었고, 피해의식에 젖어서 기를 못 펴고 살았지요. (서원배 구술, 2023년 8월 7일)

정상용 선배는 반공법 위반자로 몰려 당국의 감시 때문에 정상적인 생활을 못했어요. 돈은 제대로 벌지 못하면서 있는 살림을 처분하다 보니 종가 재산을 없앴고, 직장도 없이 농업경영인 단체 같은 데서 활동하다 보니까 집에서는 원망의 대상이었죠. 그래서 집안에서 소외됐는데 성격이 여리고 내성적이라서 본인이 그런 걸 참고 삭이면서 지내다 보니까 그 고통을 집에서도 잘 몰랐고. 혼자 아픔을 안고 가신 거죠. (김영석 구술, 2023년 6월 4일)

정상용은 두레사건의 후유증으로 평생 고생하다가 방광암이 발병하여 2011년 2월 1일 경북대학교 병원에서 운명했다. 2002년에 5·18민주유공자로 선정됐고, 2022년 사후에 두레사건 재심에서 무죄를 선고받았다. 정상용은 현재 광주 망월동의 국립5·18민주묘지에 안장되어 있다. 유가족이 2024년 국가를 상대로 제기한 정신적 손해배상 청구 소송에서 일부 승소 판결을 받았다.

정재돈

　정재돈은 1955년 9월 강원도 춘성군에서 태어났다. 1970년 춘천고등학교에 입학했다. 고등학교 2학년 때 고교연합교련경시대회장 연좌시위와 관련해 무기정학을 당한 적이 있어 고등학교는 1973년에 졸업했다. 1973년 3월 강원대학 사범대 국어교육과에 입학했으며, 야학 활동을 하면서 학생운동을 시작했다. 1974년 4월에 민청학련 사건으로 구속됐고, 비상 군법회의에서 징역 장기 10년, 단기 5년을 선고받아 서대문구치소, 안양교도소, 부산교도소에서 복역하다 1975년 2월에 형 집행정지로 풀려났다. 강원대학교에서는 제적됐다.

　출소 후에는 가톨릭농민회에 들어가 활동했고, 1977년부터 천주교 안동교구 농민사목부장으로 활동했다. 1970년대 후반 당국이 1979년 영양 감자 사건(세칭 '오원춘 사건')으로 안동가톨릭농민회를 탄압하자, 당시 안동가톨릭농민회 총무였던 정재돈은 천주교정의구현전국사제단을 통해 〈짓밟히는 농민운동〉이라는 유인물을 배포했다. 이 사건으로 정호경 신부와 함께 대통령 긴급조치 9호 위반 혐의로 구속됐다가, 10·26 박정희 사망 후 긴급조치가 해제되어 그해 12월에 구속집행정지로 석방됐다.

　정재돈은 1980년 5월 18일에 광주 북동성당 집회에 참석한 후 광주항쟁의 진상을 두레서점 등 대구·경북 지역에 알렸다. 그리고 같은 해 9월 15일에 경상북도경찰국 대공분실에 불법 연행되어 23일간 고문·취조를 당했으며, 천주교 측의 구명으로 10월 7일 훈방됐다. 정재돈은 석방된 뒤에도 농민운동을 계속하는 한편, 지역 민주화운동의 기틀을

정재돈 © 심영란

다지는 일을 했다. 1983년부터 대구가톨릭농민회 총무로 일했고, 1984년에는 경북민주통일민중운동연합을 조직해 초대 상임위원을 맡았다. 1985년에는 한국가톨릭농민회 전국본부 교육부장으로 자리를 옮겨 가톨릭농민회의 전국적 기반을 닦고 확대하고자 했다. 1987년에는 민주헌법쟁취국민운동 시·군지부 설립과 6월 민주항쟁의 확대를 위해 노력하던 중에 춘천 집회에서 지도부와 함께 연행되기도 했다. 1989년에는 전국농민운동연합 결성을 주도해 정책실장을 맡았고, 전국민족민주운동연합 상임 정책위원도 맡았다. 1990년에는 전국농민회총연맹을 결성하는 데 주도적인 역할을 했으며, 초대 사무차장 겸 조직국장을 맡았다.

1992년에는 초대 가톨릭농민회 회장이었던 이길재가 국회의원이 되자 그의 보좌관으로 일했으며, 1994년에 가톨릭농민회로 돌아와 가톨릭농민회 운동이 생명·공동체 대안운동으로 전환하는 데 일조했다. 당시의 상황에 대해 정재돈의 아내인 심영란은 다음과 같이 구술했다.

남편은 정치에 뜻이 있어서라기보다는 이길재 의원이 오랫동안 같이 일했던 형님이니까 도와드리려고 국회의원 보좌관으로 갔어요. 그런데 국회에 가서 보니까 제도권 정치로 할 수 있는 일은 한계가 뚜렷하더래요. 그래서 어떤 제도적 틀을 바꾸는 것만으로는 안 되겠다고 얘기하더라고요. 이 사람은 항상 그렇게 얘기했어요. "내가 뭐 합네!" 하고 다니는 사람들보다는 땅에 발을 디디고 성실하게 살아가는 분들에게 배울 것이 더 많다, 그런 힘들이 모여서 사회 변화의 축이 될 수 있다고. 그래서 처음에는 사회 변혁운동으로서 농민운동을 시작했지만, 결국은 모든 사람이 잘 사는 공동체를 만들기 위해 고민하며 생명공동체 운동으로 선회했던 것 같아요. 풀뿌리를 단단하게 내려서 지금 이 자리에서 살아가는 사람들이 기쁨을 느끼고 사랑을 나눌 수 있는 것이 진정한 운동이라고 여긴 게 아닐까 생각해요. (심영란 구술, 2024년 4월 23일)

이에 따라 정재돈은 1994년부터 1996년까지 사단법인 우리밀살리기운동본부 조직부장과 사무처장을 맡았으며, 1996년부터 2000년까지 한국가톨릭농민회 사무총장 겸 (주)가농유통 대표이사, 사단법인 우리농촌살리기운동본부 사무총장을 겸임했다. 그리고 이 시기에 사단법인 소비자생활협동조합중앙회 이사 및 부회장, 우리밀살리기운동본부 이사 및 이사장, 국제가톨릭농민운동연맹(FIMARC) 상임이사로 선임됐다. 2000년대에는 가톨릭농민회 회장(2004)을 맡았고, 전국농민연대 상임대표(2003~2008)도 맡았다. 한국방송통신대 경제학과를 졸업(2003)했고, 강원대 사범대 국어교육과를 명예졸업(2004)했다. 2008년부터는 한국협동조합연구소 이사장(2008~2015)으로 일하면서 협동조합기본법을 만들어 소규모 협동조합들이 자유롭게 형성될 수 있는 기반을 마련하는 데 일조했다.

정재돈은 가톨릭 신자로서 신앙생활을 열심히 했으며, 천주교의 부부 일치 운동(Marriage Encounter, ME)에도 열정적으로 참여했다. 심영란은 ME를 통해 부부가 함께 성장했으며, 남편이 함께하는 사람들과 대화하며 따뜻한 애정으로 인간관계를 맺어가는 데 이 운동이 도움이 됐을 것이라고 회고했다.

그러나 여러 차례 고문을 당하고 수감 생활을 했던 정재돈은 관절염, 간질성 폐질환, 호흡곤란, 외상 후 스트레스 장애 등을 앓았다. 이러한 후유증과 관련해서 정재돈의 아내 심영란은 다음과 같이 말했다.

남편은 학생 때부터 감옥에 들어갔고 그 후에도 여러 번 연행되어 고문을 많이 당했죠. 1980년 5·18 때는 1979년에 긴급조치 위반으로 잡혀갔을 때 고문했던 사람들을 다시 만나서 굉장히 심하게 고문을 당했대요. 그런데 그때 가톨릭농민회 실무자라고 일찍 풀려나왔잖아요. 남편은 다른 사람들은 고생하는데 먼저 나왔다는 것에 대한 미안함과 죄책감을 굉장히 오래, 깊이 가지고 있었어요. 그리고 자기가 아픈 건 말하는 편이 아니었어요. 그렇지만 20대 후반부터 고문 후유증으로 허리부터 시작해서 온몸이 아파서 늘 피로감을 달고 살았어요. 그리고 무엇보다 폐가 좋지 않았어요. 물고문당하면서 폐에 물이 얼마나 찼겠어요? 평소에도 빨리 걷거나 많이 걷는 것을 힘들어하고 가파른 길 올라가면 숨차하고. 그런데 책임감이 강한 사람이니까 계속 일을 놓지 못하고 쉬지도 못한 것 같아요. 평소 검진을 받지 않다가 2016년에 뒤늦게 검진을 받았는데 폐 섬유화와 폐기종이 발견됐어요. 결국 그 병으로 세상을 뜨게 됐어요. (심영란 구술, 2024년 4월 23일)

정재돈은 2002년 5·18민주유공자로 선정됐고, 2016년 이후 점차 몸이 쇠약해져 투병 생활을 하다가 2022년 6월 6일에 세상을 떠났다. 유가족은 2024년 국가를 상대로 제기한 정신적 손해배상 청구 소송에서 일부 승소 판결을 받았다.

황병윤

황병윤은 1954년 2월 경북 의성군에서 출생했다. 1974년 경북대학교 농과대학 농공학과에 입학하여 1학년 때부터 경북대학교 농촌문제연구회에 가입해 활동했다. 1978년 1월에 육군에 입대해 1980년 4월에 제대한 후 복학 준비 중에 두레양서조합 5·18 사건에 참여했다. 같은 해 9월 29일에 경찰에 의해 영장 없이 체포됐고, 경상북도경찰국 대공분실에서 불법 구금된 상태로 고문 등 가혹행위를 당하고 허위자백을 강요받았다. 10월 10일 계엄법 위반 혐의로 구속영장이 발부된 뒤 대구 서부경찰서, 합동수사본부, 5관구 검찰부를 거쳐 10월 17일 대구교도소에 수감됐으며, 11월 5일 '공소권 없음'으로 불기소 처분을 받아 석방됐다. 황병윤은 출소 후부터 농업에 종사했다. 1984년 3월에 복교해 1985년 2월에 대학교를 졸업한 뒤에도 경북 의성군에서 농업에 종사하면서 30여 년 동안 농민운동을 해왔다.

황병윤은 사건 직후 자신과 가족이 겪었던 국가 폭력에 의한 피해에 관해 다음과 같이 이야기했다.

황병윤 © 국사편찬위원회

두레사건이 일어날 때 할아버지가 투병 중이었는데, 제가 끌려갔다는 소식을 듣고 충격으로 돌아가셨어요. 할아버지 장례식 날, 대공분실에서 형사가 우리 집에 압수수색하러 왔다가, 초상집에서 차마 압수수색을 못하고 갔어요. 그날 오후에 초상 치르고 할아버지 유품을 태울 때 어머니가 저의 책과 자료를 몽땅 불태워버렸어요. 아들 걱정해서 태워버렸겠죠.

그리고 경찰이 계속 감시했지요. 저는 사건 후에 '공소권 없음'으로 대구교도소에서 나온 뒤 학교에서 제적당하고 농사를 지었어요. 고향 마을에서 농사지으면 마을 사람들이 "저 새끼, 대학까지 보내놨더니 학교 잘려서 촌에 와 있다" 그러면서 부모님 욕 먹일 것 같아서 칠곡에 가서 몰래 농장 하나 얻어서 3년 동안 농사지었다니까요. 그런데 거기서 지천파출소 순경이 와서 감시했습니다. 순경이 매일 와서 일도 거들어주니까 저는 대수롭지 않게 여기고 친하게 지냈습니다. 그런데 이런 감시를 계속 하더라고요.

복교 조치가 되면서 1984년에 복교해서 1985년에 졸업했어요. 졸업하고 보니까 교사 자격증은 있지만, 친구들은 벌써 학교에 교사로 들어간 지 몇 년씩 됐는데 내가 임용되겠나 싶더군요. 그래서 대학교에 총장 추천 농업경영인을 신청해서 선정된 뒤에 고향 마을에 가서 본격적으로 농사를 지으니까, 마을 사람들이 저를 동장으로 뽑았어요. '좋다. 마을 일 한번 해보자' 하고 면에 가니까 동장 임명이 안 된다는 거예요. 이유도 제대로 안 알려줘요. 그냥 임명 못하겠대요. 그래서 거기서 싸움이 붙었거든요. 그러니까 더 안 된다고 하더라고요.

글쎄, 저는 불기소 처분으로 풀려났으니, 실제로는 전과자도 아닌데 감시망이 저와 저의 집, 아내, 처가까지 다 돼 있는 거 같더라고요. 우리 마을 동장집에 전화가 한 대 있었는데, 동장이 경찰에 다 보고하는 것 같았어요. 제가 움직이는 대로 동향 보고가 다 되고, 마을에서는 "저놈, 빨갱이다" 이렇게 찍혀 있었어요. 아내 이현주도 초등학교 교사였는데, 아내가 근무하는 학교 교장 선생에게도 경찰이 연락했습니다. 그리고 아내가 학교 옮길 때마다 그 학교 교장에게 연락이 가더라고요. (황병윤 구술, 2023년 6월 5일)

황병윤은 석방 후 치아 손상, 척추질환, 폐결핵, 외상 후 스트레스 장애 등을 앓았다. 그는 이에 관해 다음과 같이 이야기했다.

저는 허리가 아파서 농사지으면서 애먹었습니다. 그리고 거기 있던 38일 동안에 결핵에 걸렸어요. 대공분실에서 걸렸는지 교도소에 있을 때 수감 환경이 좋지 않아 걸렸는지 모르지요. 지금은 완치됐지만, 그때는 상당히 고생했죠. 제가 5·18민주유공자 인정받을 때, 상이자(장해 11급)로도 인정받았는데 결핵 때문에 받았습니다. 그리고 정신적 후유증은 참기 힘들더라고요. 저는 폐쇄 트라우마가 있어요. 악몽도 자주 꿨습니다. 군대 다시 잡혀가는 꿈, 경찰서에 잡혀가는 꿈, 이런 게 반복되더라고요. 그래서인지 성격이 삐뚤어졌지요. 공무원들 보면 시비 붙어버리고, 일이 잘 안 되면 대번 박아버리고. 내면에 불안, 분노, 도발성, 내가 죄도 없는데 억울하게 당했다는 마음, 이런 게 있는 것 같아요. 경찰 감시에 대해서도 그렇습니다. 내가 불기소 처분을 받았는데, 왜 감시하는가? 너무 화가 났습니다. 저는 종교가 없습니다. 그냥 농사짓는 게 취미이고 자연에 묻혀 삽니다. 정신적인 치료, 이런 것은 생각해본 적도 없어요. (황병윤 구술, 2023년 6월 5일)

황병윤은 1980년대 말에 의성군 농민회와 전농 경북도연맹을 결성하고 전농 경북도연맹 부의장을 맡았다. 농협 민주화운동을 펼쳐 1993년에는 경북 의성군 신평농협 조합장으로 선출되어 2015년까지 22년간 민선 농협 조합장으로서 활동했다.

황병윤은 2002년에 5·18민주유공자로 선정됐다. 그는 5·18민주유공자로 선정된 뒤에도 경북 지역에서는 이 사실을 숨겨야 했던 아픈 경험을 이야기했다.

제가 농협 조합장 선거를 다섯 번 했습니다. 그중에 무투표로 당선된 적도 있었지만. 전라도 같으면 5·18민주유공자라고 내세우면, 그냥 선거할 거 없이 당선 아닙니까? 그런데 경상도에서는 5·18민주유공자라는 것은 경력으로 내세울 수가 없어요. 오히려 숨겨야 하지요. 그걸 조합원들이 알아버린 날, 빨갱이로 몰리는데 조합장으로 찍어주겠습니까? 같은 나라 안에서 민주화운동을 하는 것이 광주에서는 자랑거리가 되는데, 경상도에서는 그게 안 통하고 빨갛게만 보고. 그게 저는 안타깝습니다. (황병윤 구술, 2023년 6월 5일)

황병윤은 농협 조합장에서 퇴임한 뒤로도 경북 의성군에서 계속 농업에 종사하면서 민주평화통일자문회의 의성군 협의회 회장, 대구지방

검찰청 의성지청 범죄피해자지원센터 이사, 의성군 선거관리위원회 선거관리위원 등으로 활동하고 있다. 또한 2024년에 국가를 상대로 제기한 정신적 손해배상 청구 소송에서 일부 승소 판결을 받았다. 그는 이 소송을 하면서, 아내 이현주가 겪은 피해와 사건 직후 할아버지가 충격으로 돌아가신 것을 포함해 가족이 겪은 피해도 제기했으나 사건 당사자의 피해가 아니라는 이유로 인정을 받지 못했다며 문제를 제기했다.

요약

사건 후 국가의 사찰 관리와 지역사회에서 겪은 피해

사건 당사자들은 1980년대 말까지 10년 동안 경찰의 감시와 사찰을 받았다. 그들은 반공법 위반자가 아닌데도 반공법 위반자에 준하는 사회안전법 대상으로 처우를 받았다. 주거 이전 제한을 당한 경우도 있었으며, 담당 형사와 공무원이 계속 집으로 찾아오고 마을의 통장이나 지인을 통해 동향을 감시하기도 했다. 학교에 근무하는 교사들에 대해서는 담당 경찰이 교장에게 주기적으로 연락하며 동향을 감시했다. 또한 가까운 이웃을 동원해 그들의 동향을 파악하기도 했다. 그들은 보수적인 농촌 지역사회에서 반공법 위반자로 알려지면서 '빨갱이'로 낙인이 찍혀 사회적 배제를 당한 경험이 있었고, 농업 후계자나 이장으로 추천받고도 탈락하거나 선정이 지연되기도 했다. 작고한 정상용은 종손이었지만 가족, 일가친척 등 문중으로부터 사회적 배제를 당해 내내 고통을 겪었다.

가족이 겪은 피해

가족도 피해를 입었다. 사건 당사자들이 연행된 뒤 보름 이상 어디로 끌려갔는지 소재조차 파악할 수 없는 상태에서 경찰들이 들이닥쳐 가택 압수수색을 했다. 이 때문에 부모나 조부모가 큰 충격을 받아 사망하거나 중환을 얻어 사건 발생 후 1~2년 사이에 사망한 사례도 있다. 더구나 가족도 사찰 관리 대상이 되거나 연좌제가 적용되어 피해를 입었다. 아내와 형제가 공무원이나 교사 등 공직에 근무하고 있었던 경우 승진이 누락되거나 해고 협박을 받았다. 사건의 여파로 동생들이 학업을 지속하지 못한 사례도 있었다. 사건 당시 임신 중이던 아내가 충격을 받아 장애가 있는 아이를 출산해 평생 고통을 안고 살아야 했던 사례도 있다.

고문 후유증과 치유

사건 당사자들은 대부분 고문 후유증을 겪었다. 몸과 마음이 만신창이가 된 상태에서 수십 년 동안 척추와 관절 이상 등의 신체 질환, 치아 손실, 손 떨림, 악몽, 경찰에 대한 공포증 같은 외상 후 스트레스 장애나 우울증에 시달렸다. 그들은 수십 년 동안 이러한 후유증을 국가나 다른 기관의 지원 없이 개인적인 자원과 노력으로 치유해야 했다. 이석태는 농민운동을 계속하는 한편 선원을 운영하며 기 수련을 했으며, 지금은 동대해문화연구소를 운영하며 동학사상에서 치유와 사회 변혁의 실마리를 찾고 있다. 서원배는 야마기시즘을 거쳐 석문호흡을 통해 심신을 치유해나갔으며, 지금은 석문사상을 사회운동과 삶의 대안으로 삼고 있다. 정동진은 천주교 신앙생활을 통해 자신을 치유해나갔다. 그는 천주교의 ME운동(부부 일치 운동)에 전념하고 천주교 평신도 사도직 운동을 해왔다.

사건 후의 생활

두레사건 당사자들은 이러한 어려움을 겪으면서도, 각자 속한 지역에서 농민운동, 생협운동, 전교조운동과 같은 사회운동을 꾸준히 전개하며 성실하게 살아왔다. 김영석과 황병윤은 농민운동에, 김진덕은 전교조운동에, 이상국과 정재돈은 농민운동에 이어 생협운동에 매진해 왔다. 이들 외에도 두레양서조합 구성원과 대학 농촌문제연구회 후배 회원 중 일부는 지역 농민운동에 종사했다. 사건 당사자 중 일부는 교직, 농협, 기업에 수십 년 동안 근속하거나 자영업에 종사하며 남들보다 어려운 조건에서도 삶을 성실하게 꾸려 자신의 분야에서 지도자가 됐다. 그러나 일부는 국가 폭력의 후유증과 생활고에 시달리다 일찍 세상을 떠났다.

제6장

두레사건 진상규명과 과거청산 노력

두레사건 당사자 중 14명은 광주민주화운동 관련 보상심의위원회(현 5·18민주화운동 관련자 보상심의위원회, 이하 '5·18보상심의위원회')에 2000년 4차 신청 기간에 접수하여 2002년에 광주민주유공자(현 5·18민주유공자)로 인정받았다. 이후 여러 차례 이의 제기와 추가 신청을 통해 관련자 중 일부는 상이(傷痍)자로서 장해등급 판정을 받았다. 당시 구속기소되어 수감 생활을 했던 사람들은 재심을 청구했다. 김영석이 1차로 재심을 청구해 2022년 4월 22일에 무죄선고를 받았다. 그 뒤 고 정상용(아내 윤금숙이 청구), 서원배, 신중섭, 이동렬, 이상국 등 기소됐던 다른 사람들도 재심을 청구해 2022년 5월 18일에 무죄를 선고받았다. 구속기소 여부와는 별개로 고문 등 가혹행위를 당했던 사건 당사자와 가족들은 2021년 11월 26일 국가를 상대로 정신적 손해배상 청구 소송을 제기했다. 이후 재심을 청구했던 사람들은 2024년 4월 18일 일부 승소 판결을 받았다. 재심을 하지 않았던 사람들도 2024년 6월 1일 일부 승소 판결을 받았다. 그러나 과거청산 과정은 진상규명, 가해자 처벌, 피해 배상·보상, 화해의 역사화라는 단계로 구성되므로, 가해의 지휘명령 체계 등이 제대로 밝혀지지 않았고 고문 가해자가 처벌받은 것은 아니므로, 두레사건의 진상규명과 과거청산 작업은 현재진행형이라고 볼 수 있다.

1. 5·18민주유공자 선정 과정

두레사건 당사자들은 광주 민주화운동 관련 보상 신청을 비교적 늦게 한 편이다. 전국 각 지역에 흩어져 살다 보니 정보를 늦게 알았다. 그리고 서원배 등의 주도로 모여서 신청에 관해 논의할 때 의견이 완전히 일치하지는 않았다. 5·18보상심의위원회에 신청해서 명예회복을 해야 한다는 사람도 있었고, "우리가 어디 명예를 위해서 그 일을 했던 거냐?"라면서 신청하지 말자는 사람도 있었다.

5·18민주유공자 신청할 때 저는 하지 말자고 했습니다. 우리는 보상받으려고 그 일을 한 것도 아니고, 경상북도경찰국에 잡혀가서 고생은 했지만 일을 제대로 한 것도 아니다. 그러니 딴 사람은 신청하더라도 우리는 하지 말자. 그런데 피해자 중에 생활이 어려운 사람도 있었어요. 저는 가톨릭농민회에서 일했으니까 일자리라도 있었지만, 다른 사람들은 포고령 위반자, 그리고 최종 기소 단계에 혐의가 변경됐다 하더라도 반공법 위반자라는 딱지가 붙어 있었으니 취직이 됐겠습니까? 먹고살기 힘들고 애들 교육도 해야 하니까

집도 팔고 재산도 없애고 그렇게 했겠죠. 그래서 어떤 후배는 "우리가 같이 신청해서 그런 사람들에게 도움이 되도록 해야 안 되겠습니까? 선배님이 신청 안 한다면 ○○ 형 생활비를 좀 대주시든지요"라고 말했습니다. 결국 마감일 얼마 전에 신청했습니다. (이상국 구술, 2023년 6월 6일)

사람마다 조금씩 의견이 달랐죠. 상국이는 우리가 명예를 위해 한 것도 아니니 개인적으로는 안 했으면 좋겠다고 하더라고요. 그래서 제가 "이 사람아. 죽은 사람도 있고 엎어진 사람도 있는데, 다른 사람들 하는 대로 따라 해야지. 자네는 또 나서서 광주 진상을 전하고 심부름했잖아" 그런 이야기를 했어요. (이석태 구술, 2023년 4월 23일)

결국 사건 당사자들은 다수결에 따라 보상심의 신청을 하기로 했다. 위원회에 신청하는 기준도 15일 이상 불법 구금됐던 사람으로 정했다. 그런데 신청하고 보니 5·18보상심의위원회에서 1차, 2차, 3차 신청한 사람들에 대해서는 비교적 쉽게 심의했으나, 4차 신청부터는 심의를 까다롭게 했다. 정상용, 김영석, 서원배, 신중섭, 이동렬 등 재판을 받은 사람들은 판결문과 법원 기록을 증거자료로 제출했다. 그러나 그외의 신청인들은 경찰 수사 기록을 제출해 사건을 증명해야 하는데, 경찰 측에서 자료를 제공하지 않아 680쪽에 달하는 수사 기록을 국립문서보관소에서도 제공받지 못했다. 결국 이 사람들은 인우보증을 해서 신청할 수밖에 없었다.

5·18보상심의위원회의 심의 결과 사건 당사자 14명은 2000년 12월 18일에 보상결정서를 받았고, 2002년 11월 13일에 광주민주유공자 증

서를 받았다. 이후 해당 법률의 명칭이 바뀌면서 2013년 9월 9일에는 5·18민주유공자 증서를 받았다.

5·18민주화운동 관련자 보상 등에 관한 법률에 따르면 5·18민주화운동과 관련하여 상이(傷痍)를 입은 사람도 관련자에 해당한다. 상이자의 장해등급은 14등급까지 있고, 그다음에는 기타 1, 2급이 있다. 두 레사건 당사자 중 일부는 1980년에 국가 폭력을 당한 후 수십 년 동안 갖가지 신체적·정신적 후유증에 시달려왔다. 그러나 2000년에 5·18보상심의위원회에 신청할 때 상이 신청과 관련된 정보를 알지 못해 이 부분은 신청하지 못했다. 신청 후 지역의 관할 경찰서 경찰이 와서 진술조사를 할 때 서원배와 황병윤은 부상과 심신의 후유증에 관해 진술해 상이자로 인정받았다. 서원배는 고문 후유증으로 골반이 틀어지고 허리가 아파서 일하는 데 장애를 겪었다고 진술해 장해 14등급으로 인정받았다. 황병윤은 교도소 수감 중 결핵에 걸려 치료를 받은 기록이 있어 장해 11등급으로 인정받았다. 그러나 나머지 사람들은 조사받을 때 상이 관련 사항을 진술하지 못해 기타 등급으로만 판정받았다.

5·18보상심의위원회에서 처음에 조사할 때 지역 경찰을 통해서 했어요. 제게는 안동 용산파출소 경찰이 찾아왔습니다. 그런데 저는 뭘 조사하는지도 몰랐어요. 보상 문제도 몰랐고요. 그래서 경찰이 묻는 말에 건성으로 대답했습니다. 그렇게 진술한 것으로 보상 등급이 결정됐죠. (정동진 구술, 2023년 4월 24일)

이후 김영석, 이동렬, 정동진, 김병일, 정상용, 곽길영 등 8명은 추가 자료를 모아서 5·18민주화운동 관련자에 대한 6차 신청 기간에 상이에 관한 보상 신청을 했다. 추가 신청 결과, 김영석과 정동진만 상이자(장해 14등급)로 인정받고, 다른 사람들은 상이자로 인정받지 못했다. 더구나 사건 당사자들은 위원회에서 조사받는 과정에서 불쾌한 일도 겪었다.

2013년에 상이 문제로 조사한다고 해서 우리가 광주에 함께 갔습니다. 한 명씩 조사받으러 들어가 보니, 당시 가짜 민주유공자도 많고 하니까 위원회 측 조사관이 우리를 돈 때문에 온 사람으로 보더라고요. 그러니까 "보상금을 적게 받았다고 더 받으려고 온 것 아니냐?"고 하더라고요. 우리는 화가 나서, "극우 보수가 모인 대구·경북에서는 어디 가서 5·18에 관해 말하면 빨갱이라고 지탄받는다. 우리가 여기까지 온 것은 그 마음을 알아달라고 온 것이다. 우리는 돈 몇 푼 더 받으러 온 거 아니다. 안 줘도 된다. 그런 거 신경 안 쓴다." 전부 들어가서 그 말만 하고 다 나와버렸어요. (김병일 구술, 2023년 4월 25일)

후유증 때문에 5·18위원회에 추가 보상 신청을 했어요. 가니까 지역감정이 이렇게 차이 나는구나 싶은 게, 동렬이하고 몇이 조사받으러 들어갔다가 나오면서 씩씩거려요. "기분 나쁘다. 심사위원들이 별거 아닌 일 해놓고 여기 와서 보상해달라고 떼쓰러 왔다"라는 식으로 표현하더래요. 그래서 내가 들어가서 그랬어요. "당신들, 그런 소리 하지 마라. 대구 가면 지금도 5·18을 뭐라고 그러는지 아느냐? 폭동이라고 한다. 그 속에서 5·18을 바로 알리기 위해서 애쓴 사람들한테 그런 식으로 얘기하면 안 된다. 나는 돈 때문에 여기 신청한 게 아니다. 나는 퇴직금으로도 평생 먹고사는 사람이다. 내가 밥 못 먹고 살아서 이틀씩 여기 조사받으러 오겠느냐? 지역 사람들에게 5·18 정신을 알리려고 애쓴 공로는 알아줘야 한다고 생각한다"라면서 심사위원들에게 말했어요. 그러니까 그 사람들이, "그런 의미로 말한 게 아닙니다. 죄송합니다"라면서 조선대학교 병원에 가서 진단받으라고 해서 가서 진단받았어요. 그 뒤 심사에서 인정돼서 지금 의료보험 혜택은 받고 있어요. (정동진 구술, 2023년 4월 24일)

이처럼 그 과정은 불충분하고 미비했지만, 5·18민주유공자로 선정된 것은 사건 당사자가 과거의 국가 폭력에 대해 사과를 받는 것과 같았고 지역사회에서 명예를 회복한다는 의미가 있었다. 김병일은 다음과 같이 이야기했다.

5·18민주유공자로 선정돼서 생활지원금을 받았고, 연행 구금된 사람은 보상금을 받았습니다. 보상금은 얼마 안 되죠. 글자 그대로 위로금이지요. 그렇지만 명예회복의 의미가 있었죠. 저는 결혼하고 난 뒤에야 장인어른이 제가 두레사건 당사자라는 걸 알았거든요. 그래서 진작 알았으면, 결혼 안 시켰을 거라고 이야기하곤 했지요. 그런데 늦게라도 민주유공자증이 나오니 집사람이 그걸 장인어른에게 들고 가서 제가 명예회복됐다고 보여줬어요. 장인어른이 그걸 보고 "됐네" 이러시더라고요. 거기서 다 끝났어요. (김병일 구술, 2023년 4월 25일)

그러나 5장에서 살펴봤듯이 이동렬과 황병윤처럼 지역사회나 직장의 보수적인 분위기 때문에 자신이 5·18민주유공자라는 사실을 숨긴 사람도 있었다.

2. 재심 재판과 정신적 손해배상 청구 소송

사건 관련자 중 구속기소되어 수감생활을 했던 사람들은 재심을 청구했다. 김영석이 1차로 재심을 청구해 2022년 4월 22일에 무죄선고를 받았다. 그 뒤 고 정상용의 아내 윤금숙, 서원배, 신중섭, 이동렬, 이상국 등 기소됐던 사람들도 재심을 청구해 2022년 5월 18일에 무죄를 선고받았다. 당시 변호인들은 1980년 두레사건이 불법 구금과 고문 등 가혹행위에 의한 것이며 5·18민주화운동 참여를 유죄로 판결한 것이므로 5·18특별법에 의해 특별재심 사유가 있다고 의견서를 제출했다.

피고인들은 수십 일간 불법 구금당한 상태에서 조사를 받았으며 수사관으로부터 고문 등 가혹행위를 당했다는 일관된 주장과 당시 고문 가혹행위가 만연했다는 수사 관행을 종합하면 피고인들은 수사관으로부터 가혹행위를 당했을 개연성이 매우 높은 것입니다. (…) 피고인들은 광주 민주화운동에 참여하여 쿠데타 세력에 의해 체포, 고문을 받고 유죄 판결을 받았습니다. 이후 대한민국은 5·18민주화운동에 관한 특별법을 제정하여 관련자들에 대해 특별재심을 인정했습니다. (…) 피고인들의 공소사실 및 유죄 판결의 내용을 보면 5·18민주화운동에 참여한 것을 유죄로 한 것이므로 관련 법률에 의한 특별재심 사유가 있습니다. (법무법인 정도, 〈변호인 의견서〉)

2022년 3월 11일 대구지방법원 제11형사부(재판장 판사 이상오, 판사 정주희·박소민)에서는 〈경북지구계엄보통군법회의 1980. 12. 4. 선고 80 보군형공 제390호 판결 반공법 위반 계엄법 위반 판결〉에 관한 재심청 구는 이유가 있으므로 형사소송법 제435조 제1항에 의하여 재심을 개 시하기로 했다. 2022년 5월 18일 대구지방법원 제11형사부는 해당 판 결에 대해 피고인들은 무죄라고 선고했다. 그리고 2022년 7월 1일 대 구지방법원 제2-2형사부(재판장 판사 김정도, 판사 이윤직·김성수)는 해당 사 건의 무죄 판결(대구지방법원 2022. 5·18. 선고 2020재고합7 판결 반공법 위반 등)에 의한 형사보상금을 지급하라고 판결했다.

구속기소 여부와 별개로 고문 등의 가혹행위를 당했던 사건 당사자 와 가족들은 2021년 11월 26일 국가를 상대로 정신적 손해배상 청구 소송을 제기했다. 이후 재심을 했던 사람들과 재심을 하지 않았던 사 람들(불기소, 훈방된 사람들: 김병일, 김진덕, 이석태, 정동진, 황병윤과 고 곽길영 의 가족, 고 권영조의 가족, 고 정재돈의 가족)의 재판은 사법부에서 분리하여 진행했다. 재심을 했던 사람들에 대한 2023년 7월 6일 1심 선고에서 원고 일부 승소 판결을 받았고, 피고 측인 국가가 항소해 2심 재판 결 과 2024년 4월 18일 일부 승소 판결을 받았다.

재심을 하지 않았던 사람들도 2022년 11월 23일 서울중앙지방법원 제45민사부 판결(사건 2021가합587470, 재판장 판사 김경수, 판사 한웅희·이 고은)에서 "이 사건 피해자들은 국가기관에 의하여 불법 체포·구금된 상태로 고문 등 가혹행위를 당한 점, 이 사건 피해자들은 석방 후에도 그 후유증으로 인해 각종 질환 및 신체적·정신적 고통을 겪었고, 전과 자라는 낙인이 찍혀 학업이나 사회생활, 경제활동에 어려움을 겪은 점,

(…) 그밖에 이 사건 불법 행위가 일어난 시대적 상황, 국가기관에 의하여 자행된 반인권적 행위라는 이 사건 불법 행위의 중대성 등 모든 사정을 고려해보면, 위자료 지급이 타당하다. 피고는 이 사건 피해자들에게 그 정신적 손해로 인한 위자료를 지급할 의무가 있다"라고 선고했다. 이후 2심 재판 결과 2024년 6월 1일 일부 승소 판결을 받았다.

이처럼 사건 당사자와 가족들이 제기한 정신적 손해배상 청구 소송은 2년 반 만에 마무리됐다. 재심 재판과 정신적 손해배상 청구 소송의 의미에 관해 김영석은 다음과 같이 구술했다.

> 벌써 세상 떠난 사람들이 4명이나 되잖아요. 우리 당사자들은 원해서 그 일을 했고, 살아남은 사람들은 그런대로 생활할 수 있어요. 그렇지만 당사자가 없는 유가족들은 사건의 진상이나 의미를 모르는 사람도 많아요. 정재돈 씨 유가족 외의 다른 유가족들은 재심 재판과 소송 과정에서 이런 걸 알게 됐죠. 권영조 씨 가족 같은 경우, 권영조 씨가 살아 있을 때는 맨날 집에서 무능력한 남편이고, 고주망태 술주정뱅이 아빠로만 생각했는데, 평생 그런 고통을 안고 지내다가 갔다는 걸 재판을 통해 알게 되니까 부인이 펑펑 울더라고요. 그러므로 이 과정도 당사자의 명예회복에 의미가 크다고 봅니다. (김영석 구술, 2023년 6월 4일)

이와 더불어 사건 당사자들은 진실·화해를위한과거사정리위원회에 〈김영석 등 14명, 두레회 사건 조작 및 인권침해 의혹 사건〉으로 진상규명을 신청했다(사건번호 2라-17251). 이 사건은 〈진실·화해를위한과거사정리기본법〉 제2조 제4항 "1945년 8월 15일부터 권위주의 통치

시까지 헌정질서 파괴행위 등 위법 또는 현저히 부당한 공권력의 행사로 인하여 발생한 사망·상해·실종 사건"에 해당한다. 그러나 사건 당사자들은 2024년 1월 24일 진실·화해를위한과거사정리위원회로부터 신청건에 대한 각하 결정서를 받았다. 이 위원회는 "이 사건은 법원에서 재심 판결을 통해 무죄를 선고받았고, 재판을 받지 않았던 신청인들 역시 국가를 상대로 제기한 손해배상 청구 소송에서 국가기관에 의한 불법행위 및 그 후유증이 인정되어 이에 대한 국가 배상 판결을 받았으므로, 이 사건은 이미 밝혀진 사실을 다시 확인하는 것 이외에는 달리 조사할 사항이 없이 (진상규명이 된 것으로 보고) 각하 결정을 했다"라고 각하 사유를 밝혔다.

과거청산 과정은 진상규명, 가해자 처벌, 피해 배·보상, 화해의 역사화라는 단계로 구성된다. 두레사건 당사자들이 5·18보상심의위원회에 신청해 민주유공자로 인정받고 재심을 통해 무죄를 선고받았음에도, 가해의 지휘명령 체계 등 사건 진상이 제대로 밝혀지지 않았고 고문 가해자도 처벌받지 않았다. 따라서 사건 진상규명의 목적을 단순히 피해 배·보상에 국한하고자 하는 진실·화해를위한과거사정리위원회의 결정은 한계가 있으며, 두레사건의 진상규명과 과거청산 작업은 현재진행형이라고 할 수 있다.

두레사건 당사자들이 재심에서 전원 무죄를 선고받았다. 2022년 5월 18일, 대구지방법원 앞. ⓒ 평화뉴스

국립5·18민주묘지에 있는 정상용의 묘. ⓒ 김영석

국립5·18민주묘지에 있는 권영조의 묘. ⓒ 김영석

나가며

두레사건의 의의와 두레공동체의 오늘

두레양서조합은 유신체제 말기와 민주화의 봄 시기에 의식화 서적의 보급처이자 새로운 공동체 운동을 모색하던 요람이었다. 두레양서조합이 설립된 배경에는 농촌운동에서 농민권익운동으로, 농민권익운동에서 사회 민주화의 한 부문 운동으로 전환하던 한국 농민운동의 발전 과정이 담겨 있다. 이처럼 두레사건은 1960년대 말부터 현재로 이어지는 역사성을 지닌 사건이다. 동시에 1980년 5월의 항쟁이 광주만의 고립된 항쟁이 아니었음을 증명하는 대구·경북 지역의 5월 운동이다. 두레라는 요람이 있었기에 사건 당사자들은 '빨갱이'로 몰려 고문을 당하고 옥살이하고 10년 이상 감시와 사찰을 받고 생활고를 겪으면서도 줄기찬 생명력을 이어가며 각자의 생활 영역에서 치유와 새로운 운동 가능성을 모색할 수 있었다. 이와 같은 두레사건의 의의를 사건 당사자와 관련자들은 어떻게 평가하고 있을까? 그 이야기를 모아보았다.

2024년 3월 2일 이석태의 포항시 자택에서 열린 두레사건 관련자 집담회. 김상숙 촬영.

두레사건은 5·18과 관련해 학생뿐 아니라 나이 많은 사회인까지 합심해서 군부에 항거하려고 했던 사건이라는 특징이 있습니다. 다른 지역 대학4-H연구회에서는 전남대, 조선대 출신들이 개별적으로 5·18항쟁을 한 사례는 있지만, 선후배들이 조직적으로 한 사례는 없습니다. 그런데 우리는 죽을 각오로 세상을 바꾸려고 조직적으로 그런 행동을 결의하고 움직였죠. 또한 당시 농민운동 하던 사람들이 농민운동의 한계를 뛰어넘어 사회 민주화운동에 깊이 관여하려고 마음먹었던 사건이라고 봅니다. 또 그런 것 때문에 우리가 성공하지 못했는데도, 간첩단으로까지 몰려서 죽을 고생을 하지 않았나 생각합니다. (서원배 구술, 2024년 8월 7일)

대구에서는 "5·18이 무슨 민주화냐?"라면서 지금도 5·18을 믿지 못하는 사람이 많습니다. 또한 광주·전남에 있는 사람은 "대구에 무슨 5·18 사건 있었어?'라고 하죠. 그러다 보니 두레사건이 숨겨지고 묻힌 채 지금까지 오지 않았나 하는 생각이 듭니다. 그래도 진실규명을 통해 이 사건이 공개적으로 알려진다면, 대구 사람들이 광주에 가서 광주 사람을 죽였다는 유언비어를 극복하고 대구에서도 광주의 5·18과 연대하려는 움직임이 있었다는 것을 알릴 수 있지 않을까 하는 생각이 듭니다. (이동렬 구술, 2023년 8월 21일)

두레사건은 금요강좌를 통해서 역사와 사회에 대한 의식화를 통해서 기본적인 준비가 된 상태에서 일어난 것이지, 하루아침에 일어난 일이 아닙니다. 그리고 지금도 정권이 지역 대결을 앞세워 권력을 합리화하고 진상을 왜곡하고 지역 주민을 이간시키고 있는데, 대구에서 당시에 광주 5·18항쟁을 외면하지 않고 알리고 동참하려는 시도가 있었다는 측면에서 의미는 있지요. 그리고 사건 이후에 각자가 겪어야 했던 후유증이 컸죠. 그 당시에는 전두환 정권이 언제까지 갈지 몰랐지 않습니까? 절망감, 막막함도 있었고, 각자 배우자와 가족도 있는데 생존과 생계 문제에서 어려움도 있었죠. 저는 그런 점에서 우리 후배들이 앞날이 어떻게 될지도 모르면서 유인물을 뿌리려고 했고, 지금 저보다도 잘살고 있는 걸 고맙게 생각합니다. 그러나 두레사건 자체는 성공하지 못한 사건이라고 생각합니다. 그래서 사회적으로 그다지 큰 의미를 부여할 사건은 아니라고 생각합니다. 과장하지 말고 있었던 사실 그대로만 보자는 거죠. 옛말에 칼을 들었으면 하다못해 무라도 썰어야 한다는 말이 있지 않습니까? 하려면 뭐든지 제대로 해봤어야 한다고 생각합니다. 결국 제대로 해보지도 못하고, 사회적으로 크게 기여하지도 못하고 열나게 두들겨 맞기만 했지요. 뭘 좀 하고 나서 맞았으면, 덜 억울하기라도 할 텐데. 그게 좀 아쉽지요. (이상국 구술, 2023년 6월 6일)

농촌문제연구회 선배들이 두레라는 공동체 운동을 계속 모색해왔죠. 직장에 다니거나 농업에 종사하던 선배들이 여러 대학 출신이 연합해서 양서조합도 만들면서 그 길을 모색했는데, 두레 5·18 사건 때문에 그게 일순간에 다 무너졌죠. 그게 가장 큰 피해이고, 제일 큰 타격이라고 생각합니다. (정동남 구술, 2024년 5월 27일)

구술자들은 ① 두레사건은 금요강좌를 통해서 역사와 사회에 대한 의식화가 이루어져 기본적인 준비가 된 상태에서 일어난 것이지, 하루아침에 일어난 일이 아니며, ② 대구에서도 광주 5·18항쟁을 외면하지 않고 알리고 동참하려는 시도가 있었다는 의미가 있고, ③ 학생과 사회인이 함께 조직적으로 군부에 항거하려고 했던 사건이었음을 강조했다. 다만 두레사건 자체는 성공하지 못한 사건이라고 보며, 두레사건으로 인해 두레양서조합의 공동체 운동이 좌절된 것을 가장 큰 피해로 여긴 사람도 있었다. 그러나 지금도 두레사건 당사자들은 사는 지역도, 직업도, 출신 학교도 다르지만, 형제처럼 지내고 있다. 이러한 인간관계는 각자의 생활 영역에서 연대와 공동체 정신을 실현하는 데 버팀목이 되고 있다.

두레 정관

제 1 장 총칙

제1조 (명칭) 본 모임은 두레라 한다.

제2조 (소재지) 본 두레의 사무실은 大邱 市內에 둔다.

제3조 (목적) 본 두레는 양서를 적정한 가격으로 수용. 민주하며 문화창달에 이바지함을 目的으로 한다.

제4조 (사업) 본 두레는 전조의 목적을 달성하기 위하여 다음과 같은 사업을 시행한다.

　1. 회원과 일반 이용자를 위하여 양서를 수용판매키 위한 재민 서점을 설치 운영하는 사업

　2. 지역사회 개발사업.

제5조 (사업의 원칙과 方法) 본 두레는 다음과 같은 원칙과 방법에 의하여 재민사업을 운영한다.

　1. 완전개방의 원칙　　2. 민주적 운영관리의 원칙　　3. 자료의 이자제한의 원칙

　4. 수개그 미래개방의 원칙　　5. 전송거래의 원칙　　6. 실가판매의 원칙

　7. 공언문의 원칙　　　8. 신축의 원칙　　　9. 공람의 원칙

제 2 장 회원

제6조 (회원의 자격) 본 두레 회원은 본 두레 목적이 찬동하는 자로 한다.

제7조 (회원 가입절차) 본 두레에 가입자고 하는자는 본 두레 발행 소정의 가입신청서에 회원 2人 이상의 추천을 받아 본 두레 전무에게 제출하면 이사회의 결정에 따라 가입여부가 결정된다.

제8조 (회원의 권리) 회원은 본 두레의 이사·감사·상임위원회 위원 및 직원이 될 수 있으며 두레의 마땅적한 운영을 위해 서면이나 구두로 모의 사는 건의할수있고 재임 모의 사항및 건의 사항에 대한 본 이사회의 심의 결과를 서면으로 통보 받을 수 있는 권리를 갖는다.

제9조 (회원의 의무) 회원은 본 우례가 선서하는 소정의 규약사항에 축연한 4위가 읊노면 참여해야 하며 본 우례에 계속적인 첫과다 이용의 의무로 맺는다.

제10조 (회원의 제명) 회원으로서 본 우례의 원칙에 쉬매되 행용을 하거나. 본 우례의 정상적인 운영을 뒤재롭게 갠 회원에 내해서는 이 4위의 결의 총회의 동의를 얻어 제명할 수 있다.

제 3 장 출 자 금

제11조 (제1회 출자금및 가입금) 본 우례의 가입자는 1좌 이상의 첫과다 가입금 2,000 원을 가입 신청시 제출4에 옹임한다.

제12조 (첫자) 본 우례의 첫자 1좌의 금액은 1,000원이며 본 회원은 \매당 1좌 이상을 첫자해야 하며 이외에 \매면 격장 근무자는 쌀 고마이상, 무격자는 쌀 (가마 이상을 첫자겐다.

제13조 (첫자의 제한) 한 회원이 첫자할 수 있는 최고 첫자금은 회원 총 출자금의 10%를 刻라갈 수 없다.

제14조 (첫자금의 양도) 첫자금의 양도는 이4위의 승인을 얻어야 한다.

제15조 (첫자금의 불임·환급) 회원이 욱면한 4재에서 계속하여 2년이상 첫자하지 못한은 이4위의 결의로서 첫자금 불임을 중지할 수 있다. 우례는 환회전공에 의해 그 규일 末.에 4연으로 우례에 대회된 최근 규안측에 의해 환회전공을 중지해야 한다.

제16조 (지불 첫불) 재영된 회원에 대해서는 재영즉시 전2항회의 경우에는 본인의 탈락과 동시에 임의 탈회의 경우는 탈회의4 총치를 만은후 30일 어내에 그 첫자금은 환요하고 매양금은 우례격량중에 기록시킨다. 해양회원이 우례에 대하여 채무를 지고 있을경우는 채무를 우선중제하고 잔여금액만 지불한다.

제 4 장 이의 매양금 및 적립금

제17조 (매양금및 적립금) \매 회계년도의 이욱을 매양에 대하여는 아래다 같이 이4위에서 결정한다.

1. 첫자금에 내한 매양은 \매 회계년도말 현재 회원의 욱임과액에 따라 이욱 \책임하며 본 이익금의 30% 어내로 한다.

2. 구개2에 대한 매양은 회계년도말 현재 회원의 구개2에 비계하여 이욱 책정하되 순 이익금의 30% 이상으로 한다.

3. 본 우레는 우레에 완료된 총자총액의 50%에 달 할때까지 매 회계년도
마다 순 이익5의 10%를 우레전입금으로 적립하며 적립은 특별기간에
적립한다. 단 우레전입금은 사선확장및 결손보전을 위해 사용한다.
4. 본 우레는 지역사회개발 사업을 위해 매 회계년도 순 이익총금 30%을
지역사회 개발사업비로 적립한다.

제 5 장   총   회

제 18조 (정기총회 및 임시총회)
  1. 정기총회는 매년 2月中에 개최하며 일시와 장소는 이사회에서 결정한다.
  2. 임시총회는 이사회가 결요하다 인정할때나. 총회원 10% 이상이 서면으로
     이사회에 소집을 요구할때 이사회는 소집요구 통지를 받은 15일 이내에 개최
     해야 하며 일시 장소는 이사회에서 결정한다.
제19조 (총회의 권한) 총회는 다음 사항에 관하여 최종결으로 결정권을 갖는다.
  1. 장관의 개정
  2. 우레의 해산 · 합병 또는 분할
  3. 이사 및 감사의 선출과 해임
  4. 사업계획 및 우지예산의 결정과 변경
제 20조 (회의진행방법) 모든 회의는 이사회에서 책색한 규정에 의하여 진행한다.
     정기총회및 임시총회의 소집통지를 할때는 서면으로 회의 일시 장소및
     목적등으로 명서해야 한다.
제21조 (개회및 의결정족우) 총회는 재적회원 과반두로서 개회하고 출석
     회원 과반두로 의결한다.
제22조 (투표권) 모든 회원은 출자 정도에 관계없이 1인 1표의 투표권을 갖는다.

제 6장 이사회 감사회전의 권한및 상무위원회

제23조 (이사회의 구성및임기) 이사회는 총회에서 선출된 5명의 이사로써 구성되며
     임기는 2년으로 한다.
제24조 (정기이사회) 이사회는 분기 1회이상 정기이사회를 가져야 한다.
     이사회는 4명이상이 출석하여 3명이상의 찬성으로 의결한다.
제25조 (이사회의 임무) 이사회는 개년정기총회후 즉시소집하여 이사중에서
     이사장및 부이사장을 선출한다. 이사회는 본 우레의 업무를 관장하며
     일상업무 이외의 다음과 같은 업무를 집행한다.

1. 위원의 자격심사   2. 운례 규정의 제정. 변경. 내지 페지
3. 전무및 기타직원의 채용과 해임. 근무에 관한 결정
4. 출자증및 수개그에 대한 해약을 결정   5. 차입금의 차관 결정
6. 사업계획및 예산안의 작성   7. 자원의 반환 재판사항 8. 개획가재연결정
9. 손익및 운영처신의 수정에 관한결정   10. 적립금 사용에 관한 결정
11. 직원이 요구한 기타 사항   12. 기타 총회가 위임한 사항

제26조 (이 사장) 이사장은 본 운례를 대표하며 총회및 이사회의 의장이 되어
이사회의 결의사항을 집행한다.

제27조 (이사. 감사및 직원취임금지) 본 운례의 사업과 실질적으로 경쟁관계에
있는 사업을 경영하거나 이에 종사하는 자는 이사. 감사및 직원이 될수
없으며 본 운례의 이사및 감사는 취직을 연할 수 없다.

제28조 (이사및 감사의 해임) 총회는 출석회원의 2/3 이상의 찬성으로 이사및
감사를 해임할 수 있다. 이사및 감사의 해임을 요구할 시에는 총회소집
통지서에 그 사유를 기재하여야 한다.

제29조 (직원) 본 운례의 사무집행을 위하여 직원으로써 전무와 기타필요한
직원을 둔다.
  1. 전무는 이사회의 결의로 이사장이 임명하고 기타직원은 전무의
     제청에 의하여 이사장이 임명한다.
  2. 전무는 이사장의 명에따라 운례업무를 집행하고 기타직원을 통솔한다.
  3. 전무는 이사회에 출석하여 의견을 진술할수 있다.

제30조 (감사위원회)
  1. 감사위원회는 총회에서 선출한 3명의 감사로 구성한다.
  2. 감사는 1년에 2회의 감사를 실시하며 운례의 서류. 업무등
     기타 경계장부를 수시로 감사할 수 있고 최소한 3개월에
     1회씩 운례의 서력 재산을 조사해야 한다.
  3. 감사위원회는 감사시마다 보고서를 작성하여 건의사항과 함께
     이사회및 정기총회에 제출하여야 하며 감사보고서를
     운례에 비치해야 한다.
  4. 감사위원회는 감사 2명 이상의 찬성으로 임시회의를 소집할수 있다.

5. 온 두레의 이사 위원 ~없는 ~들의 직계가족은 감사가 될 수 없다.
6. 감사의 임기는 2년이며 감사위원장은 감사 위원 중에서 호선 하고
   ~ 임기는 1년으로 한다.

제31조 (상임위원회) 온 두레는 다음 4대의 상임위원회를 두며 각 상임위원회는
   이사회에서 선출한 이사 1인을 위원장으로 위촉하여 임기는 1년으로 한다.
   1. (교육위원회): 신·구회원교육 및 기존회원 재교육 계획 및 시행을 담당한다.
   2. (홍보위원회): 온 두레의 내외 홍보 및 시행을 담당한다.
   3. (시설선정위원회): 시설 선정 ~개의 업무를 관리한다.
   4. (지역개발위원회): 지역사회 개발 사업계획 및 시행을 담당한다.

제32조 (자문위원) 각 위원회는 별도로 자문위원을 둘 수 있다.
   2. 구성 및 임기는 이사회에서 정한다.

제33조 (직원과 자격제한) 온 두레의 이사 및 감사의 직계가족 또는 부양가족은
   전무를 비롯한 유급 직원이 될 수 없다.

제34조 (타인과의 관계) 온 두레는 타 기관과 상호 제휴하여 서로 안건을
   ~ 수 있으나 제반 공식적 권리를 ~ 수 없다.

세 7 장   해 산
제35조 (해산) 온 두레를 재산재산 할 경우에는 회원총회는 채무를
   ~재하고 ~회와 의결에 따라 이를 회원에게 분배해야 한다.

제 8 장   부 칙
제36조 (회계연도) 온 두레의 회계연도는 1월 1일 부터 당해년도
   12월 31일 까지로 한다.

제37조 (준칙) 이 정관에 명시되지 아니한 사항은 통상 관례에
   준한다.

제38조 (시행일) 본 정관은 창립총회에서 승인된 날로 부터 시행한다.

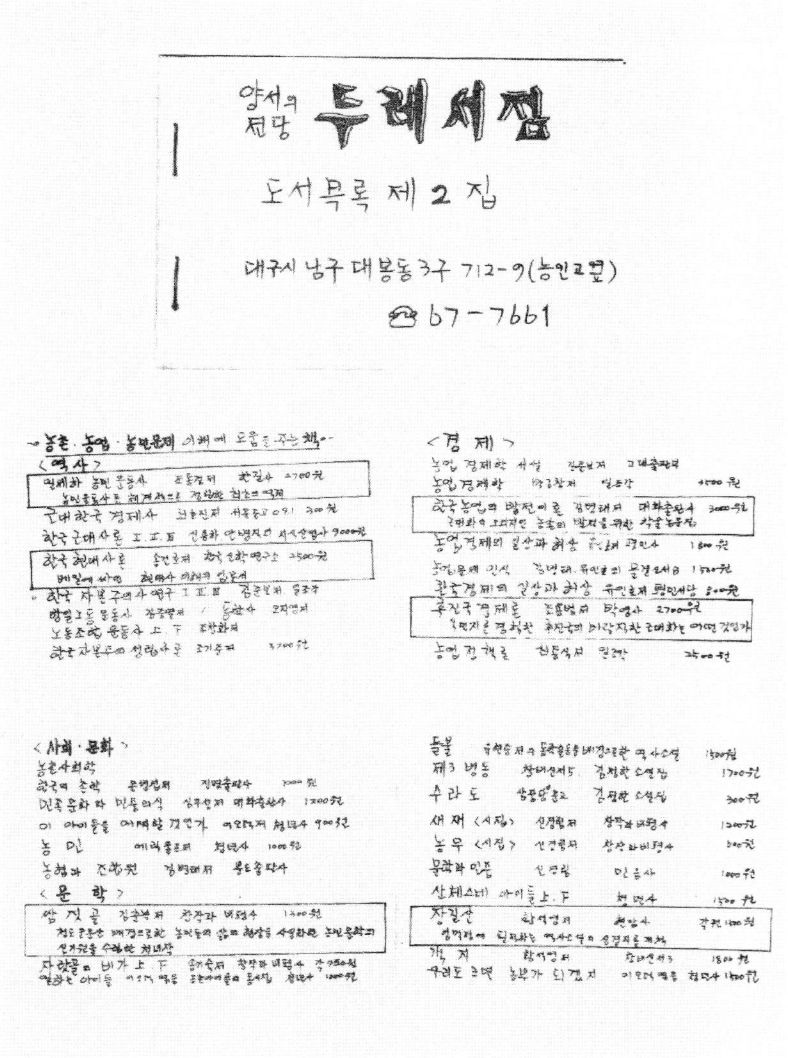

< 전기 수기 기타 >

장소 병리 전기 전남사   200원

암태도 소작 쟁의 박승욱지 전예사   500원
암태도 농민들의 생활을 위한 피의 투쟁기

전봉준 전기 성황용교   500원
동학 혁명의 횃불로 농민 투쟁 군의 일대기

운봉길 전기 정윤준교   500원

노동 사례집 1 2 위험한 농민운동   각300원
1. 노동 현장에서 일어나는 구체적인 문제해결을 위한 활동사례 모음
2. 현실 그리고 사진 교화하는 위한 전과정을 ... 노동운동...
서울의 소리 극가본 그림 두레 ...   400원
전종아 · 창작과 비평 · 사상계외 등 잡지 관계 논문다수

- 신간 안내 -
- 제 3 세계의 이해를 위한 도서

1. 제3세계의 이해 수무엘 피헌 현섭사   1300원
   제1세계의 마을과 전개과정 / 1권 다른 제3세계 / 삼예출판

2. 대지의 저주받은 자 프란츠 파농지 광민사/4 2000
   알제리 민중해방운동의 지도자 프란츠 파농의 혁명투쟁이야기

3. 몰락하는 식민주의 프란츠 파농지 한마당 o   1800원
   해방수의의 ... 식민구조와 ...

4. 아랍 민중과 문학 가산 카나파니 청사   1300원
5. 무너져 버리다 ... 세계 문학전집 예술출판사 o
6. 돌멩이 까 마리 · 정약라 風출판조음 군영사   1800원
7. 경로 황금의 제니째 ... 다산서과 ... 1800원

- 중국의 이해를 위한 책 -
1. 현대중국의 이해 최 영제 현암사   1800원
2. 중공 기행 재인슨 손 ... 사연사   2000원
3. 등소평 - 그는 누구인가? 박완석 사연 도서출판지 2000원
4. 중공의 ... 근대 ... 천민석간 이014   1800원
5. 중공 공공인 공공사회 안병설간 다락원   3000원

- 기 타 -
1. 위대한 거부 ... 아르코까지 광민총서   1800원
2. 삶과 믿음의 교실 ... 양서4   1800원

3. 문학실천의 시대 ... 풀빛사   2300원
4. 70년대의 마지막 밤 ... 예실출판사   1400원
5. 현대 지성에게 고함 ... 군영사   1300원
6. 지식인과 무엇인가 사르트르   1300원
7. 존재에의 용기 ... 신망4   1300원
8. 인류의 미래상 ... 다락원 인간사   3000원
9. 세계의 4두 안의 거대한 유로로역사 ... 4 1300원
10. 지식인의 양심 ... 백남4   1000원
11. 몰락의 대명당 ... 고은책열전 ...   1300원

12. 서구문명의 정신위기 크리스토퍼 도오슨 예문사o
13. 경제 사관의 제문제 ... 한얼당   1800원
14. 새벽을 기다리는 마음 ... 광서천사
15. 새벽을 위한 밤의 연가 임철명 예예어집 1800원
16. 노동 경제의 이론과 실제 가웅진사
17. 변론인과 유물론 ... 구소라운사 4 l베타   1000원
18. 문학사상과 참구리든주의 의 ... 800원
19. 토오룸 에드스키 ... 홍신사   2000원
20. 현대 경제 경영론 ... 인선사   2000원
    제공과 ... 경주역 과선운회 (공종호)

21. 누가 하늘을 보았다 ... 신동엽 창작사   1800원
22. 도깨비 잔치 ... 무지 ...   1800원
23. 도둑 일기 ... 광민 ... 펜민사 4   2000원
24. 무지개는 언제 뜨는가 ... 광민과 참비   1300원
25. 바다위로 나는 목 ... 전판과 참비   1300원
26. 가난의 날을 모든것 ... 용민4 ...   2000원
27. 교과서 일기 ... 김미숙지 ...   2000원
28. 기별을 준비에게 ... 선사 창비   1300원
29. 여성은 해방되었는가 ... 명론서   1800원
    정당한 권리는 구경하지 ...

- 여성동사 -

30. 항일 민족 해생 운동사 지재희외저 정가수   4800원
31. 8.15 이후의 4.가과 한반도 도야마노스케 432면 여,700원
32. 민족시대의 문학 영우중 권영필 참여한서가   4500원
   권영태외5 / 강우근 의 / 강선군의外 / 동물해생과 오늘과 동학외
33. 풍류의 위대한 역사 소동준외 홍성사外 4,400원
34. 천소부중에 의 선화 <표 보와 앤네이 의 집> 사대 1500원
35. 소메의 역사 외 베미 한둘보 세대
36. 경제와 무정연가 알 빈래러도/노용웹 의 4500원

※ 각종 교양 · 문학도서 및 참여어를 구매 (없는것은 구매하면 2-4
   4일내 구입가능함) 하고 있으며 없는 대를 바랍니다
   동른 지역은 서선우로 확영 (송료는 본서점에서 부담함)

-· 두례 서점 안내 ·-

두례는 우리민족 고유의 상부 상조하는 민족적인 협동체로써
상조감리와 협동의 바람속에서 언어난 선결, 모임, 소개를
위해 두례도서관, 서점을 설치 운영 함에따라
경태지 민구주의 의 락립 및 지역수리의 문화
방전에 일역을 담당하고자 본 두례를
서점5였습니다.

뜻있는 많은 분의 동참 및
이용을 바랍니다.

두례서점
87-7661

-· 목록지에 수록된 기존도서 재소개 ·-
1. 역사란 무엇인가   E. H. 카 外
2. 서양 경제사 론   전동직저 3.권외 4700원
3. 경제학   여의계제 모음관 2000원
4. 언제와 민족언르사론 최의지저 명성서가 4700원
5. 저항시대의 논리 이역회 저 의 비선사+ 4500원
6. 현대시대의 역수연식 강만길저 창비선의 3,800원
7. 민족문학과 세계문학 백낙청외 창비선외13 3700원
8. 한국 민족구의 당수 송건호외 한양사   2000원
9. 민족주의 자료 길 장종하 저 백범 2상연구소 5000원
10. 백범 어록   백범사상과 연구소 1500원
   민즉해방운동의 지도와 백범 경구선생어록 서론모음

11. 조선 혁명선언 신채호저 백봉수상 연구소   450원
12. 어느 동맹의의 오침 유도우자 대로운동+   1200원
13. 팔콤맥스 上 下 양녀의 회고 참비사   각 1400원
14. 두례 풍속 外 락안주저 / 참시백외 한길사   1700원
15. 노동자 노동운동 김선진저 노동운고1   500원
16. 교육과 의식화   파운로 두례비의 서걸
17. 모래성 수상   강당려순외   4000원
18. 현대 일본인의 해후 송전호 작거경의 한길4   2000원
19. 아시아적 생상양식 논쟁 홍종도저 광계사 이맘   800원
20. 사회의식과 수회 의적 세맹속 고르쥐 창선사1 1800원

-· 근간도서 안내 ·-
1. 빵과 평화 - 어느 40대 남자의 일기 장계연노저 한아두1
2. 지성인을 위한 변명 장뽈 사르트르 저 한아두3
3. 장골   u. 싱클레어저작 / 채광석 옮김 과연사   2000원
   선결 4천 4의 안소외 문제를 다룬 푸리처 수상의 노동 소열
4. 5.4운동   주긴초 저   평계사신4 7.
5. 장요와 빈곤 신매엉 문학경르스 선설하서3.
6. 자유에의 길   화위드 파슨스저   선설선서3.
7. 공장일기   시몬느 베유저   한계 휴매니틈선집3.
8. 유레의 비극   청소년서 4.

본서점에서는 그외에도 각종선구한서적을 두루 갖추고 있으니
자주어용해 주시기 바랍니다. 감수합니다.

주

1 민주화운동기념사업회 한국민주주의연구소,《민주화운동 연구보고서 2006: 지역 민주화운동사 편찬을 위한 기초조사연구 ― 대구·경북》, 2006, 93~94쪽.

2 이 학원의 이름은《대학4-H 50년사》의 영남지구 대학4-H연구회연합회 연혁에는 '경북자동차교육학원'이라고 기록되어 있고, 같은 책에 실린 신오규의 회고에는 '교통학원'이라고 기록되어 있다. 전국대학4-H연구회연합회 50년사발간위원회,《대학 4-H 50년사: 1962-2012》, 2015, 495, 599쪽.

3 장상환, 〈해방과 전쟁, 그리고 전쟁 이후의 농민운동〉,《농촌사회》제20권 1호, 2010, 26, 33~35, 40쪽.

4 전국대학4-H연구회연합회 50년사발간위원회, 앞의 책, 25, 64쪽; 위의 글, 31쪽.

5 위의 책, 64쪽; 위의 글, 28~30쪽.

6 위의 책, 67쪽.

7 위의 책, 27, 61~63, 206쪽.

8 위의 책, 506, 509~512, 597쪽.

9 정순임(대구교육대학 대학4-H연구회 회원) 구술, 2024년 3월 2일.

10 전국대학4-H연구회연합회 50년사발간위원회, 앞의 책, 209쪽.

11 장상환, 앞의 글, 25~26쪽.

12 위의 글, 34~35쪽.

13 김재환 구술, 2024년 5월 2일; 박희찬 구술, 2024년 4월 30일.

14 1973년 11월 20일 창간호 발간, 1975년 10월 2집 발간, 1975년 10월 30일 3집 200부 발간, 1976년 11월 25일 4집 발간, 1977년 10월 15일 5집 발간, 1978년 10월 15일 6집 발간(전국대학4-H연구회연합회 50년사발간위원회, 앞의 책, 505~505쪽; 경북대학교농촌문제연구회, 〈연혁 초고〉, 2015 등).

15 대구경북민주화운동사편찬위원회,《대구경북민주화운동사》, 선인, 2020, 141~142, 177쪽.

16 민주화운동기념사업회 한국민주주의연구소 엮음, 《한국민주화운동사 2》, 돌베개, 2009, 146쪽; 대구경북민주화운동사편찬위원회, 앞의 책, 161~165쪽; 여정남기념사업회, 《청춘, 시대를 깨우다: 경북대학교 학생운동사 1946~1979》, 삼천리, 2017, 289~230쪽.

17 대구경북민주화운동사편찬위원회, 앞의 책, 398쪽; 이호철·김종헌, 〈안동가톨릭농민회 농민운동사 연구, 1976~1994〉, 《농촌사회》 제7집, 1997, 120쪽.

18 장상환, 앞의 글, 33쪽; 이호철·김종헌, 위의 글, 120쪽; 가톨릭 평론 편집부, 〈농촌을 넘어 세상을 바꾼 가톨릭 농민운동 ─ 한국가톨릭농민회 초대회장 이길재〉, 《가톨릭 평론》 제20호, 2019; 한국가톨릭농민회 50년사 편찬위원회, 《가톨릭농민회 50년사 I》, 2017, 60쪽.

19 한국가톨릭농민회, 《한국가톨릭농민회 30년사: 1966-1996》, 1999, 16~28쪽; 장상환, 위의 글, 33쪽; 가톨릭 평론 편집부, 위의 글.

20 한국가톨릭농민회, 위의 책, 557~558쪽.

21 윤정란, 〈1960년대 중반 ─ 1980년대 한국가톨릭 농민운동의 발전과 독일 여성 마리아 사일러(Maria Sailer)의 역할〉, 《한국민족운동사연구》 제114호, 2023, 341~347쪽.

22 위의 글, 346~347쪽; 대구경북민주화운동사편찬위원회, 앞의 책, 399쪽; 가톨릭 평론 편집부, 앞의 글.

23 황연수, 〈지역농협의 조직·사업 개편 방향〉, 《지역사회연구》 제9권 제2호, 2001, 76쪽.

24 〈[구술생애사] 땅이 해코지하지 않는 세상을 꿈꾸며 ─ 와룡 농사꾼 구정회〉, 안동인터넷신문, 2019년 8월 7일.

25 이호철·김종헌, 앞의 글, 121~124쪽; 천주교 안동교구사목국 농촌개발사목부, 〈제1차 조사보고서〉, 1977년 5월.

26 안동가톨릭농민회, 〈안동교구연합회 창립총회 보고서〉, 1978; 안동가톨릭농민회, 〈활동종합평가 보고서〉, 1979; 이호철·김종헌, 위의 글, 118, 121, 125~126쪽; 대구경북민주화운동사편찬위원회, 앞의 책, 190, 400~402쪽.

27 다음의 글에도 같은 내용이 실려 있다. 정재돈, 〈가톨릭농민회와 나〉, 《내일을 여는 역사》 제34호, 2008, 98~100쪽.

28 한국가톨릭농민회, 앞의 책, 234~237쪽; 가톨릭 평론 편집부, 앞의 글.

29 장상환, 앞의 글, 35~36쪽; 김태일, 〈한국의 농민운동과 국가, 1964-1990〉, 고려대학교 대학원 박사학위논문, 1991, 104~105쪽.

30 차성환, 〈잃어버린 진실: 양서협동조합 운동의 재조명 1 ─ 각 지역 양협 운동의 전말〉,

《기억과 전망》 제8호, 2004a, 68~69쪽.

31 차성환, 〈잃어버린 진실: 양서협동조합 운동의 재조명 2 — 각 지역 양협 운동의 전말〉, 《기억과 전망》 제9호, 2004b, 151~153쪽; 김균식·석원호, 〈대구양서이용협동조합 운동을 회고하며〉, 민주주의사회연구소 편, 《양서협동조합 운동》, (사)부산민주항쟁 기념사업회·대성, 2011, 111~129쪽.

32 김영석, 《내가 겪은 5·18과 두레 사건》, 상락재, 2021, 6~10쪽.

33 정동남 구술, 2024년 5월 27일.

34 여정남기념사업회, 앞의 책, 361~362쪽; 대구경북민주화운동사편찬위원회, 앞의 책, 175~176쪽.

35 김상숙, 〈지역과 젠더통제, 여성노동자들의 저항: 80년대 대구지역 섬유산업을 중심으로〉, 경북대학교 대학원 박사학위 논문, 2007, 150~152쪽.

36 여정남기념사업회, 앞의 책, 304~317쪽; 대구경북민주화운동사편찬위원회, 앞의 책, 27, 182~186쪽.

37 대구경북민주화운동사편찬위원회, 앞의 책, 186쪽.

38 대구경북민주화운동사편찬위원회, 앞의 책, 28, 186~188쪽; 김균식 구술, 2015년 11월 8일; 이창주·이태헌 구술, 2015년 10월 25일.

39 가톨릭 평론 편집부, 앞의 글; 이호철·김종헌, 앞의 글, 126쪽; 대구경북민주화운동 사편찬위원회, 앞의 책, 191, 402~405쪽.

40 대구경북민주화운동사편찬위원회, 앞의 책, 191, 404쪽.

41 위의 책, 405쪽.

42 이호철·김종헌, 앞의 글, 127쪽.

43 대구경북민주화운동사편찬위원회, 앞의 책, 30~31, 207~214쪽;《매일신문》1980년 5월 14일, 1980년 5월 15일, 1980년 5월 16일; 김균식 구술, 2015년 11월 8일; 황병 윤(대구대학교) 구술, 2015년 9월 16일; 이창주·이태헌 구술, 2015년 10월 25일.

44 〈스크럼 짜고 대치〉,《조선일보》1980년 5월 15일; 〈학생 61, 경찰 43명 부상〉,《동아 일보》1980년 5월 15일.

45 한국가톨릭농민회, 앞의 책, 86쪽; 이상국 구술, 2023년 6월 6일; 정재돈 구술, 2015년 11월 6일.

46 김중미,《길 위의 신부 문정현, 다시 길을 떠나다》, 낮은산, 2011, 83~84쪽.

47 대구경북민주화운동사편찬위원회, 앞의 책, 31, 214쪽.

48 위의 책; 김상숙, 〈5·18항쟁과 1980년대 대구 학생운동〉,《NGO연구》 10권 1호, 2015, 36쪽.

49 김수용·김현수 공소장; 대구경북민주화운동사편찬위원회, 위의 책, 217쪽.

50 위의 책, 218쪽.

51 국정원과거사위원회, 《과거와 대화 미래의 성찰 2》, 국가정보원, 2007, 251, 253쪽; 민청학련계승사업회, 《1974년 4월(실록 민청학련 4)》, 학민사, 2005, 241~242쪽; 의문사진상규명위원회, 《의문사진상규명위원회 보고서 1차 2권》, 2003, 109, 117쪽 등.

52 천정환, 〈수용자 인성 교육의 변천과 개선 방안〉, 《교정연구》 제30권 제2호, 2020, 113쪽.

53 대구경북민주화운동사편찬위원회, 앞의 책, 218쪽; 김종길 구술, 2024년 5월 25일; 정대호 구술, 2024년 2월 26일.

54 전국대학4-H연구회연합회 50년사발간위원회, 앞의 책, 505쪽.

55 《대학4-H 50년사》에도 이에 관한 장계영의 회고담이 실려 있다. 위의 책, 706쪽.

56 위의 책, 509쪽.

57 김진덕의 교육 민주화운동 과정에 대해서는 구술자료 외에 다음의 글을 참고했다. 김진덕, 〈서슬 푸른 칼날도 나의 참교육 의지는 꺾을 수 없어〉, 전국교직원노동조합 해직교사 백서편찬위원회 엮음, 《교육민주화운동 관련 해직교사 백서 ― 1989년 해직교사를 중심으로. 2권 열전》, 우리교육, 2022, 132~135쪽.

참고문헌

문헌 자료

가톨릭 평론 편집부, 〈농촌을 넘어 세상을 바꾼 가톨릭 농민운동 — 한국가톨릭농민회 초
　　대회장 이길재〉, 《가톨릭 평론》 제20호, 2019.

곽길영, 《천국까지 이어갈 크로바의 향연》, 도서출판 청년문화, 2015.

국정원과거사위원회, 《과거와 대화 미래의 성찰 2》, 국가정보원, 2007.

김균식·석원호, 〈대구양서이용협동조합운동을 회고하며〉, 민주주의사회연구소 편, 《양서
　　협동조합 운동》, (사)부산민주항쟁기념사업회, 대성, 2011.

김상숙, 〈지역과 젠더통제, 여성노동자들의 저항: 80년대 대구지역 섬유산업을 중심으로〉,
　　경북대학교 대학원 박사학위 논문, 2007.

김상숙, 〈5·18항쟁과 1980년대 대구 학생운동〉, 《NGO연구》 10권 1호, 2015.

김영석, 《내가 겪은 5·18과 두레사건》, 상락재, 2021.

김중미, 《길 위의 신부 문정현, 다시 길을 떠나다》, 낮은산, 2011.

김진덕, 〈서슬 푸른 칼날도 나의 참교육 의지는 꺾을 수 없어〉, 전국교직원노동조합 해직
　　교사 백서편찬위원회 엮음, 《교육민주화운동 관련 해직교사 백서 — 1989년 해직
　　교사를 중심으로. 2권 열전》, 우리교육, 2022.

김태일, 〈한국의 농민운동과 국가, 1964-1990〉, 고려대학교 대학원 박사학위논문, 1991.

대구경북민주화운동사편찬위원회, 《대구경북민주화운동사》, 도서출판 선인, 2020.

민주화운동기념사업회 한국민주주의연구소, 《민주화운동 연구보고서 2006: 지역 민주
　　화운동사 편찬을 위한 기초조사연구 — 대구·경북》, 2006.

민주화운동기념사업회 한국민주주의연구소 엮음, 《한국민주화운동사 2》, 돌베개, 2009.

민청학련계승사업회, 《1974년 4월(실록 민청학련 4)》, 학민사, 2005.

여정남기념사업회, 《청춘, 시대를 깨우다: 경북대학교 학생운동사 1946~1979》, 삼천리,
　　2017.

윤정란, 〈1960년대 중반 — 1980년대 한국가톨릭농민운동의 발전과 독일여성 마리아 사

일러(Maria Sailer)의 역할〉,《한국민족운동사연구》제114호, 2023.

의문사진상규명위원회,《의문사진상규명위원회 보고서 1차 2권》, 2003.

이호철·김종헌,〈안동가톨릭농민회 농민운동사 연구, 1976~1994〉,《농촌사회》제7집, 1997.

장상환,〈해방과 전쟁, 그리고 전쟁 이후의 농민운동〉,《농촌사회》제20권 1호, 2010.

정재돈,〈가톨릭농민회와 나〉,《내일을 여는 역사》제34호, 2008.

정재돈 외,《그대와 평화에 닿았다》, 리북, 2023.

전국대학4-H연구회연합회 50년사발간위원회,《대학4-H 50년사: 1962-2012》, 2015.

차성환,〈잃어버린 진실: 양서협동조합 운동의 재조명 1 — 각 지역 양협 운동의 전말〉,《기억과 전망》제8호, 2004a.

차성환,〈잃어버린 진실: 양서협동조합 운동의 재조명 2 — 각 지역 양협 운동의 전말〉,《기억과 전망》제9호, 2004b.

천정환,〈수용자 인성 교육의 변천과 개선 방안〉,《교정연구》제30권 제2호, 2020.

한국가톨릭농민회,《한국가톨릭농민회 30년사: 1966-1996》, 1999.

한국가톨릭농민회 50년사 편찬위원회,《가톨릭농민회 50년사 I》, 2017.

황연수,〈지역농협의 조직·사업 개편 방향〉,《지역사회연구》제9권 제2호, 2001.

장계순〈진술서〉, 2021년 10월 16일.

법무법인 정도,〈변호인 의견서〉등 재판, 소송 관련 기록

구술 자료

1.《두레양서조합 사건 관련자의 생애사를 통해 본 대구·경북의 5·18민주화운동과 농민운동》, 국사편찬위원회

김병일 구술, 김상숙 면담, 국사편찬위원회, 2023년 4월 25일.

김영석 구술, 김상숙 면담, 국사편찬위원회, 2023년 6월 4일.

김진덕 구술, 김상숙 면담, 국사편찬위원회, 2023년 8월 7일.

서원배 구술, 김상숙 면담, 국사편찬위원회, 2023년 4월 24일, 8월 7일.

신중섭 구술, 김상숙 면담, 국사편찬위원회, 2023년 6월 5일.

이동렬 구술, 김상숙 면담, 국사편찬위원회, 2023년 8월 21일.

이상국 구술, 김상숙 면담, 국사편찬위원회, 2023년 6월 6일.

이석태 구술, 김상숙 면담, 국사편찬위원회, 2023년 4월 23일.

정동진 구술, 김상숙 면담, 국사편찬위원회, 2023년 4월 24일.

황병윤(경북대학교, 두레사건) 구술, 김상숙 면담, 국사편찬위원회, 2023년 6월 5일.

2.《2015년 구술기록 조사·수집 사업 – 대구·경북 오월운동사》, 5·18기념재단
김균식 구술, 김상숙 면담, 5·18기념재단, 2015년 11월 8일.
김영석 구술, 석원호 면담, 5·18기념재단, 2015년 10월 17일.
박종덕 구술, 김상숙 면담, 5·18기념재단, 2015년 11월 6일.
이창주·이태헌 구술, 석원호 면담, 5·18기념재단, 2015년 10월 25일.
정재돈 구술, 김상숙 면담, 5·18기념재단, 2015년 11월 6일.
채경희 구술, 김상숙 면담, 5·18기념재단, 2015년 10월 31일.
함종호 구술, 김상숙 면담, 5·18기념재단, 2015년 10월 31일.
황병윤(대구대학교, 학생운동) 구술, 김상숙 면담, 5·18기념재단, 2015년 9월 16일.

3. 그외 면담 및 전화 인터뷰 자료
두레사건 관련자 10명 집담회 자료, 김상숙 면담, 2024년 3월 2일.

김병일 구술, 김상숙 전화 면담, 2024년 3월 7일.
김상철 구술, 김상숙 전화 면담, 2024년 5월 5일.
김영석 구술, 김상숙 전화 면담, 2024년 3월 9일.
김재환 구술, 김상숙 전화 면담, 2024년 5월 2일.
김종길 구술, 김상숙 전화 면담, 2024년 5월 25일.
김진덕 구술, 김상숙 전화 면담, 2024년 3월 9일.
박희찬 구술, 김상숙 전화 면담, 2024년 4월 30일.
서원배 구술, 김상숙 전화 면담, 2024년 3월 10일.
심영란 구술, 김상숙 전화 면담, 2024년 4월 23일.
이강유 구술, 김상숙 전화 면담, 2024년 4월 23일.
이상국 구술, 김상숙 전화 면담, 2024년 3월 9일.
이석태 구술, 김상숙 전화 면담, 2024년 3월 5일.
장계영 구술, 김상숙 전화 면담, 2024년 5월 2일.
정대호 구술, 김상숙 전화 면담, 2024년 2월 26일.
정동남 구술, 김상숙 전화 면담, 2024년 5월 27일.
정순임 구술, 김상숙 면담, 2024년 3월 2일.

대구의 5·18, 두레양서조합 사건

1판 1쇄 2025년 3월 20일

지은이 | 김상숙

펴낸이 | 류종필
편집 | 이정우, 노민정, 권준, 이은진
경영지원 | 홍정민
교정교열 | 오효순
표지 디자인 | 석운디자인
본문 디자인 | 박애영

펴낸곳 | (주)도서출판 책과함께
　　　　주소 (04022) 서울시 마포구 동교로 70 소와소빌딩 2층
　　　　전화 (02) 335-1982
　　　　팩스 (02) 335-1316
　　　　전자우편 prpub@daum.net
　　　　블로그 blog.naver.com/prpub
　　　　등록 2003년 4월 3일 제2003-000392호

ISBN 979-11-94263-34-0 93910